CHINA PANORAMA
Approaching Chinese

Book II

中国全景

初级汉语

第二册

吕必松　主编

中华人民共和国教育部
对外汉语教学发展中心　　组编审订

Language & Culture Press

语文出版社

《中国全景—初级汉语》 1—3册

顾　问　姜明宝　吕必松

主　编　吕必松

编　者　李　爽　陈　莉

英文翻译　鲁健骥

英文校订　ANDREW G·MACDONALD

责任编辑　陈　红

中国全景 — 初级汉语
第二册

中华人民共和国教育部
对外汉语教学发展中心　组编审订

*

语文出版社出版
E-mail:ywp@public2.east.net.cn

100010　北京朝阳门南小街51号
新华书店经销　　北京联华印刷厂印刷
850毫米×1168毫米　1/16　　19.5印张
2002年1月第1版　　2002年1月第1次印刷
ISBN 7-80126-417-7/G · 290
06800

前　言

　　《中国全景》是由中华人民共和国教育部对外汉语教学发展中心约请从事对外汉语教学的专家编写的系列教材。

　　《中国全景》是中国第一部专门面向境外汉语学习者的大型电视系列教材,适用于母语非汉语的广大汉语学习者。

　　《中国全景》由《汉语语音导入》《初级汉语》《中级汉语》《商贸汉语》《旅游汉语》等组成初级、中级、高级三个层次的系列。《汉语语音导入》《初级汉语》为初级教材,《中级汉语》为中级教材,《商贸汉语》《旅游汉语》为高级教材。这三个层次的教材既相互衔接,又自成系统,相对独立。学习者可根据需要予以选用。

　　《中国全景》的各类教材都配有录音带、录像带和光盘,供学习者使用。

Foreword

China Panorama is a series of Chinese textbooks prepared by a group of TCFL experts invited by The Development Centre for Teaching Chinese as a Foreign Language Under the Ministry of Education of P. R. China .

China Panorama is the first large-scale Chinese teaching program in a TV series, specially designed for anyone who is keen to learn Chinese.

China Panorama consists of textbooks of various levels including *Chinese Phonetics*, *Approaching Chinese*, *Intermediate Chinese*, *Chinese for Business* and *Chinese for Tourism*. The first two books are meant for beginners, the third is devised for intermediate learners and the last two are prepared for advanced users. While connected with one another they remain independent and systematic.

China Panorama is accompanied by both audio and video tapes and CD-ROM for learners to choose from.

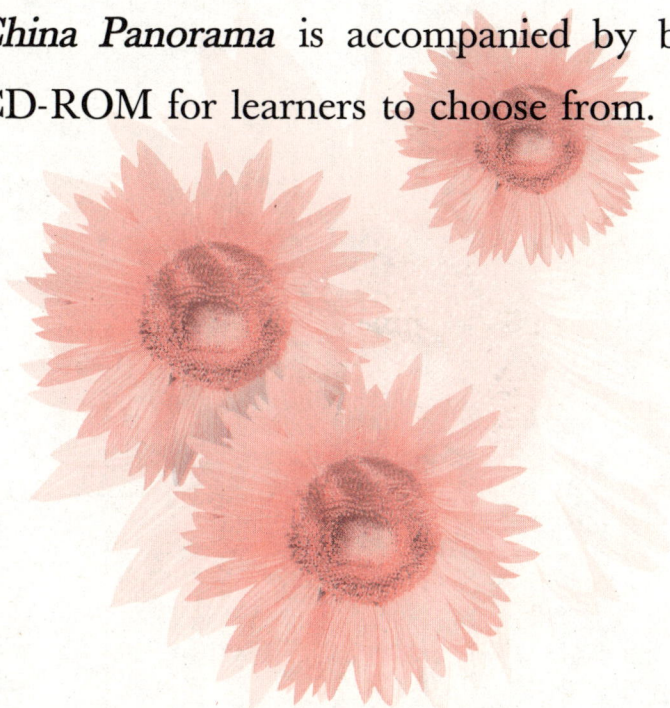

教材说明

一、这部教材适宜于母语非汉语的学习者，他们的汉语水平为零起点。

二、学完这部教材，学习者可掌握 1000 个左右的基本词汇、200 多个句型和 3000 多个常用句子，能应付日常生活交际。

三、全书共分三册，每册有十课(lesson)，每课分三段(Part)。第一、二段以"讲练"为主，内容有：新词语、课文、注释、练习等；第三段以"复练"为主，内容有：新词语、句型练习、综合练习、语音练习和走马观花等。用于常规课堂教学，一段(Part)相当于一课时(50 分/课时)的内容；也可用于短期强化教学，一课(Lesson)为一次课(2×50 分/次)的内容。

1. 语用范例——在每课的最前边列出本课的语用项目和例句，并给出逐字英译和整句英译。

2. 新词语——当课所涉及的新词语放在课文的前边，使学习者在学习课文前能首先扫除一些词语的障碍。词语选择以《汉语水平词汇和汉字等级大纲》为依据，主要选用其中的甲级词，有个别词汇虽超出大纲范围，但仍属现代生活常用。

3. 课文——基本上每课一个功能性主题，每段一个情景会话；在全部会话中，以一个人物——中国姑娘方雪芹贯穿始终，围绕她的家庭、工作、生活、爱情展开场景，每段会话都带有一定的情节，随着学习进程情节也在发展，提高学习者的学习兴趣。但是应请读者注意的是：会话中的一些诸如商品的价格，人物、公司等的名称等细节，均只为教学方便而虚拟，并不一定是实际情况。

4. 注释——对课文中重要语言现象进行讲解和一定的练习，使学习者理解并掌握基本词句用法。讲解包括词汇、语法、语用甚至汉字等多方面内容。在讲解中尽量避免语法术语，同时多给出简单明了的结构形式和丰富的例句。

5. 练习——第一、二段(Part)中的练习多以理解、模仿为主；第三段

(Part)是复练课,有相当于替换练习的句型练习,有着重训练语言交际能力的综合练习,还有专门针对学习者汉语发音难点而设计的语音练习。句型练习还可与录音、录像带配合作听说练习使用。通过大量的练习巩固当课所学的内容。

6. 走马观花——每课中设一个这样的栏目,一方面通过图片形式向学生展示诸如商店招牌、指示标牌、交通标识等等日常生活中常见的汉字的认读,另一方面以文字形式向学习者介绍相关的文化背景知识。

7. 写汉字——每段都有这个小栏目,演示汉字笔画顺序,使学习者对汉字有一个感性认识。

四、选材不局限于学校生活,而是将会话场景放在社会生活中,所以教材不仅适用于在校学生,也适用于在公司供职的人士和家庭主妇。

五、与本书相配套的还有录音带、录像带及多媒体光盘等多种出版物,可供辅助教学,也可供学习者自学。

六、全书请北京语言文化大学的鲁健骥教授做英语翻译和教材审订。

编者

Introduction

1. This course is intended for zero level learners of Chinese whose native language is not Chinese.

2. On completing this course the learner should have a command of about 1, 000 basic words, 200 sentence patterns. The course includes over 3, 000 commonly used sentences, which will enable him to survive in his daily communications.

3. The course book consists of three volumes; each containing 10 lessons and each lesson is divided into three parts. The first two parts introduce new language items together with corresponding practice in sections such as new words, texts, notes, exercises, etc. The third part is composed of reviews and exercises with these sections: new words, pattern drills, comprehensive exercises, pronunciation drills and there is a special section called A Glimpse of Modern Chinese Culture. For regular classroom teaching each part can be taught in an instruction hour (50 minutes), or for intensive classes, each lesson can be taught in two instruction hours $(2 \times 50 \text{minutes})$.

The following is a description of the various sections of the course book:

1) Examples of usage —These are found at the first section of each lesson.

2) New words and phrases —These are given before the text with the aim of removing obstacles in vocabulary before dealing with the text. The words and phrases are selected from the Chinese Proficiency Scales (Vocabulary and Chinese Characters), or, rather, from List A of the Scales with a few not in List A but commonly used in modern Chinese.

3) Texts —Each text is a situational dialogue on a functional theme. All the texts are about Fang Xueqin, a Chinese girl, her family, work, life, love, etc. Each is a story which should engage the reader's interest and, we hope, facilitate learning of the language. Characters, prices, corporations, etc. are not real and are imagined.

4) Notes —These include explanations and exercises involving impor-

tant language items to help the learner to grasp basic usage of vocabulary, grammatical, and even character items. In the notes, we deliberately avoid using technical terms and provide the learner with simple formulas and adequate examples.

5) Exercises — These are mainly comprehension and imitation exercises and in part three, which is largely revision, there are substitution drills and comprehensive exercises to improve the learner's competency in communication as well as pronunciation drills which address difficulties the learner may experience in pronunciation . The sentence pattern drills can be used with the accompanying sound and video cassettes for listening and speaking. All in all, the exercises are aimed at consolidating what was learned in the lesson.

6) A Glimpse of Modern Chinese Culture — We wish to help the learner recognize characters used in daily life, such as those used on shop signs, street signs, traffic signs, etc. and we also provide the learner with a background knowledge of China.

7) Writing demonstration — This section demonstrates the stroke order of writing Chinese characters to give the learner a feeling of Chinese characters.

4. The plots of the dialogues are not limited to school life, but extend to other areas of social life, which makes this course book appropriate not only to students, but also to office workers, housewives, etc.

5. This course book is accompanied by a set of sound and video cassettes and CD-ROM, which are aides to learners, especially those who study by themselves.

6. Prof. Lu Jianji of Beijing Language and Culture University read through the manuscripts and has helped us with the English translation.

Editors

目　录　Contents

目录　Contents

目 录　Contents

目　录　　Contents

第十一课
Dì - shíyī Kè

LESSON ELEVEN

语 用 范 例 *Examples of Usage*

1. 询问对方意愿 *Asking what somebody wishes*

小姐， 您 要 剪 什么 发型？
Xiǎojiě, nín yào jiǎn shénme fàxíng?
Miss, you to want to cut what hair style
What style do you like your hair trimmed, Miss?

2. 表达自己的意愿 *Expressing one's own wish*

(1) 我 不 愿意 剪 头发。
Wǒ bú yuànyì jiǎn tóufa.
I not to want to cut hair
I don't want to have a haircut.

(2) 我 要 留 长 头发。
Wǒ yào liú cháng tóufa.
I to want to keep long hair
I want to have long hair.

3. 表示不答应或制止 *Expressing disapproval or forbidding*

不 行。
Bù xíng.
not to do
It won't do.

4. 劝告 *Giving advice*

男孩儿　　应该　　留　　短　　头发。
Nánháir　yīnggāi　liú　duǎn　tóufa.
boy　　should　to keep　short　hair
Boys should have short hair.

YI

PART ONE

你要剪什么发型？
Nǐ Yào Jiǎn Shénme Fàxíng?
What hair style would you like?

新 词 语	*New Words and Phrases*

1.	剪	jiǎn	to cut with scissors
2.	头发	tóufa	hair
3.	烫	tàng	to have one's hair permed
4.	要	yào	to want
5.	发型	fàxíng	hair style
6.	还	hái	still
7.	愿意	yuànyì	would like; to be willing to
8.	行	xíng	all right; that'll do
9.	留	liú	to keep
	留头发	liú tóufa	to have long (short, etc.) hair
	留胡子	liú húzi	to grow a beard
10.	长	cháng	long
11.	理发师	lǐfàshī	barber; hairdresser

12. 男孩	nánhái(r)	boy
13. 丙	bǐng	the third of the ten Heavenly Stems used for serial numbers

专　名　*Proper name*

长城	Chángchéng	The Great Wall

课　文　*Text*

到了理发店，怎么向理发师提出你的要求，怎么表达自己的意愿呢？雪芹要去剪头发，我们看看她是怎么说的。

How to explain to the hairdresser how you would like to have your hair done. Let us see what Xueqin said when she went to the hairdresser's.

（方雪芹走进理发店）

(Fang Xueqin enters the hairdresser's.)

理发师：　小姐，您是剪 头发还是 烫 头发？

Xiǎojiě, nín shì jiǎn tóufa háishi tàng tóufa?

Hairdresser: Do you want your hair trimmed or permed, Miss?

方雪芹：　剪 头发。请问， 多少 钱？

Jiǎn tóufa. Qǐngwèn, duōshao qián?

Fang: I want it trimmed. How much is that, may I ask?

理发师：　二十五 块。请 坐。

Èrshíwǔ kuài. Qǐng zuò.

Hairdresser: 25 yuan. Be seated, please.

（方雪芹坐下，理发师为她罩好披风。）

(Fang sat down. The hairdresser helps her put on the cape.)

理发师：　小姐，您要 剪 什么 发型？

Xiǎojiě, nín yào jiǎn shénme fàxíng?

Hairdresser: What style do you like your hair trimmed, Miss?

3

方雪芹：（指自己的发型）还 剪 这个 发型。

                        Hái jiǎn zhège fàxíng.

Fang: (Pointing to her hair) The same as this.

（方雪芹正剪发时,忽然听见一个小男孩的哭闹声）

(While her hair was being trimmed, Fang heard a boy crying noisily.)

男 孩：我 不 剪 头发,我 不 愿意 剪 头发。

        Wǒ bù jiǎn tóufa, wǒ bú yuànyì jiǎn tóufa.

Boy: I don't want to have a haircut. I just don't want to have my hair cut short.

妈 妈：不 行。

        Bù xíng.

Mother: But you have to.

男 孩：我 要 留 长 头发。

        Wǒ yào liú cháng tóufa.

Boy: I want to have long hair.

妈 妈：你 不 能 留 长 头发。

        Nǐ bù néng liú cháng tóufa.

Mother: You can't have long hair.

男 孩：为什么？ 为什么 不 行？

        Wèishénme? Wèishénme bù xíng?

Boy: Why? Why not?

注 释 *Notes*

1. 要   The auxiliary verb "yào"

您 要 剪 什么 发型？

Nín yào jiǎn shénme fàxíng?

What style do you want your hair trimmed?

在这里,"要"是助动词,表示打算或希望做某事,相当于"will (do something)"。与"想"相比,"要"表示的意愿更强烈。否定的时候,通常不说"不要",而是说"不想"。例如:

Here Yào means "to plan to or will do something". As an optative verb, it means "will (do something)". Yào expresses a stronger desire than Xiǎng. Usually its negative form is Bù xiǎng rather than Bú yào. For example:

(1) 甲:你 要 喝 咖啡 吗?

    Nǐ yào hē kāfēi ma?

    Would you like to have coffee?

乙:谢谢,我 不 想 喝咖啡。

    Xièxie, wǒ bù xiǎng hē kāfēi.

    Thanks, but I don't want coffee.

(2) 甲:你 要 买 这 本 书 吗?

    Nǐ yào mǎi zhè běn shū ma?

    Do you want to buy this book?

乙:不,我 不 想 买。

    Bù, wǒ bù xiǎng mǎi.

    No, I don't want to buy it.

(3) 甲:我 要 去 长 城,你 想 去 吗?

    Wǒ yào qù Chángchéng, nǐ xiǎng qù ma?

    I want to go to the Great Wall. Will you come with me?

乙:我 不 想 去。

    Wǒ bù xiǎng qù.

    No, I don't want to go there.

"要"也可以做动词,表示希望得到,相当于英语的"to want"。否定形式是"不要"。例如:

Yào is a full verb as well, meaning "to want (to get)" and its negative form is "bú yào". For example:

甲:你 要 什么?

    Nǐ yào shénme?

    What would you like to have?

乙:我 要 一 瓶 啤酒。

    Wǒ yào yì píng píjiǔ.

    I want a bottle of beer.

甲:你 也 要 啤酒 吗?

    Nǐ yě yào píjiǔ ma?

    Do you want beer, too?

丙:我 不 要 啤酒。

    Wǒ bú yào píjiǔ.

    No, I don't want beer.

2. 愿意 The auxiliary verb "yuànyì"

我 不 愿意 剪 头发。

Wǒ bú yuànyì jiǎn tóufa.

I don't want to have a haircut.

"愿意"表示心里想做或同意做某事,相当于英语的"want"。例如:

Yuànyì expresses the idea that one is willing to do something or is satisfied with what has happened. It means "want" in English. e. g.

(1)甲:小　王　想　学　英语,你　愿意　教他吗?

　　　Xiǎo Wáng xiǎng xué Yīngyǔ, nǐ yuànyì jiāo tā ma?

　　　Xiao Wang wants to study English. Would you like to teach him?

乙:当然　愿意。

　　Dāngrán yuànyì.

　　Sure I would.

(2)甲:你　愿意　不　愿意　陪　我　去　商店?

　　　Nǐ yuànyì bú yuànyì péi wǒ qù shāngdiàn?

　　　Would you like to go to the shop with me?

乙:我　不　愿意　去　商店。

　　Wǒ bú yuànyì qù shāngdiàn.

　　I won't go to the shop.

3. 还　The adverb "hái"

还　剪　这个　发型。

Hái jiǎn zhège fàxíng.

The same as this.

在这里,"还"表示动作、状态的重复或持续,相当于"still"。例如:

Here Hái indicates that an action or state remains unchanged.　For example:

(1)甲:咱们　中午　吃　饺子,　晚上　吃　什么?

　　　Zánmen zhōngwǔ chī jiǎozi, wǎnshang chī shénme?

　　　We had jiaozi for lunch. What shall we have for supper?

乙:晚上　还吃饺子。

　　Wǎnshang hái chī jiǎozi.

　　Let's have more jiaozi.

(2)甲:明天 你还来吗？

Míngtiān nǐ hái lái ma?

Are you coming again tomorrow?

乙:我 还来。

Wǒ hái lái.

Yes, I am coming.

(3)甲:你 为什么 还不 起床？

Nǐ wèishénme hái bù qǐchuáng?

Why are you still in bed?

乙:我 还 想 睡 一会儿。

Wǒ hái xiǎng shuì yíhuìr.

I like to sleep a bit longer.

另外，"还"表示有所补充，有"另外"的意思。例如：

Besides, Hái indicates in addition. e. g.

(1)甲:你 今天 忙 不 忙？

Nǐ jīntiān máng bù máng?

Are you busy today?

乙:我 很 忙。我 得 上班， 晚上 还 得 上课。

Wǒ hěn méng. Wǒ děi shàngbān, wǎnshang hái děi shàngkè.

I am very busy. I must work and have a class in the evening.

(2)甲:你 要 什么？

Nǐ yào shénme?

What would you like to have?

乙:我 要 半 斤 饺子，还 要 一 瓶 啤酒。

Wǒ yào bàn jīn jiǎozi, hái yào yì píng píjiǔ.

I want half jin of jiaozi and a bottle of beer.

4. 行 The verb "xíng"

不 行。

Bù xíng.

No, you can't.

在这里，"行"意思是"可以"，用于应答，相当于英语里的"It'll do."，它后边不能有宾语。其否定形式"不行"语气比较强硬，常用于上对下。例如：

Here Xíng means "It'll do" and is used to give approval or a positive response when you are asked to give your opinion. The negative form Bù xíng sounds rude, so it is used by a superior to the inferior. For example:

(1) 甲:我 六点 来,行 吗?

   Wǒ liù diǎn lái, xíng ma?

   Is it OK if I come at six?

   乙:行。

   Xíng.

   Yes, it is.

(2)孩子:我 想 买 新 衣服,行 不 行?

   Wǒ xiǎng mǎi xīn yīfu, xíng bù xíng?

   Can I buy a new jacket?

   妈妈:不 行。你 不 能 买 新 衣服。

   Bù xíng. Nǐ bù néng mǎi xīn yīfu.

   No, you can't. You can't buy any new jacket.

练　习　*Exercises*

一、翻译下边的句子,用上"是 A 还是 B"的结构。比较汉语和英语在结构上的不同:

Translate the following sentences, using the construction Shì *A* háishi *B. Compare the Chinese and English structures:*

(1) A:Is he Chinese or Japanese?

   B:He is Chinese.

(2) A:Do you have cola or tea?

   B:I have tea.

(3) A:Are you going to the movie or to the concert?

   B:I am going to the concert.

(4) A:Do you like (to have) vegetables or meat?

   B:I like both.

(5) A:Who likes painting, you or he?

   B:Both of us like painting.

二、用正确的语调说下边的句子:

Read the following sentences with the appropriate intonation:

(1)您 是 剪 头发 还是 烫 头发?

   Nín shì jiǎn tóufa háishi tàng tóufa?

(2)您 要 剪 什么 发型?

   Nín yào jiǎn shénme fàxíng?

8

(3) 还 剪 这个 发型。

Hái jiǎn zhège fàxíng.

(4) 我 不 愿意 剪 头发。

Wǒ bú yuànyì jiǎn tóufa.

(5) 我 要 留 长 头发。

Wǒ yào liú cháng tóufa.

(6) 你 不 能 留 长 头发。

Nǐ bù néng liú cháng tóufa.

写汉字 *Writing Demonstration*

丶 冫 三 头 头

头	头	头	头	头	头				

一 屮 屮 发 发

发	发	发	发	发	发				

ER
二
PART TWO

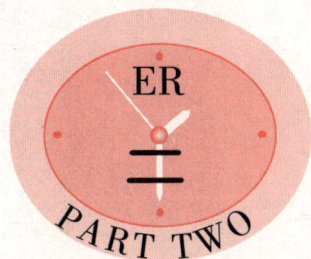

男孩儿应该留短头发
Nánháir Yīnggāi Liú Duǎn Tóufa

Boys should have short hair

新 词 语 *New Words and Phrases*

1. 女孩	nǚhái(r)	girl
2. 可以	kěyǐ	may; can
3. 好看	hǎokàn	good-looking
4. 应该	yīnggāi	must; should; ought to
5. 短	duǎn	short
6. 有点儿	yǒudiǎnr	a little; a bit (used as an adverb)
7. 再	zài	again; more

问问理由？那个小男孩不愿意理发,现在听听他不愿意剪发的理由,再看看雪芹…怎么样了。

…ow to ask for a reason. Let us listen to the boy who doesn't like to have his hair cut short to …is reasons and then let us see how Xueqin is getting on with her trim.

男　孩：为什么　女孩儿 可以 留 长　头发,男孩儿 不 能 留？
Wèishénme nǚháir　kěyǐ　liú cháng tóufa, nánháir　bù néng liú?

Boy:　Why can girls have long hair and we boys can't?

妈　妈：你 为什么 想 留 长　头发？
Nǐ wèishénme xiǎng liú cháng tóufa?

Mother:　Why do you want to have long hair?

男　孩：长　头发 好看。
Cháng tóufa hǎokàn.

Boy:　Long hair looks good.

妈　妈：男孩儿 应该 留 短 头发。
Nánháir yīnggāi liú duǎn tóufa.

Mother:　But boys ought to have short hair.

男　孩：为什么？
Wèishénme?

Boy:　Why?

妈　妈：因为 你 是 男孩儿……
Yīnwèi nǐ shì nánháir……

Mother:　Because you are a boy…

（理完发,理发师询问方雪芹的意见）

(After trimming Fang Xueqin's hair, the hairdresser asks her whether it's OK.)

理发师：你 觉得　怎么样？
Nǐ juéde zěnmeyàng?

Hairdresser:　What do you think of it?

方雪芹: 这儿 有点儿 长， 再 剪剪。

Zhèr yǒudiǎnr cháng, zài jiǎnjian.

Fang: It's a bit too long here. Could you cut it shorter?

（理发师修理后又问）

(Having done this, the hairdresser asks again.)

理发师: 现在 怎么样？

Xiànzài zěnmeyàng?

Hairdresser: What do you think of it now?

方雪芹: 挺 好。谢谢 你!

Tǐng hǎo. Xièxie nǐ!

Fang: Very good. Thank you!

注 释 Notes

1. "可以"和"能" Kěyǐ and Néng

为什么 女孩儿 可以 留 长 头发，男孩儿 不 能 留？

Wèishénme nǚhái kěyǐ liú cháng tóufa, nánhái bù néng liú?

Why can girls have long hair and we boys can't?

"可以"在这儿表示许可，有两种情况：一种是客观条件许可，一种是主观许可。相当于"can"。前边我们学过"我能吃三两饺子"表示有能力做某事，在这儿的"能"和"可以"相似，表示条件许可做某事。例如：

Kěyǐ means objective or subjective permission, and is equal to "can" in this sense in English. We came across a sentence Wǒ néng chī sān liǎng jiǎozi in which néng means "to be able to do something". Néng and Kěyǐ are similar in the sense of permission by circumstances. For example:

(1) 甲:我 可以 抽烟 吗？

Wǒ kěyǐ chōuyān ma?

May I smoke?

乙:对不起,不 可以。

Duìbuqǐ, bù kěyǐ.

Sorry, I'm afraid not.

(2) 甲:这儿 能 抽烟 吗？

Zhèr néng chōuyān ma?

Is smoking permitted here?

乙:对不起,不 能 抽。

Duìbuqǐ, bù néng chōu.

Sorry, we don't usually smoke here.

(3) 甲：明天　早上　七点你　能　来吗？

　　Míngtiān zǎoshang qī diǎn nǐ néng lái ma?

　　Can you come at seven tomorrow morning?

　乙：我　能　来。

　　Wǒ néng lái.

　　Yes, I can.

2. 应该　The auxiliary verb "yīnggāi"

男孩　应该留　短　头发。

Nánhái yīnggāi liú duǎn tóufa.

Boys ought to have short hair.

"应该"表示情理上必须如此。相当于英语的"must"。否定式是"不应该"。例如：

Yīnggāi means "must; should; to have to do something". Its negative form is Bù yīnggāi. For example:

(1) 你　应该　六点　起床。

　　Nǐ yīnggāi liù diǎn qǐchuáng.

　　You should get up at six.

(2) 你　应该　好好　练习　练习　汉语。

　　Nǐ yīnggāi hǎohǎo liànxí liànxí Hànyǔ.

　　You should often practice your Chinese.

(3) 你　不　应该　喝酒。

　　Nǐ bù yīnggāi hējiǔ.

　　You must not drink (wine).

(4) 你　不　应该　烫　头发，你　烫　头发　不　好看。

　　Nǐ bù yīnggāi tàng tóufa, nǐ tàng tóufa bù hǎokàn.

　　You should not have your hair permed.

　　It doesn't look good.

3. 有点儿＋形容词　yǒudiǎnr + adjective

这儿　有点儿　长。

Zhèr yǒudiǎnr cháng.

It's a bit too long here.

12

"有点儿"也可以说"有一点儿",意思相当于英语的"a little／a bit too...",后边一般跟形容词,常用于不太如意的事。例如:

Yǒu diǎnr or yǒu yìdiǎn means "a little／a bit too..." in English. It is used to modify an adjective in an undesired sense. For example:

有点儿 + 形容词
yǒudiǎnr + adjective

(1) 有点儿 大
yǒudiǎnr dà
这 件 衣服 有点儿 大。
Zhè jiàn yīfu yǒudiǎnr dà.
This jacket is a bit too loose.

(2) 有点儿 贵
yǒudiǎnr guì
这 鞋 有点儿 贵。
Zhè xié yǒudiǎnr guì.
This pair of shoes is a bit too expensive.

(3) 有点儿 忙
yǒudiǎnr máng
这个 星期 我 有点儿 忙。
Zhège xīngqī wǒ yǒudiǎnr máng.
I'm a bit too busy this week.

(4) 有点儿 远
yǒudiǎnr yuǎn
我 家 有点儿 远。
Wǒ jiā yǒudiǎnr yuǎn.
My home is a bit too far away.

4. 副词"再"　The adverb "zài"

再 剪剪。
Zài jiǎnjian.
Could you cut it shorter?

"再"意思是"again",表示一个动作(或一种状态)重复或继续,一般用于未实现的动作。例如:

Zài, meaning "again" in English, indicates normally the repetition or continuing of an action or state in the future. For example:

(1) 这次 打得 不好,我 再打 一 次 吧。
Zhè cì dǎde bù hǎo, wǒ zài dǎ yí cì ba.
This time I didn't play it well. Let me play it again.

(2) 请 再 说 一 遍。

Qǐng zài shuō yí biàn.

Please say it again.

(3) 欢迎 您 再 来!

Huānyíng nín zài lái!

You are welcome to come again.

练 习 *Exercises*

一、分别用"男"、"女"组词：

Compose phrases, using "nán" and "nǚ":

男 nán

男朋友 nánpéng you

_____

_____

_____

_____

女 nǚ

女朋友 nǚpéng you

_____

_____

_____

_____

二、用正确的语调说下边的句子：

Read the following sentences with the appropriate intonation.

(1) 为什么 女孩儿 可以 留 长 头发，男孩儿 不 能 留?

Wèishénme nǚhái kěyǐ liú cháng tóufa, nánhái bù néng liú?

(2) 你 为什么 想 留 长 头发?

Nǐ wèishénme xiǎng liú cháng tóufa?

(3) 长 头发 好看。

Cháng tóufa hǎokàn.

(4) 男孩儿 应该 留 短 头发。

Nánhái yīnggāi liú duǎn tóufa.

(5) 你 觉得 怎么样?

Nǐ juéde zěnmeyàng?

(6) 这儿 有点儿 长， 再 剪剪。

Zhèr yǒudiǎnr cháng, zài jiǎnjian.

丨 冂 月 冈 冈 因

| 因 | 因 | 因 | 因 | 因 | 因 | | | | | | |

丶 ソ 为 为

| 为 | 为 | 为 | 为 | 为 | 为 | | | | | | |

SAN

三

PART THREE

我还想看电影
Wǒ Hái Xiǎng Kàn Diànyǐng

I want to see more movies

新词语 *New Words and Phrases*

1.	洗发水	xǐfàshuǐ(r)	shampoo
2.	香水	xiāngshuǐ(r)	perfume
	香	xiāng	fragrant
3.	香皂	xiāngzào	toilet soap
4.	牌子	páizi	brand
5.	公园	gōngyuán	park
6.	体育馆	tǐyùguǎn	indoor stadium; gymnasium
7.	染	rǎn	to dye
8.	刮	guā	to shave
9.	胡子	húzi	beard
10.	吹（风）	chuī(fēng)	to blow
11.	臭	chòu	smelly
12.	个子	gèzi	stature
13.	高	gāo	tall; high
14.	矮	ǎi	short (stature); low

15

北海公园　**Běihǎi　Gōngyuán**　Beihai Park, the largest park in the inner city of Beijing,　is one of the oldest and most completely preserved imperial gardens.

海　　　　**hǎi**　　　　　Sea;　vast expanse of water

句型练习　**Sentence pattern drills**

一、根据图画用所给句型完成下边的句子：

Complete the following sentences according to the information provided by the pictures.

您　是　剪　头发　还是　烫　头发？

Nín　shì　jiǎn　tóufa　hǎishi　tàng　tóufa?

例　**Example：**

女：我　想　买　一　瓶　香水儿。

Wǒ xiǎng mǎi　yì　píng xiāngshuǐr.

学生：她　是　想　买　香水儿　还是　想　买　洗发水儿？

Tā shì xiǎng mǎi xiāngshuǐr háishi xiǎng mǎi　xǐfàshuǐr?

答：她　想　买　香水儿。

Tā xiǎng mǎi xiāngshuǐr.

（1）男：我　要　买　一　块　香皂。

Wǒ yào mǎi yí kuài xiāngzào.

学生：＿＿＿＿＿＿＿＿＿＿＿＿？

答：他　要　买　香皂。

Tā yào mǎi xiāngzào.

(2) 女：我 喜欢 这个 牌子的 香水儿。

　　　Wǒ xǐhuan zhège páizi de xiāngshuǐr.

学生：_____？

答：她喜欢 这个 牌子的 香水儿。

　　Tā xǐhuan zhège páizi de xiāngshuǐr.

(3) 男：银行 九 点 开门，不 是 八 点 开门。

　　　Yínháng jiǔ diǎn kāimén, bú shì bā diǎn kāimén.

学生：_____？

答：银行 九 点 开门。

　　Yínháng jiǔ diǎn kāimén.

营业时间

9:00—21:30

二、根据对话用"还"回答问题：

Answer the question on each dialogue, using Hái:

还 剪 这个 发型

Hái jiǎn zhège fàxíng.

(1) 女：今天 你 想 做 什么？

　　　Jīntiān nǐ xiǎng zuò shénme?

　　男：我 还 想 看 电影。

　　　Wǒ hái xiǎng kàn diànyǐng.

　　问：今天 他 想 做 什么？

　　　Jīntiān tā xiǎng zuò shénme?

学生：_____。

(2) 男：你 想 去 哪儿，公 园 还是 体育馆？

　　　Nǐ xiǎng qù nǎr, gōngyuán háishi tǐyùguǎn?

　　女：我 不 想 去 体育馆，我 还 想 去 公园。

　　　Wǒ bù xiǎng qù tǐyùguǎn, wǒ hái xiǎng qù gōngyuán.

　　问：她 想 去 哪儿？

　　　Tā xiǎng qù nǎr?

学生：_____。

17

(3) 女: 在 哪儿 见面？

Zài nǎr jiànmiàn?

男: 还在 北海 公园, 好 吗？

Hái zài Běihǎi Gōngyuán, hǎo ma?

女: 好的。

Hǎode.

问: 他们 在 哪儿 见面？

Tāmen zài nǎr jiànmiàn?

学生: _____。

(4) 男: 几点 见面？

Jǐ diǎn jiànmiàn?

女: 还是 六 点 半, 怎么样？

Háishi liù diǎn bàn, zěnmeyàng?

男: 好。

Hǎo.

问: 他们 几点 见面？

Tāmen jǐ diǎn jiànmiàn?

学生: _____。

三、根据对话用"应该"或"愿意"回答问题：

Answer the question on each dialogue, using Yīnggāi or Yuànyì:

我 不 愿意 剪 头发。

Wǒ bú yuànyì jiǎn tóufa.

男孩儿 应该 留 短 头发。

Nánháir yīnggāi liú duǎn tóufa.

(1) 女: 我 要 染 头发。

Wǒ yào rǎn tóufa.

男: 你 不 应该 染 头发。

Nǐ bù yīnggāi rǎn tóufa.

女: 我 愿意 染 头发。

Wǒ yuànyì rǎn tóufa.

问: 她 不 应该 做 什么？

Tā bù yīnggāi zuò shénme?

学生: _____。

(2) 男: 我 不 愿意 刮 胡子, 我要 留 胡子。

Wǒ bú yuànyì guā húzi, wǒ yào liú húzi.

女: 你 应该 刮 胡子。

Nǐ yīnggāi guā húzi.

男: 我 愿意 留 胡子。

Wǒ yuànyì liú húzi.

问: 他 不 愿意 做 什么？

Tā bú yuànyì zuò shénme?

学生: _____, _____。

(3) 男: 你的 头发 应该 吹吹 风。

Nǐ de tóufa yīnggāi chuīchui fēng.

女: 我 不 愿意 吹 头发。

Wǒ bú yuànyì chuī tóufa.

18

问：她 不 愿意 做 什么？

　　Tā bú yuànyì zuò shénme?

学生：_____。

四、根据对话用"有点儿＋形容词"回答问题：

Answer each question, using Yǒu diǎnr ＋ adjective:

这儿 有点儿 长， 再 剪剪。

Zhèr yǒudiǎnr cháng, zài jiǎnjian.

(1) 女：你 最近 怎么样？

　　　Nǐ zuìjìn zěnmeyàng?

男：我 最近 有点儿 忙。

　　Wǒ zuìjìn yǒudiǎnr máng.

问：他 最近 怎么样？

　　Tā zuìjìn zěnmeyàng?

学生：_____。

(2) 女：这 香水儿 怎么样？

　　　Zhè xiāngshuǐr zěnmeyàng?

男：我 觉得 有点儿 臭。

　　Wǒ juéde yǒudiǎnr chòu.

问：他 觉得 那 香水儿 怎么样？

　　Tā juéde nà xiāngshuǐr zěnmeyàng?

学生：_____。

(3) 男：你 觉得 小 王 个子 怎么样？

　　　Nǐ juéde Xiǎo Wáng gèzi zěnmeyàng?

女：小 王 个子 有点儿 矮。

　　Xiǎo Wáng gèzi yǒudiǎnr ǎi.

问：她 觉得 小 王 个子 怎么样？

　　Tā juéde Xiǎo Wáng gèzi zěnmeyàng?

学生：_____。

(4) 男：你 觉得 小 赵 个子 怎么样？

　　　Nǐ juéde Xiǎo Zhào gèzi zěnmeyàng?

女：小 赵 个子 有点儿 高。

　　Xiǎo Zhào gèzi yǒudiǎnr gāo.

问：她 觉得 小 赵 个子 怎么样？

　　Tā juéde Xiǎo Zhào gèzi zěnmeyàng?

学生：_____。

19

综合练习 *Comprehensive exercises*

一、用所给的词语完成下边的话,说说课文中的情景:

Complete the following sentences on the situations provided by the text, using the words given below:

要, 剪, 头发, 愿意, 留, 长, 短, 喜欢, 好看, 应该
yào, jiǎn, tóufa, yuànyì, liú, cháng, duǎn, xǐhuan, hǎokàn, yīnggāi

方 雪芹 要＿＿＿＿＿＿＿＿＿＿＿＿＿。

Fāng Xuěqín yào＿＿＿＿＿＿＿＿＿＿＿＿＿.

这个 男孩儿 ＿＿＿＿剪 头发,他要＿＿＿＿＿,他说＿＿＿＿＿。

Zhège nánháir＿＿＿＿jiǎn tóufa, tā yào＿＿＿＿, tā shuō＿＿＿＿.

男孩 的 妈妈 ＿＿＿＿留 长 头发,她要他＿＿＿。她说＿＿＿。

Nánháir de māma ＿＿＿liú cháng tóufa,tā yào tā ＿＿＿. Tā shuō＿＿＿.

二、完成对话:

Complete the following dialogues:

(1) A:您 是 烫 头发还是 剪头发?

　　　Nín shì tàng tóufa háishi jiǎn tóufa?

　　B:＿＿＿＿＿＿＿＿＿＿＿。

(2) A:您 要 剪 什么 发型?

　　　Nín yào jiǎn shénme fàxíng?

　　B:＿＿＿＿＿＿＿＿＿。

(3) A:您 喜欢 什么 牌子的 洗发水?

　　　Nín xǐhuan shénme páizi de xǐfàshuǐr?

　　B:＿＿＿＿＿＿＿＿＿。

(4) A:您 要不要 吹 风?

　　　Nín yào bú yào chuī fēng?

　　B:＿＿＿＿＿＿＿＿＿。

三、情景会话:

Compose dialogues on the following situations:

在理发店剪头发。

At the hairdresser's.

四、请你说（至少用上五个本课所学过的词语）：

Speak on the following topics（At least 5 of the words in this lesson should be used in your talk）:

(1) 你是喜欢留长头发还是喜欢留短头发？为什么？

Do you like to have long hair or short hair? Why?

(2) 男孩的妈妈不能说服他剪头发，请你试试来说服他。

The boy's mother failed to persuade him to cut his hair short. Would you try to persuade him?

语音练习 *Pronunciation drills*

一、注意句子的升降调及所表示的意义：

Pay attention to the meanings expressed by the rising and falling tunes:

(1) 您 是 剪 头发 还是 烫 头发？↗
Nín shì jiǎn tóufa háishi tàng tóufa? ↗
我 要 剪 头发。↘
Wǒ yào jiǎn tóufa. ↘

(2) 您 要 剪 什么 发型？↗
Nín yào jiǎn shénme fàxíng? ↗
还剪 这个 发型。↘
Hái jiǎn zhèige fàxíng. ↘

(3) 多少 钱？↗
Duōshǎo qián? ↗
二十五 块。↘
Èrshíwǔ kuài. ↘

(4) 为什么 不 行？↗
Wèishénme bù xíng? ↗
男孩儿 应该 留 短 头发。↘
Nánháir yīnggāi liú duǎn tóufa. ↘

(5) 你 为什么 想 留 长 头发？↗
Nǐ wèishénme xiǎng liú cháng tóufa? ↗
长 头发 好看。↘
Cháng tóufa hǎokàn. ↘

二、朗读下边的词语扩展,注意各个词在扩展过程中读音轻重和长短的变化:

Read aloud the "build-up" exercise, paying attention to the change of stress and length of each word:

头发
tóufa

长　头发
cháng tóufa

留　长　头发
liú cháng tóufa

可以留　长　头发
kěyǐ liú cháng tóufa

女孩儿 可以留　长　头发
nǚháir　kěyǐ liú cháng tóufa

为什么　女孩儿 可以留　长　头发
wèishénme nǚháir　kěyǐ liú cháng tóufa

为什么　女孩儿 可以留　长　头发,男孩　不　能　留
wèishénme nǚháir　kěyǐ liú cháng tóufa, nánháir bù néng liú

走 马 观 花　*A Glimpse of Modern Chinese Culture*

理发的地方

The hairdresser's

"剪头发的地方"以前都叫"理发店"或"理发馆",意思是"修理、整理头发的店"。

随着中国改革开放的进行,中国人对仪容、仪表的美的要求越来越高了,人们去"剪头发的地方"越来越不仅是剪头发,还有烫头发、染头发、头发护理等多种目的,所以"理发店"叫得越来越少,取而代之的是"美发店",而且"美发店"还常常伴着"美容"。

当然,在"美容美发店"的"美容"一般只是一些简单的面部、头部皮肤护理,要做专业的护理、修整,就应当去那些专门的"美容中心"、"美容院"了。

22

In Chinese, a barber's shop is usually called Lǐfàdiàn or Lǐfàguǎn, meaning a shop where you can get your hair cut or styled. With the development of China's reforms and its opening up to the world, people have become more aware of their appearance, so they go to the barber's not only to have their hair cut, but also to have it permed, dyed or conditioned. Therefore more and more barber's shops have changed their names to Měifàdiàn (beauty salon), where, besides hair cuts, people can have their skin freshened, but the treatment is still simple. If you want more professional treatment, you must go to the beautician's.

写汉字 *Writing Demonstration*

丿 二 千 千 禾 禾 禾 香 香 香

| 香 | 香 | 香 | 香 | 香 | 香 | | | | | |

丿 亻 宀 白 白 皀 皂

| 皂 | 皂 | 皂 | 皂 | 皂 | 皂 | | | | | |

第十二课
Dì - shí'èr Kè

LESSON TWELVE

语用范例 *Examples of Usage*

1. 表达评价〔或：表达看法〕 *Making a comment*

（这 件 衣服）　　　样子 不太　　好看。
（Zhè jiàn yīfu）　　Yàngzi bú tài　hǎokàn.
[this (measure word) coat] cut　not very good looking
The cut of (this coat) does not look good.

那 件　　　　衣服 样子　不错。
Nèi jiàn　　　yīfu yàngzi búcuò.
that (measure word) coat　cut　quite good
That coat has quite a good cut.

2. 征询对方的许可 *Asking for permission*

我 可以 试试 红色　　　的　　　　吗?
Wǒ kěyǐ shìshi hóngsè　de　　　　ma?
I can　fit　red colour (structural particle) (interrogative particle)
May I try on the red one?

3. 表达不喜欢　*Saying "dislike"*

我　不　喜欢　那　种　颜色。
Wǒ　bù　xǐhuan　nèi　zhǒng　yánsè.
I　not　to like that　kind　color
I don't like that color.

4. 询问穿多大尺寸的衣服、裤子、鞋等　*Asking the size of jacket, trousers or shoes*

您　穿　多大　的?
Nín　chuān　duō dà　de?
You to wear how large (structural particle)
What size do you wear?
——(我　穿)　中　号　的。
——(Wǒ chuān)　zhōng　hào　de.
——(I to wear) medium size (structural particle)
——(I wear) medium size.

5. 询问是否有某种或某种规格的商品　*Asking whether a commodity of a certain size is available*

小姐，这　种　鞋　有 42　号　的　吗?
Xiǎojiě,　zhè zhǒng　xié　yǒu 42　hào　de ma?
Miss,　this　kind　shoes　have 42 number　(structural particle)(interrogative particle)
Do you have No. 42 of this kind of shoes, Miss?

6. 询问（衣服、鞋等）是否合适 *Asking whether （clothes, shoes, etc.）are suitable*

（这 双 鞋） 合适 吗？
（Zhè shuāng xié） héshì ma?
(this pair shoes) suitable (interrogative particle)
Does it (this pair of shoes) fit you?

7. 询问有没有更接近理想的 *Asking whether something more desirable is available*

有 没有 大一点儿 的？
Yǒu méiyǒu dà yìdiǎnr de?
to have not to have big a little (structural particle)
Is there anything bigger?

YI

PART ONE

这件衣服怎么样？
Zhè Jiàn Yīfu Zěnmeyàng?

How is this jacket?

新 词 语 *New Words and Phrases*

1. 样子	yàngzi	style
2. 冬天	dōngtiān	winter

3.	穿	chuān	to wear; to put on
4.	种	zhǒng	kind
5.	颜色	yánsè	color
6.	别的	biéde	other
7.	红色	hóngsè	red (color)
8.	白色	báisè	white (color)
9.	灰色	huīsè	grey (color)
10.	试	shì	to try; to have a fitting
11.	中号	zhōnghào	medium size
12.	试衣间	shìyījiān	fitting room
13.	售货员	shòuhuòyuán	shop assistant

课　文　Text

买衣服,是一般人喜欢,但又很花费时间的事。样子、颜色、大小等等,我们要选择的地方很多。挑选服装的时候,我们怎么表达呢? 让我们看看雪芹和文龙是怎么说的。

Buying clothes is something people like to do, but it is time consuming. We have too many things to choose from: style, color, size, etc.. What do we say when we select clothes? Let us listen to Xueqin and Wenlong.

(方雪芹和李文龙一起逛服装店)

(Fang Xueqin and Li Wenlong are in a clothing store.)

方雪芹:	(拿起一件衣服)这 件 衣服 怎么样? Zhè jiàn yīfu zěnmeyàng?
Fang:	(Taking up a jacket) What do you think of this?
李文龙:	样子 不 太 好看。 Yàngzi bú tài hǎokàn.
Li:	The cut does not look good. (方雪芹放下衣服继续往前走) (Fang Xueqin replaces it and goes further on)

方雪芹： 我 该 买 冬天 穿 的 衣服 了。

Wǒ gāi mǎi dōngtiān chuān de yīfu le.

Fang: It's time I bought some winter clothes.

李文龙： （指着远处模特身上的衣服）你 看,那件 衣服 样子 不错。

Nǐ kàn,nèi jiàn yīfu yàngzi búcuò.

Li: (Pointing to the clothes on a dummy) Look, that jacket is quite well-cut.

方雪芹： （摇摇头）我 不 喜欢 那 种 颜色。

Wǒ bù xǐhuan nèi zhǒng yánsè.

（对售货员）小 姐,那 种 衣服 有 别的 颜色 的 吗?

Xiǎojiě,nèi zhǒng yīfu yǒu biéde yánsè de ma?

Fang: (Shaking her head) But I don't like the color. (To the shop assistant) Miss, do you have other colors for this kind of jacket?

售货员： 有, 有 红色 的,白色 的,灰色 的。

Yǒu,yǒu hóngsè de,báisè de,huīsè de.

Assistant: Yes, we have it in red, white and grey.

方雪芹： 我 可以 试试 红色 的 吗?

Wǒ kěyǐ shìshi hóngsè de ma?

Fang: May I try on the red one?

售货员： 您 穿 多 大 的?

Nín chuān duō dà de?

Assistant: What is your size?

方雪芹： 中 号 的。

Zhōng hào de.

Fang: Medium.

售货员： （拿出一件递给方雪芹）试衣间 在 那边。

Shìyījiān zài nèibian.

Assistant: (Handing a jacket to Fang Xueqin) The fitting room is over there.

1. 不＋太＋形容词　The phrase "bú + tài + adjective"

样子 不 太 好看。

Yàngzi bú tài hǎokàn.

The cut does not look good.

"不＋太"相当于"not very"。后边一般接形容词,表示心理活动的动词"喜欢、想"也可以用。表示否定的程度较弱,含有委婉的语气。例如:

The phrase "bú + tài" (not very) is followed by an adjective or a verb of mental activity such as "xǐhuan, xiǎng". It expresses a moderate negation. For example:

(1) 甲:那儿 的 衣服 贵 不 贵?

　　　Nàr de yīfu guì bú guì?

　　　Are the clothes there expensive?

乙:不太贵。

　　Bú tài guì.

　　Not very expensive.

(2) 甲:羊肉 饺子 好吃 不 好吃?

　　　Yángròu jiǎozi hǎochī bù hǎochī?

　　　Are the mutton jiaozi delicious?

乙:不 太 好吃。

　　Bú tài hǎochī.

　　Not very delicious.

(3) 甲:你 喜欢 喝 茶 吗?

　　　Nǐ xǐhuan hē chá ma?

　　　Do you like tea?

乙:不太喜欢。

　　Bú tài xǐhuan.

　　I don't like it very much.

(4) 甲:你 想 去 上海 吗?

　　　Nǐ xiǎng qù Shànghǎi ma?

　　　Do you want to go to Shanghai?

乙:不 太 想 去。

　　Bú tài xiǎng qù.

　　I don't want to go there very much.

2. 动词、形容词做定语　Verbs and adjectives as attributive

我 该 买 冬天 穿 的 衣服 了。

Wǒ gāi mǎi dōngtiān chuān de yīfu le.

It's time I bought some winter clothes.

我们学过"名词₁+的+名词₂","名词+的"可以放在名词前面作定语。"动词+的"也可以放在名词前作定语,构成"动词+的+名词"。例如:

We have learnt the phrase "noun₁ + de + noun₂" in which "noun + de" is used before the noun as the attributive. We can see in this lesson that "verb + de" is also used as attributive to a noun to form a phrase in the sequence "verb + de + noun". For example:

动词 + 的 + 名词

verb + de (structural particle) + noun

---

(1) 我 做 的 饭——这 是 我 做 的 饭,不 是 我 妈妈 做 的 饭。

wǒ zuò de fàn——Zhè shì wǒ zuò de fàn, bú shì wǒ māma zuò de fàn.

The meal that I have cooked——This is the meal I have cooked, not the meal that my mother has cooked.

(2) 我 喜欢 的 颜色——我 喜欢 的 颜色 是 白色,

wǒ xǐhuan de yánsè—— Wǒ xǐhuan de yánsè shì báisè,

我 弟弟 喜欢 的 颜色 是 红色。

wǒ dìdi xǐhuan de yánsè shì hóngsè.

The color that I like——The colour I like is white and the color my brother likes is red.

(3) 给 她 兔子 的 人

The man who gave her a rabbit:

——甲:给 她 兔子 的 人 叫 什么 名字?

Gěi tā tùzi de rén jiào shénme míngzi?

A: What is the name of the man who gave her the rabbit?

乙:他 叫 李 文 龙。

Tā jiào Lǐ Wénlóng.

B: His name is Li Wenlong.

除了"动词+的"可以放在名词前作定语外,"形容词+的"也可以作定语,构成"形容词+的+名词"。例如:

"Adjective + de" can be used as attributive before nouns as well as "verb + de" to form an

30

"adjective + de + noun" phrase.   For example:

形容词 + 的 + 名词

adjective + de(structural particle) + noun

---

(1) 最 远 的 银行——那 是 离 我 家 最 远 的 银行。

zuì yuǎn de yínháng——Nà shì lí wǒ jiā zuì yuǎn de yínháng.

The farthest bank——That is the farthest bank from my home.

(2) 聪明 的 女孩儿——她 是 个 聪明 的 女孩儿。

cōngming de nǔháir —— Tā shì gè cōngming de nǔháir.

Clever girl——She is a clever girl.

但是，单独使用的单音节形容词不用"的"。例如：

But "de" is not used with one-syllable adjectives when used by itself.   For example:

单音节形容词 + 名词

one-syllable adjective + noun

---

(1) 好 朋友——他 是 我 的 好 朋友。

hǎo péngyou——Tā shì wǒ de hǎo péngyou.

Good friend——He is my good friend.

(2) 新 衣服——这 是 谁 的 新 衣服？

xīn yīfu —— Zhè shì shéi de xīn yīfu?

New clothes——Whose new jacket is this?

3. "名词／代词／数量词 + 的"构成"的"字结构

The de – phrase "noun／pronoun／measure word + de"

有， 有 红色 的,白色 的,灰色 的。

Yǒu， yǒu hóngsè de, báisè de, huīsè de.

Yes, we have. We have red ones, white ones and grey ones.

"名词/代词/数量词＋的"构成"的"字结构,其功能相当于一个名词。这个结构所指的人或事物必须是上文出现过的,或者不需指明别人也清楚的。例如:

The de-phrase "noun/pronoun/measure word ＋ de" functions as a noun which refers to a person or thing mentioned before in the text or the reference is clear by the context. For example:

(1)甲:这 是 谁 的 衣服?　(2)甲:你 看 几 号 的　电影?

　　　Zhè shì shéi de yīfu?　　　　Nǐ kàn jǐ hào de diànyǐng?

　　　Whose jacket is this?　　　On which date is the film show you are going to?

　　乙:是 我 的。　　　　　乙:看　16 号 的。

　　　Shì wǒ de.　　　　　　Kàn shíliù hào de.

　　　It's mine.　　　　　　I'm going to the show of the 16th.

(3)甲:你 想　吃　什么　饺子?

　　　Nǐ xiǎng chī shénme jiǎozi?

　　　What kind of jiaozi do you like to have?

　　乙:我　想　吃　牛肉 的。你 呢?

　　　Wǒ xiǎng chī niúròu de.　Nǐ ne?

　　　I want to have beef jiaozi. And you?

　　甲:我　吃　鸡肉 的。

　　　Wǒ chī jīròu de.

　　　I like chicken jiaozi.

🍎 **4.** 用"多＋单音节形容词"来提问

"Duō ＋ one-syllable adjective" used in questions

您　穿　多大 的?

Nín chuān duō dà de?

What is your size?

这儿的"大"是指尺寸的大小。前面我们已经学过"多长(时间)"、"多远"。"多＋单音节形容词"是用来提问数量、程度的结构:

Here dà means "size". Earlier we learnt about "duō cháng (shíjiān)" and "duō yuǎn". These are "duō ＋ one-syllable adjective" phrases used to ask about quantity, degree, etc.

多 + 长（时间）

duō + cháng（shíjiān）

how + long（time）

每 次 多 长 时间？

Měi cì duō cháng shíjiān?

How long does it last every time?

——每 次 一 个 小时。

—— Měi cì yí gè xiǎoshí.

——One hour every time.

多 + 远

duō + yuǎn

how + far

颐和园 离 这儿 有 多 远？

Yíhéyuán lí zhèr yǒu duō yuǎn?

How far is the Summer Palace from here?

—— 颐和园 离 这儿 挺 远 的。

——Yíhéyuán lí zhèr tǐng yuǎn de.

——It is quite far.

多 + 大

duō + dà

how + big

您 穿 多大 的？

Nín chuān duō dà de?

What size do you wear?

——我 穿 中号 的。

—— Wǒ chuān zhōnghào de.

——I wear medium sized.

一、记住这些词语，并用它们完成对话：

Learn the following phrases and complete the dialogues with them:

这种	zhè zhǒng	this kind
那种	nèi zhǒng	that kind
哪种	něi zhǒng	which kind/what kind
一种	yì zhǒng	one kind
很多种	hěn duō zhǒng	many kinds

(1) 甲：你要 这 种 茶 还是 那 种 茶？

　　　Nǐ yào zhè zhǒng chá háishi nèi zhǒng chá?

　　乙：＿＿＿＿＿＿＿＿＿＿＿＿＿＿＿＿＿＿＿＿＿＿＿。

(2) 甲：你喜欢 吃 哪种 冰激凌，这 种 还是 那 种？

　　　Nǐ xǐhuan chī něizhǒng bīngjilíng，zhè zhǒng háishi nèi zhǒng?

　　乙：＿＿＿＿＿＿＿＿＿＿＿＿＿＿＿＿＿＿＿＿＿＿＿。

(3) 甲：你喜欢 哪 种 颜色？

　　　Nǐ xǐhuan něi zhǒng yánsè?

　　乙：＿＿＿＿＿＿＿＿＿＿＿＿。

二、翻译下边的对话，用上"别的"：

Translate the following dialogues, using "*biéde*"：

(1) A: Let's go to other places to have a look.

　　B: Yes. Let's go.

(2) A: I prefer jiaozi to any other food.

　　B: O. K. Let's go and have jiaozi.

34

(3) A: Do you want anything else?

　　 B: No, thanks.

三、用正确的语调说下边的句子：

Read the following sentences with the appropriate intonation:

(1) 这 件 衣服 样子 不太 好看。(2) 我 该 买　冬天　穿　的 衣服了。
　　 Zhè jiàn yīfu yàngzi bú tài hǎokàn.　　 Wǒ gāi mǎi dōngtiān chuān de yīfu le.

(3) 那 件 衣服 样子 不错。 (4) 我 不喜欢 那　种　颜色。
　　 Nèi jiàn yīfu yàngzi búcuò.　　　 Wǒ bù xǐhuan nèi zhǒng yánsè.

(5) 小姐，那　种 衣服 有 别的 颜色 的 吗？
　　 Xiǎojiě, nèi zhǒng yīfu yǒu biéde yánsè de ma?

(6) 我 可以 试试　红色 的 吗？ (7) 您　穿　多大 的？
　　 Wǒ kěyǐ shìshi hóngsè de ma?　　 Nín chuān duō dà de?

(8) 我　穿　中号 的。
　　 Wǒ chuān zhōnghào de.

| 写 汉 字 Writing Demonstration |

ノ 亻 亻 仁 仁 件

| 件 | 件 | 件 | 件 | 件 | 件 | | | | |

丶 讠 讠 讠 讠 试 试

| 试 | 试 | 试 | 试 | 试 | 试 | | | | |

这种鞋有 42 号的吗？

Zhè Zhǒng Xié Yǒu 42 Hào De Ma?

Do you have size 42 in this kind of shoes?

新 词 语　*New Words and Phrases*

1. 鞋	xié	shoes
2. 棕色	zōngsè	brown
3. 已经	yǐjīng	already
4. 黑色	hēisè	black（color）
5. 漂亮	piàoliang	beautiful；nice
6. 合适	héshì	fit；suitable
7. 一点儿	yìdiǎnr	a little；a bit
8. 双	shuāng	pair
9. 咱们	zánmen	we（inclusive）
10. 地方	dìfang	place

课 文　*Text*

买鞋的时候，我们需要告诉售货员我们穿多大的、什么颜色的，我们最好试试合适不合适。这一切，都怎么来表达呢？

To buy shoes, we need to tell the shop assistant the size and color we want and we'd better fit them. Well, how do we express all this in Chinese?

（在鞋店，方雪芹和李文龙买鞋）

（Fang Xueqin and Li Wenlong are buying shoes at a shoe shop.）

李文龙：　小姐，这 种 鞋有四十二号 的吗？

Xiǎojiě, zhè zhǒng xié yǒu sìshí'èr hào de ma?

Li: Miss, do you have size 42 in this kind of shoes?

售货员: 有。你 要 什么 颜色 的?

Yǒu. Nǐ yào shénme yánsè de?

Assistant: Yes, we have. What color do you want?

李文龙: 棕色 的。

Zōngsè de.

Li: Brown.

售货员: 棕色 的 已经 没有 了,黑色 的 还有。

Zōngsè de yǐjīng méiyǒu le,hēisè de háiyǒu.

Assistant: The brown ones have all been sold out. Black ones are still available.

(李文龙摇摇头)

(Li Wenlong shakes his head.)

售货员: (拿过一只鞋) 这 种 有 棕色·的。

Zhè zhǒng yǒu zōngsè de.

Assistant: (Taking up a shoe) We have this kind of brown shoes.

方雪芹: 挺 漂亮。

Tǐng piàoliang.

Fang: It's very beautiful.

李文龙: 行, 我 试试。(李文龙穿上鞋)

Xíng,wǒ shìshi.

Li: OK. Let me try it on. (Li Wenlong puts them on)

方雪芹: 怎么样? 合适 吗?

Zěnmeyàng? héshì ma?

Fang: How do you feel? Do they fit?

李文龙: 有点儿 小。有 没有 大 一点儿 的?

Yǒudiǎnr xiǎo. Yǒu méiyǒu dà yìdiǎnr de?

Li: It's a bit tight. Do you have anything larger?

售货员: 您 试试 这 双。

Nín shìshi zhè shuāng.

Assistant: Please try this.

李文龙：　　这　双　也　不合适。
　　　　　　　Zhè shuāng yě bù héshì.

Li:　　　　They do not fit either.

方雪芹：　　咱们　去 别的 地方　看看　吧。
　　　　　　　Zánmen qù biéde dìfang kànkan ba.

Fang:　　　Let's go and see in other places.

李文龙：　　（对售货员）谢谢。
　　　　　　　　　　　　　　Xièxie.

Li:　　　　（To the assistant）Thanks.

注　释　Notes

1. 形容词＋（一）点儿　The phrase "adjective ＋（yì）diǎnr"

有　没有　大　一点儿　的？
Yǒu méiyǒu dà　yìdiǎnr　de?
Do you have anything larger?

"形容词＋（一）点儿"表示程度高一点儿或低一点儿。例如：

This phrase indicates higher or lower degree, depending on the meaning of the adjective. For example:

> 形容词＋（一)点儿
> adjective ＋（yì）diǎnr

（1）你的 头发　太　长　了,剪　短（一)点儿 吧。
　　　Nǐ de tóufa　tài cháng le,jiǎn duǎn (yì)diǎnr ba.
　　　Your hair is too long. You may have it cut shorter.

（2）你 应该　早 点儿 睡觉,　早 点儿　起床。
　　　Nǐ yīnggāi zǎo diǎnr shuìjiào, zǎo diǎnr qǐchuáng.
　　　You should go to bed earlier and get up earlier.

(3)甲：这 种 茶 四百八十 块 一斤。

　　Zhè zhǒng chá sìbǎibāshí kuài yì jīn.

　　This kind of tea is 480 yuan a jin.

乙：太贵了，有 没有 便宜（一）点儿 的？

　　Tài guì le, yǒu méiyǒu piányi (yì)diǎnr de?

　　It is too expensive. Do you have anything cheaper?

2. "形容词＋的"构成"的"字结构
The De – phrase composed of an adjective and "de"

有 没有 大 一点儿 的？

Yǒu méiyǒu dà yìdiǎnr de?

Do you have anything larger?

"形容词＋的"构成"的"字结构和"名词/代词＋的"一样，其功能也相当于一个名词。例如：

The de + phrase composed of an adjective and "de", like those made of a noun/pronoun and "de", functions as a noun. For example:

> 形容词 ＋的
>
> adjective ＋ de (structural particle)

(1) 哥哥：小妹，来 吃 苹果。给你大的。

　　　Xiǎomèi, lái chī píngguǒ. Gěi nǐ dà de.

　　　Sister, come and have an apple. I'll give you a big one.

妹妹：哥哥，你吃大的。

　　　Gēge, nǐ chī dà de.

　　　You have the big one.

哥哥：不，你吃大的，我 吃 小 的。

　　　Bù, nǐ chī dà de, wǒ chī xiǎo de.

　　　No. You have the big one and I'll have the small one.

(2)卖酒的:葡萄酒 有 两 种, 一 种 贵一点儿,一 种 便宜 一点儿。

Pútaojiǔ yǒu liǎng zhǒng, yì zhǒng guì yìdiǎnr, yì zhǒng piányi yìdiǎnr.

There are two kinds of grape wine: one is expensive and the other is cheap.

妈妈:贵的 多少 钱 一 瓶? 便宜的 多少 钱 一 瓶?

Guìde duōshao qián yì píng? Piányide duōshao qián yì píng?

How much a bottle is the expensive one and how much a bottle is the cheap one?

3. "咱们"和"我们"
Personal pronouns "zánmen" and "wǒmen":

咱们 去 别的 地方 看看 吧。

Zánmen qù biéde dìfang kànkan ba.

Let's go and see in other places.

"咱们"和"我们"的不同之处在于:说话人在说"咱们"的时候,"咱们"一定包括听话人在内;而若说"我们",则"我们"可能包括听话人,也可能不包括听话人在内。例如:

Both "zánmen" and "wǒmen" are plural first person pronouns, but they differ in meaning in that the former is inclusive (both the speaker and listener are included) whereas the latter is exclusive (only the speaker's side is included). For example:

(1)甲:咱们 一起 去 吃 饺子 怎么样?

Zánmen yìqǐ qù chī jiǎozi zěnmeyàng?

How about going to have jiaozi together?

乙:好 啊。咱们 什么 时候 去?

Hǎo a. Zánmen shénme shíhou qù?

Fine. When shall we go?

(2)甲:我们 一起去 吃 饺子,你 想 去 吗?

Wǒmen yìqǐ qù chī jiǎozi, nǐ xiǎng qù ma?

We are going to have jiaozi together. Do you want to come with us?

乙:想 去。你们 什么 时候 去?

Xiǎng qù. Nǐmen shénme shíhou qù?

Yes, I do. When will you go?

甲：晚上。

Wǎnshang.

This evening.

乙：晚上　　我有事,我不能去。

Wǎnshang wǒ yǒu shì,wǒ bù néng qù.

Then I can't go,　I am engaged this evening.

练 习　*Exercises*

一、记住这些用量词"双"的物品：
Learn the following articles using the measure word "shuāng".

一双鞋	yì shuāng xié	a pair of shoes
一双筷子	yì shuāng kuàizi	a pair of chopsticks
一双袜子	yì shuāng wàzi	a pair of socks

二、看图,用"合适"完成对话：
Complete the following dialogues according to the pictures,　using "héshì".

(1) 甲：这　双　鞋合适吗？

　　Zhè　shuāng xié héshì ma?

乙：＿＿＿＿＿＿＿＿＿＿。

(2) 甲：这　种　颜色我穿　合适　吗？

　　Zhè　zhǒng yánsè wǒ chuān héshì ma?

乙：＿＿＿＿＿＿＿＿＿＿。

(3) 甲:这 条 裤子 合适 吗?

Zhè tiáo kùzi héshì ma?

乙:_____。

(4) 甲:这 条 裙子 合适 吗?

Zhè tiáo qúnzi héshì ma?

乙:_____。

三、用正确的语调说下边的句子:

Read the following sentences with the appropriate intonation.

(1) 这 种 鞋 有 四十二号 的 吗?

Zhè zhǒng xié yǒu sìshí'èr hào de ma?

(2)我 要 棕色 的。

Wǒ yào zōngsè de.

(3) 棕色 的 已经 没有 了,黑色 的 还有。

Zōngsè de yǐjīng méiyǒu le, hēisè de háiyǒu.

(4)我 可以 试试 这 双 鞋 吗?

Wǒ kěyǐ shìshi zhè shuāng xié ma?

(5) 这 双 鞋 合适 吗?

Zhè shuāng xié héshì ma?

(6) 这 双 鞋 有点儿 小。有 没有 大 一点儿 的?

Zhè shuāng xié yǒudiǎnr xiǎo. Yǒu méiyǒu dà yìdiǎnr de?

(7) 咱们 去 别的 地方 看看 吧。

Zánmen qù biéde dìfang kànkàn ba.

丿 ⺈ ⼇ ⾊ ⾊ 色

| 色 | 色 | 色 | 色 | 色 | 色 | | | | | |

⼇ ⼇ 双 双

| 双 | 双 | 双 | 双 | 双 | 双 | | | | | |

SAN

三

PART THREE

有没有大一点儿的？

Yǒu Méiyǒu Dà Yìdiǎnr De?

Is there anything bigger?

新 词 语 *New Words and Phrases*

1.	袜子	wàzi	stockings; socks
2.	戴	dài	to wear; to put on (hat, ring, badge, etc.)
3.	帽子	màozi	cap; hat
4.	手套	shǒutào	gloves
5.	顶	dǐng	a measure word for cap, hat, etc.
6.	肥	féi	(of clothes) loose; (of meat, animal) fat
7.	胖	pàng	(of a person) fat
8.	瘦	shòu	(of clothes) tight; (of a person, meat, animal, etc.) lean
9.	深	shēn	dark; deep
10.	浅	qiǎn	light; shallow
11.	绿色	lǜsè	green (color)
12.	黄色	huángsè	yellow (color)
13.	蓝色	lánsè	blue (color)
14.	粉红色	fěnhóngsè	pink (color)
15.	紫色	zǐsè	purple (color)
16.	售货员	shòuhuòyuán	shop assistant

一、用适当的量词和动词填空：

Fill in the blanks with appropriate measure words and verbs:

帽子	一 顶 帽子	戴 帽子
màozi	yì dǐng màozi	dài màozi
衣服	一 ___ 衣服	___ 衣服
yīfu	yí ___ yīfu	___ yīfu
裤子	一 ___ 裤子	___ 裤子
kùzi	yì ___ kùzi	___ kùzi
裙子	一 ___ 裙子	___ 裙子
qúnzi	yì ___ qúnzi	___ qúnzi
鞋	一 ___ 鞋	___ 鞋
xié	yì ___ xié	___ xié
袜子	一 ___ 袜子	___ 袜子
wàzi	yì ___ wàzi	___ wàzi
手套	一 ___ 手套	___ 手套
shǒutào	yì ___ shǒutào	___ shǒutào

二、模仿组词：

Make words after the model:

深＋颜色词	浅＋颜色词
Shēn ＋ color word	Qiǎn ＋ color word
深 绿色	浅 绿色
shēn lǜsè	qiǎn lǜsè
深 ___	浅 ___
shēn___	qiǎn___
深 ___	浅 ___
shēn___	qiǎn___
深 ___	浅 ___
shēn___	qiǎn___
深 ___	浅 ___
shēn___	qiǎn___

句型练习　*Sentence pattern drills*

一、根据对话用"多大"提问：
Asking questions, using "*duō dà*":

你　穿　多大　的？
Nǐ chuān duō dà de?

例　*Example*:

售货员：你　穿　多　大　的？　　学生：她　穿　　多　大　的　鞋？
　　　　　Nǐ chuān duō dà de?　　　　　Tā chuān duō dà de xié?

甲：　37　　号　的。　　　　答：她　穿　　37　号　的　鞋。
　　　Sānshíqī hào de.　　　　　　Tā chuān sānshíqī hào de xié.

(1) 售货员：你　穿　多大　的？
　　　　　　Nǐ chuān duō dà de?

　　学生：＿＿＿＿＿＿＿＿？
　　　　　＿＿＿＿＿＿＿＿？

　　甲：我　穿　25　号　的。
　　　　Wǒ chuān èrshíwǔ hào de.

　　答：他　穿　25　号　的　袜子。
　　　　Tā chuān èrshíwǔ hào de wàzi.

(2) 售货员：你　戴　多大　的？
　　　　　　Nǐ dài duō dà de?

　　学生：＿＿＿＿＿＿？
　　　　　＿＿＿＿＿＿？

　　甲：我　戴　大号　的。
　　　　Wǒ dài dàhào de.

　　答：他　戴　大号　的　帽子。
　　　　Tā dài dàhào de màozi.

(3) 售货员：你　戴　多大　的？
　　　　　　Nǐ dài duō dà de?

　　学生：＿＿＿＿＿＿＿？
　　　　　＿＿＿＿＿＿＿？

　　甲：我　戴　小号　的。
　　　　Wǒ dài xiǎohào de.

　　答：他　戴　小号　的　手套。
　　　　Tā dài xiǎohào de shǒutào.

二、根据提示用"形容词＋一点儿"的结构来回答问题：
Answer the questions, using the form "*adjective + yìdiǎnr*" ***as suggested by the context***:

有　没有　大一点儿　的？
Yǒu méiyǒu dà yìdiǎnr de?

45

例 *Example*:

甲：我 太 胖 了。这 裙子 有 没有 肥 一点儿 的？
　　Wǒ tài pàng le. Zhè qúnzi yǒu méiyǒu féi yìdiǎnr de?
问：她 想 要 什么？
　　Tā xiǎng yào shénme?
学生：她 想 要 肥 一点儿 的 裙子。
　　　Tā xiǎng yào féi yìdiǎnr de qúnzi.

(1) 乙：我 太 瘦 了。这 裤子 有 没有 瘦 一点儿 的？
　　　Wǒ tài shòu le. Zhè kùzi yǒu méiyǒu shòu yìdiǎnr de?
　　问：他 想 要 什么？
　　　Tā xiǎng yào shénme?
　学生：＿＿＿＿＿＿＿＿＿＿＿＿＿＿＿＿＿＿＿。

(2) 甲：这 衣服 颜色 太 深 了。有 没有 颜色 浅 一点儿 的？
　　　Zhè yīfu yánsè tài shēn le. Yǒu méiyǒu yánsè qiǎn yìdiǎnr de?
　　问：她 想 要 什么？
　　　Tā xiǎng yào shénme?
　学生：＿＿＿＿＿＿＿＿＿＿＿＿＿＿＿＿＿＿＿。

(3) 乙：这 鞋 颜色 太 浅 了。有 没有 颜色 深 一点儿 的？
　　　Zhè xié yánsè tài qiǎn le. Yǒu méiyǒu yánsè shēn yìdiǎnr de?
　　问：他 想 要 什么？
　　　Tā xiǎng yào shénme?
　学生：＿＿＿＿＿＿＿＿＿＿＿＿＿＿＿＿＿＿＿。

(4) 甲：这 橙子 太 贵 了，有 没有 便宜 一点儿 的？
　　　Zhè chéngzi tài guì le. Yǒu méiyǒu piányi yìdiǎnr de?
　　问：她 想 要 什么？
　　　Tā xiǎng yào shénme?
　学生：＿＿＿＿＿＿＿＿＿＿＿＿＿＿＿＿＿＿＿。

46

三、用"不 + 太 + 形容词"结构完成下边句子：

Complete the following sentences, using the phrase "bù + tài + adjective":

样子 不 太 好看。

Yàngzi bú tài hǎokàn.

例 Example:

男:我 喜欢 绿色。　　女:你 穿 绿色的 衣服 不 太 合适。

Wǒ xǐhuan lǜsè.　　Nǐ chuān lǜsè de yīfu bú tài héshì.

学生:他 穿 绿色的 衣服 不 太 合适。

Tā chuān lǜsè de yīfu bú tài héshì.

(1)女:我 不 太 喜欢 蓝色。

　　Wǒ bú tài xǐhuan lánsè.

　女:你 穿 浅 蓝色的 裙子 很 好看。

　　Nǐ chuān qiǎn lánsè de qúnzi hěn hǎokàn.

　学生:她 _____ 。

　　　Tā_____ .

(2)男:我 穿 这条 黄色 的裤子 合适 吗?

　　Wǒ chuān zhè tiáo huángsè de kùzi héshì ma?

　女:不 太 合适。

　　Bú tài héshì.

　学生:他 _____ 。

　　　Tā_____ .

(3)女:我 戴 这顶 粉 红色 的 帽子 合适 吗?

　　Wǒ dài zhè dǐng fěn hóngsè de màozi héshì ma?

　男:不 太 合适。

　　Bú tài héshì.

　学生:她 _____ 。

　　　Tā_____ .

综合练习 *Comprehensive exercises*

一、根据课文中的情景完成下边的话：

Complete the following passages according to the situation provided by the text:

（1）方雪芹想 ＿＿＿＿。李文龙喜欢 ＿＿＿＿＿＿＿＿，方雪芹不喜欢 ＿＿＿＿＿，那种衣服有很多种颜色，有 ＿＿＿＿＿＿＿＿＿＿＿。方雪芹 ＿＿＿＿＿＿＿。

Fāng Xuěqín xiǎng＿＿＿＿. Lǐ Wénlóng xǐhuan＿＿＿＿＿＿＿, Fāng Xuěqín bù xǐhuan＿＿＿＿＿, nèi zhǒng yīfu yǒu hěn duō zhǒng yánsè, yǒu＿＿＿＿＿＿＿. Fāng Xuěqín＿＿＿＿＿＿.

（2）李文龙想 ＿＿＿。他 ＿＿＿＿＿＿＿。他想要 ＿＿＿＿＿。棕色的鞋 ＿＿＿＿＿＿＿。别的样子 ＿＿＿＿＿。方雪芹觉得 ＿＿＿＿＿＿＿＿＿。李文龙穿这种样子的鞋 ＿＿＿＿。他们想 ＿＿＿＿＿＿＿＿＿。

Lǐ Wénlóng xiǎng＿＿＿. Tā＿＿＿＿＿＿. Tā xiǎng yào＿＿＿＿. Zōngsè de xié＿＿＿＿＿＿. Biéde yàngzi＿＿＿＿＿. Fāng Xuěqín juéde＿＿＿＿＿＿＿＿. Lǐ Wénlóng chuān zhè zhǒng yàngzi de xié＿＿＿＿. Tāmen xiǎng＿＿＿＿＿＿＿＿.

二、意念表达：（用本课学过的表达方式）

Express the following notions, using the expressions you have learnt in this lesson.

（1）看见你喜欢的那种样子的鞋或帽子：

You have found the kind of shoes or cap that you like.

（2）看见你喜欢的样子的衣服，可颜色不太满意：

You have found the jacket that you like, but you don't like the color.

（3）问问那种裙子有没有别的颜色：

Ask whether they have other colors in that kind of skirt.

（4）你想试试某双手套：

You want to try on a pair of gloves.

(5)你看见的裤子有点瘦,你想要肥一点的。

The pair of trousers you have chosen is a bit too tight and you want a pair which is looser.

三、情景会话:

Compose dialogues on the following situations.

(1)在服装店买衣服。

At the clothing store.

(2)买了一双不合适的鞋,你到鞋店换鞋。

You bought a pair of shoes which does not fit you well and you go to the shoe shop to change them.

四、请你说:(至少用上五个本课所学过的词语)

Speak on the following topics　(At least 5 of the words in this lesson should be used in your talk).

说说今天你的老师或同桌的样子(他/她的相貌、身材、衣着等)。

Describe how your teacher or classmate sitting next to you looks today　(his/her appearance, stature, what he/she wears, etc.).

语音练习　*Pronunciation drills*

一、注意句子的升降调及所表示的意义:

Pay attention to the meanings expressed by the rising and falling tones:

(1) 那　种　衣服有别的　颜色的吗? ↗

　　Nèi zhǒng yīfu yǒu biéde yánsè de ma? ↗

　　——那　种　衣服有别的　颜色的。↘

　　　Nèi zhǒng yīfu yǒu biéde yánsè de. ↘

(2)我 可以 试试 红色 的 吗?↗

Wǒ kěyǐ shìshi hóngsè de ma? ↗

当然 可以。↘

Dānrán kěyǐ. ↘

(3)这 种 鞋 有 42 号 的 吗?↗

Zhè zhǒng xié yǒu sìshí'èr hào de ma? ↗

这 种 鞋 有 42 号 的。↘

Zhèi zhǒng xié yǒu sìshí'èr hào de. ↘

(4)这 双 鞋 合适 吗?↗

Zhè shuāng xié héshì ma? ↗

这 双 鞋 有点儿 小。↘

Zhè shuāng xié yǒudiǎnr xiǎo. ↘

(5)这 鞋 有 大一点儿 的 吗?↗

Zhè xié yǒu dà yìdiǎnr de ma? ↗

这 鞋 有 大一点儿 的。↘

Zhè xié yǒu dà yìdiǎnr de. ↘

二、朗读下边的词语扩展,注意各个词在扩展过程中读音轻重和长短的变化:

Read aloud the "build—up" exercise, paying attention to the change of stress and length of each word:

四十二

sìshí'èr

四十二 号

sìshí'èr hào

四十二 号 的

sìshí'èr hào de

有 四十二 号 的

yǒu sìshí'èr hào de

这 种 鞋 有四十二 号 的。

Zhèi zhǒng xié yǒu sìshí'èr hào de.

这 种 鞋 有四十二 号 的 吗?

Zhèi zhǒng xié yǒu sìshí'èr hào de ma.

小姐, 这 种 鞋 有四十二号 的 吗?

Xiǎojiě, zhè zhǒng xié yǒu sìshí'èr hào de ma?

50

走马观花 *A Glimpse of Modern Chinese Culture*

形形色色的商店

Shops

现在我们到街上逛一逛，去认识认识各种各样的店铺：

Let's go for a walk in the streets to see the various kinds of shop:

买时髦、漂亮的衣服，尤其是女孩子们的衣服，当然是这里——"时装店"。

Here is a shop to buy a fashionable dress, especially for girls. We call it Shízhuāngdiàn (fashion shop) in Chinese.

买鞋呢，到"鞋店"是当然的了，那么"鞋城""鞋业市场"大概更是会不虚此行的了。

Where can we buy shoes? Of course you must go to a Xiédiàn (footwear shop). Then you'll be more satisfied if you go to a Xié Chéng (footwear city) or a Xiéyè Shìchǎng (footwear market).

钟表、眼镜虽是小物件，但是生活还离不了。这是"钟表专卖店"，在专业的钟表店里，常常也经营钟表维修，这不，这个专卖店同时也是一个"钟表维修中心"。

Watches, clocks and glasses are small articles, but they are something that you can't go without. Now we have come to a Zhōngbiǎo Zhuānmàidiàn (watch and clock specialist's shop), where you can get your watch or clock repaired as well as buy one. Look! This watch-maker's is also a Zhōngbiǎo Wéixiū Zhōngxīn (center for watch and clock repair).

这是一家眼镜店。现在人们喜欢用"城"这个词，这个"眼镜城"里的眼镜一定比"眼镜店"里的多吧。

Here we have come to a Yǎnjìngdiàn (eyeglasses shop). Nowadays people prefer using the word Chéng (city), so there must be more eyeglasses to choose from in this Yǎnjìngchéng (eyeglasses city) than in the Yǎnjìngdiàn.

这是为人们提供精神食粮的地方——"书店"。"新华书店"是目前中国最大的图书发行和经销单位。

This is the "spiritual food" supplier—Shūdiàn (bookstore). Xīnhuá Shūdiàn is the most comprehensive distributor and dealer of books.

这小小的"鲜花店"，带给人们的总是温馨和情谊，它虽小，但人们的生活真少不了它。

This small Xiānhuādiàn (fresh flower shop) always brings people sweetness and friendship. It is small, but it's an indispensable part of people's life.

还有一个少不了的是"药店"，因为人们难免头疼脑热的，另外，记住这几个字——"夜间售药"，你若是在夜间有个急病也可以在此买到你所需的药。

Another shop is important as well. That is Yàodiàn (chemist's shop), for anyone could be ill. Remember this sign on which Yèjiān shòu yào is written. That means service is available at night whenever there is urgent need.

如果你懒得一个店一个店地逛，那就去"百货商店"，这些"商场""商城"都是这样的地方。

If you are not in the mood to travel from one shop to another, you may go to the Bǎihuò Shāngdiàn (department store) or Shāngchǎng, Shāngchéng, etc. as they may be called.

写汉字 *Writing Demonstration*

丿 刀 月 月 𦜝 𦣻 肥 肥

肥 　肥 肥 肥 肥 肥

丿 刀 月 月 月 𦝙 胖 胖 胖

胖 　胖 胖 胖 胖 胖

第十三课
Dì - shísān Kè

LESSON THIRTEEN

语 用 范 例 *Examples of Usage*

1. 称赞 *Praising*

他 打 得 不错。
Tā dǎ de bú cuò.
He to play (structural particle) not bad
He plays it quite well.

你 真 是 一 个 好 老师。
Nǐ zhēn shì yí gè hǎo lǎoshī.
You really to be one (measure word) good teacher
You are really a good teacher.

2. 询问年龄 *Asking somebody's age*

他 多 大 了?
Tā duō dà le?
He how old (modal particle)
How old is he?

小　朋友，你　几　岁　　了？
Xiǎo péngyou, nǐ　jǐ　suì　le?
Little friend,　you how many year of age (modal particle)
How old are you,　child?

您　　　多大　　年纪　　了？
Nín　　duō dà　niánjì　le?
You (respectful) how advanced in years (modal particle)
How old are you? (Used for an aged person)

3. 询问是否有某种技能和谦虚的回答　*Asking somebody whether he / she has some skill and the possible modest answer*

你　会　打　乒乓球　　吗？
Nǐ　huì　dǎ　pīngpāngqiú　ma?
You to be able to play table tennis (interrogative particle)
Can you play table tennis?
——会，不过　打　得　　不好。
——Huì,　búguò　dǎ　de　　bù hǎo.
To be able, but　to play (structural particle) not well
Yes, I can, but I can't play it well.

54

4. 请求　*Making a request*

你　有　　空儿　　的　　　时候，　　教　我
Nǐ　yǒu　kòngr　de　shíhou,　jiāo　wǒ
You to have free time (structural particle) time, to teach me

太极拳　　吧。
tàijíquán　ba.
taiji boxing (modal particle)

Could you teach me taijiquan when you are free?

5. 询问做某事需要的时间　*Asking how long something will take*

多　长　时间　能　学　　会?
Duō cháng shíjiān néng xué huì?
How long time can to study and to learn

How long can I learn it?

6. 大概数目的表达　*Expressing approximate numbers*

两　三　个　　月。
Liǎng sān gè yuè.
Two three (measure word) month

Two or three months.

你会打乒乓球吗？

Nǐ Huì Dǎ Pīngpāngqiú Ma?

Do you play table tennis?

新 词 语 *New Words and Phrases*

1.	打	dǎ	to play (ball)
2.	得	de	a structural particle preceding a complement
3.	有名	yǒumíng	famous
4.	运动员	yùndòngyuán	sportsman; player
5.	岁	suì	year (of age)
6.	乒乓球	pīngpāngqiú	table tennis
7.	不过	búguò	however
8.	经常	jīngcháng	often
9.	运动	yùndòng	sports
10.	年纪	niánjì	age

课 文 *Text*

怎样询问别人的年龄？怎样表达自己有什么技能？怎样问别人有什么爱好？让我们来听听李文龙和方雪芹爸爸的对话。

How do you ask somebody's age? How do you say what you can do? How do you ask somebody about their hobby? Let us listen to Li Wenlong and Fang Xueqin's father while they talk about these things.

（方父和李文龙在看电视转播乒乓球比赛）

(Fang's father and Li Wenlong are watching the live transmission of a table tennis match.)

方 父: （运动员打了一个好球）好！他 打 得 不错。

Hǎo! Tā dǎ de búcuò.

Father: (One of the players plays a good shot) Bravo! He has played it quite well.

李文龙: 他是个很 有名 的 运动员。

Tā shì gè hěn yǒumíng de yùndòngyuán.

Li: He is a very famous player.

方 父: 他 多 大 了？

Tā duō dà le?

Father: How old is he?

李文龙: 二十一 岁。

Èrshíyī suì.

Li: Twenty-one.

方 父: 你 会 打 乒乓球 吗？

Nǐ huì dǎ pīngpāngqiú ma?

Father: Do you play table tennis?

李文龙: 会，不过 打 得 不 好。

Huì, búguò dǎ de bù hǎo.

Li: Yes, but I play it badly.

方 父: 你 经常 打 吗？

Nǐ jīngcháng dǎ ma?

Father: Do you play it often?

李文龙: 经常 打。您 最 喜欢 什么 运动？

Jīngcháng dǎ. Nín zuì xǐhuan shénme yùndòng?

Li: Yes, I do. What sport do you like best?

方 父: 我 最 喜欢 打 乒乓球。你呢？

Wǒ zuì xǐhuan dǎ pīngpāngqiú. Nǐ ne?

Father: I like table tennis. And you?

李文龙: 我 也 是。

Wǒ yě shì.

Li: So do I.

注　释　*Notes*

1. 结构助词"得"和补语　The structural particle "de" and the complement

他 打 得 不错。

Tā dǎ de búcuò.

He plays it quite well.

这是汉语中一个很常用的句型，表示一个动作或行为产生了什么结果，或者产生的结果达到了什么程度，就用下面这样的句型表示：

This is a very common sentence pattern in Chinese which indicates the result of an action or to what extent the result is achieved. The pattern is expressed like this:

（动词＋）宾语 ＋动词 ＋ 得＋ 程度／结果

（verb ＋ ）object ＋ verb ＋ de＋ degree／result

他（做）　什么 做 得 怎么样

Tā (zuò) shénme zuò de zěnmeyàng

How well does he do something

他（打）　乒乓球 打 得 不错。

Tā (dǎ) pīngpāngqiú dǎ de búcuò.

He plays table tennis quite well.

提问的时候,在"得"的后面用"怎么样"。例如：

In a question, Zěnmeyàng is used after "de". For example:

(1) 甲:他 打 得 不错。

　　　　Tā dǎ de búcuò.

　　　　He plays it quite well.

　乙：他 （打） 什么 打 得 不错?

　　　　Tā (dǎ) shénme dǎ de búcuò?

　　　　What does he play quite well?

58

甲：他（打）　乒乓球　打　得　不错。你呢？

Tā (dǎ) pīngpāngqiú dǎ de búcuò. Nǐ ne?

He plays table tennis quite well. And you?

乙：我（打）　乒乓球　打　得　不好。

Wǒ (dǎ) pīngpāngqiú dǎ de bù hǎo.

I don't play table tennis well.

(2) 甲：你（做）饭　做　得　怎么样？

Nǐ (zuò) fàn zuò de zěnmeyàng?

How well do you cook?

乙：我（做）饭　做　得　很　好。

Wǒ (zuò) fàn zuò de hěn hǎo.

I cook well.

(3) 甲：你（说）　汉语　说　得　怎么样？

Nǐ (shuō) Hànyǔ shuō de zěnmeyàng?

How well do you speak Chinese?

乙：我（说）　汉语　说　得　很　好，英语　说　得　不好。

Wǒ (shuō) Hànyǔ shuō de hěn hǎo, Yīngyǔ shuō de bù hǎo.

I speak Chinese very well, but I speak English badly.

2. 询问年龄　Asking somebody's age

他　多　大　了？

Tā duō dà le?

How old is he?

"大"在这儿的意思不是"big"，而是"old"，当说人的年龄时用"大/小"是说人年长或年轻。"他多大了？"意思是"How old is he？"用于一般地询问人的年龄。例如：

Here dà means "old" rather than "big". When talking about a person's age, we use dà or xiǎo to mean "old" or "young". A very common expression to ask somebody's age is "tā duō dà le?" (How old is he?). For example:

59

(1) 甲:你大还是他大?

Nǐ dà háishi tā dà?

Are you older or is he?

乙:他大,我 小,他是 我哥哥。

Tā dà, wǒ xiǎo, tā shì wǒ gēge.

He is older and I am younger. He is my elder brother.

(2) 甲:你多大了?

Nǐ duō dà le?

How old are you?

乙:我 二十五（岁）了。

Wǒ èrshíwǔ （suì） le?

I am twenty-five.

如果用于询问十岁以下的孩子的年龄,还可以问"你几岁了?"

"Nǐ jǐ suì le?" is used to ask the age of a child under 10.

(3) 甲:小 朋友,你 几岁了?

Xiǎo péngyou, nǐ jǐ suì le?

How old are you, child?

小孩:我 八 岁 了。

Wǒ bā suì le.

I am eight years old.

如果用于询问老人的年龄,有礼貌的问法一般是:"您多大年纪了?"

The polite way to ask an old person's age is to use "Nín duō dà niánjì le?"

(4) 甲:您 多大年纪了?

Nín duō dà niánjì le?

May I know your age?

老人:我 今年 七十九 了。

Wǒ jīnnián qīshíjiǔ le.

I am seventy-nine years old this year.

60

3. 询问和表达是否具备某种能力
Asking and speaking about ability in doing something

你 会 打　乒乓球　吗?
Nǐ huì dǎ pīngpāngqiú ma?

"会"在这里表示具备能力或技能。例如:

Huì means "to have the ability or skill to do something". For example:

(1) 甲:你 会　说 汉语 吗?
　　　Nǐ huì shuō Hànyǔ ma?

　　　Do you speak Chinese?

　　乙:会, 我 会　说（汉语）。
　　　Huì, wǒ huì shuō (Hànyǔ).

　　　Yes, I do. I speak Chinese.

(2) 甲:你 会 做　广东　菜吗?
　　　Nǐ huì zuò Guǎngdōng cài ma?

　　　Can you cook Cantonese dishes?

　　乙:会,我 会做　（广东　菜）。
　　　Huì, wǒ huì zuò (Guǎngdōng cài).

　　　Yes, I can (cook Cantonese dishes).

(3) 甲:你 会 写 汉字 吗?
　　　Nǐ huì xiě Hànzì ma?

　　　Do you know how to write Chinese characters?

　　乙:不会,我 不 会　写(汉字)。
　　　Bú huì, wǒ bú huì xiě (Hànzì).

　　　No, I don't (know how to write Chinese characters).

(4)甲:你 会 做 饺子 吗?
　　　Nǐ huì zuò jiǎozi ma?

　　　Do you know how to make jiaozi?

　　乙:不 会,我 不 会（做饺子）。
　　　Bú huì, wǒ bú huì (zuò jiǎozi).

　　　No, I don't (know how to make jiaozi).

会，不过 打 得 不 好。

Huì, búguò dǎ de bù hǎo.

I can, but I can't play it well.

中国人的传统是以谦虚为美德，在别人面前表露自己的长处有不谦虚之嫌，所以常常在别人称赞自己，或表达自己的能力以后会说"做得不好"一类的话，而不是说"谢谢"。例如：

Chinese tradition considers it a virtue to be modest and when someone shows off his ability it implies he is not being modest. Therefore, when being praised, the Chinese will say, instead of "Xièxie", "Zuò de bù hǎo"(I can't do it well). For example:

(1) 甲：你 会 说 法语 吗？

Nǐ huì shuō Fǎyǔ ma?

Do you speak French?

乙：会，不过 说 得 不 好。

Huì, búguò shuō de bù hǎo.

Yes, I do, but I don't speak it well.

(2) 甲：你 做 菜 做 得 真 好。

Nǐ zuò cài zuò de zhēn hǎo.

You really cook well.

乙：做 得 不 太 好。

Zuò de bú tài hǎo.

Not really.

练　习　*Exercises*

一、看图，请你得体地询问他们的年龄：

In an appropriate way, ask how old the people in the pictures are.

Read the following sentences with the appropriate intonation.

(1) 他　乒乓球　打得不错。
Tā pīngpāngqiú dǎ de búcuò.

(2) 他是个很　有名　的　运动员。
Tā shì gè hěn yǒumíng de yùndòngyuán.

(3) 他多　大了？
Tā duō dà le?

(4) 他二十一岁了。
Tā èrshíyī suì le.

(5) 你会打　乒乓球　吗？
Nǐ huì dǎ pīngpāngqiú ma?

(6) 会，不过　打得不好。
Huì, búguò dǎ de bù hǎo.

(7) 你　经常打　乒乓球　吗？
Nǐ jīngcháng dǎ pīngpāngqiú ma?

(8) 您最喜欢　什么　运动？
Nín zuì xǐhuan shénme yùndòng?

(9) 我最喜欢打　乒乓球。
Wǒ zuì xǐhuan dǎ pīngpāngqiú.

写汉字 Writing Demonstration

一　二　云　云　运　运　运

运	运	运	运	运	运					

一　二　云　云　刁　动

动	动	动	动	动	动					

我想学太极拳

Wǒ Xiǎng Xué Tàijíquán

I want to learn Taijiquan

| 新 词 语 | *New Words and Phrases* |

1.	学	xué	to study; to learn
	学会	xuéhuì	to learn; to have learnt
2.	太极拳	tàijíquán	taijiquan, a form of traditional Chinese shadow boxing
3.	空儿	kòngr	free time
4.	时候	shíhou	time
	……的时候	…de shíhou	when; at the time of . . .
5.	教	jiāo	to teach
6.	难	nán	difficult
7.	但是	dànshì	but
8.	必须	bìxū	must; should
9.	毅力	yìlì	willpower
10.	从	cóng	from
11.	开始	kāishǐ	to begin
12.	就	jiù	then; an adverb indicating that something takes place early, soon, smoothly

| 课 文 *Text* |

太极拳是中国的一种深受老年人喜爱的传统体育运动。现在越来越多的年轻人也开始喜欢并学习太极拳。今天雪芹就想请她爸爸教她太极拳。

Taijiquan is a favorite traditional Chinese sport practised by old people but now more and more young people have become fond of learning it. Today Xueqin asks her father to teach her how to do taijiquan.

（方父锻炼完从公园回来）

(Fang's father has come back from exercises in the park.)

方雪芹：　爸爸，我　想　学　太极拳。
　　　　　Bàba, wǒ xiǎng xué tàijíquán.

Xueqin:　Dad, I want to learn taijiquan.

方　父：　是　吗？
　　　　　Shì ma?

Father:　Well?

方雪芹：　你有　空儿　的　时候，教　我　太极拳　吧。
　　　　　Nǐ yǒu kòngr de shíhou, jiāo wǒ tàijíquán ba.

Xueqin:　Could you teach me how to do taijiquan when you are free?

方　父：　好　啊。
　　　　　Hǎo a.

Father:　Sure.

方雪芹：　学　太极拳　难　不　难？
　　　　　Xué tàijíquán nán bù nán?

Xueqin:　Is taijiquan difficult to learn?

方　父：　不　难，但是　必须　有　毅力。
　　　　　Bù nán, dànshì bìxū yǒu yìlì.

Father:　No, but you must have willpower to keep on practising.

方雪芹：　多　长　时间　能　学　会？
　　　　　Duō cháng shíjiān néng xué huì?

Xueqin:　How long will it take to learn?

方　父：　两　三　个　月。
　　　　　Liǎng sān gè yuè.

Father:　Two or three months.

方雪芹：　爸爸，我　从　明天　开始　学。
　　　　　Bàba, wǒ cóng míngtiān kāishǐ xué.

Xueqin:　I'll start learning it tomorrow, Dad.

65

方　父：	我　现在　就　开始　教。
	Wǒ xiànzài jiù kāishǐ jiāo.
Father:	I will start teaching you right now.
方雪芹：	爸，你　真　是　一个　好　老师……
	Bà, nǐ zhēn shì yí gè hǎo lǎoshī…
Xueqin:	What a good teacher you are, Dad…

注　释　Notes

1. ……的时候　The phrase "…de shíhou"

你有　空儿　的　时候，教　我　太极拳　吧。
Nǐ yǒu kòngr de shíhou, jiāo wǒ tàijíquán ba.
Could you teach me how to do taijiquan when you are free?

"……的时候"相当于英语里的"when …"从句，和英语不同的是"……的时候"所引导的从句一般都放在句子的开头，而且它前边可以放动词和动词短语或形容词。例如：

"…de shíhou" which is preceded by a verb or an adjective phrase, means a "when. . ." clause in English, but it always comes before the main clause. For example:

(1) 甲：你吃饭　的　时候，喜欢　喝　什么？
　　　 Nǐ chī fàn de shíhou, xǐhuan hē shénme?
　　　 What do you like to drink at dinner?

　　乙：我吃　饭　的　时候，喜欢　喝　啤酒。
　　　 Wǒ chī fàn de shíhou, xǐhuan hē píjiǔ.
　　　 I like to drink beer at dinner.

(2) 甲：你写的字真　漂亮。
　　　 Nǐ xiě de zì zhēn piàoliang.
　　　 How nice are the characters you write.

　　乙：我　小　的　时候，妈妈　经常　教我写字。
　　　 Wǒ xiǎo de shíhou, māma jīngcháng jiāo wǒ xiě zì.
　　　 Mum taught me to write characters when I was young.

(3) 甲：这 双 鞋 不太 合适。

　　　Zhè shuāng xié bú tài héshì.

　　　This pair of shoes doesn't fit.

　　乙：买 鞋 的 时候， 应该 试一下。

　　　Mǎi xié de shíhou, yīnggāi shì yí xià.

　　　You should try them on when you bought them.

(4) 甲：咱们 什么 时候 见面？

　　　Zánmen shénme shíhou jiànmiàn.

　　　When shall we meet?

　　乙：吃 午饭 的 时候 见面， 好 吗？

　　　Chī wǔfàn de shíhou jiànmiàn, hǎo ma?

　　　Shall we meet at lunch time?

　　甲：好。

　　　Hǎo.

　　　That's fine.

2. 概数的表示法　Expressing approximate numbers

两 三 个 月。

Liǎng sān gè yuè.

Two or three months.

像这样的两个相邻的数词连在一起用,表示一个大概的数目。例如:

One way of expressing approximate numbers is to combine two adjacent numbers. For example:

(1) 四五 个 星期

　　sì-wǔ gè xīngqī

　　four or five weeks

(2) 六七 百 块 钱

　　liù-qī bǎi kuài qián

　　six or seven hundred yuan

(3) 十七八 个 人

　　shíqī-bā gè rén

　　seventeen or eighteen people

(4) 二十八九 岁

　　èrshíbā-jiǔ suì

　　twenty eight or twenty nine years old

67

3. **"从……（开始）"** **The phrase "cóng … (kāishǐ)"**

我 从　明天 开始 学。

Wǒ cóng míngtiān kāishǐ xué.

I start to learn it from tomorrow.

"从……（开始）"，在"从"的后边可以放表示时间、地点或范围的名词，表示以某个时间、地点或范围为起点。例如：

In the phrase, the preposition "cóng" is followed by a noun of time, place or scope. The phrase means a starting point. For example:

(1) 甲：你 想　从 什么　时候 开始 学　广东话？

　　　Nǐ xiǎng cóng shénme shíhou kāishǐ xué Guǎngdōnghuà?

　　　When do you want to start studying Cantonese?

　　乙：我 想　从 下个 星期 开始 学。

　　　Wǒ xiǎng cóng xià gè xīngqī kāishǐ xué.

　　　I want to start next week.

　　甲：从　现在 开始 学，怎么样？

　　　Cóng xiànzài kāishǐ xué, zěnmeyàng?

　　　What about starting now?

　　乙：好。

　　　Hǎo.

　　　Fine.

(2) 甲：你 从 哪儿 来？

　　　Nǐ cóng nǎr lái?

　　　Where have you come from?

　　乙：从　我 家 来。

　　　Cóng wǒ jiā lái.

　　　I have come from home.

(3) 甲：咱们　从 哪儿 开始　学？

　　　Zánmen cóng nǎr kāishǐ xué?

　　　Where shall we start to learn?

　　乙：从 "你 好！" 开始 学。

　　　Cóng "Nǐ hǎo!" kāishǐ xué.

　　　We start from Nǐ hǎo.

4. 副词"就"　The adverb"jiù"

我　现在　就 开始　教。
Wǒ xiànzài jiù kāishǐ jiāo.
I will start teaching you right now.

"就"是副词,放在动词的前边,表示动作在很短的时间内即将发生。例如:

The adverb"jiù" is used before a verb to indicate that something will take place in a very short time. For example:

(1) 甲:你 什么　时候 开始　上班?
　　　Nǐ shénme shíhou kāishǐ shàngbān?
　　　When will you start working?

乙:我　明天　就 开始　上班。
　　Wǒ míngtiān jiù kāishǐ shàngbān.
　　I will start working tomorrow.

(2) 甲:你　什么　时候 去?
　　　Nǐ shénme shíhou qù?
　　　When are you going there?

乙:我　现在　就 去。
　　Wǒ xiànzài jiù qù.
　　I am going there now.

(3) 甲:老　王，请 你 来 一 下。
　　　Lǎo Wáng, qǐng nǐ lái yí xià.
　　　Lao Wang, could you come for a while?

乙:请　稍等，我 就 来。
　　Qǐng shāoděng, wǒ jiù lái.
　　Yes, I am coming. Just wait for a while.

"就"还可以用来强调事情发生得早,"就"的前边一般有时间词。例如:

When it is preceded by a word or phrase of time, "jiù" emphasizes that something happens early. For example:

(1) 甲:你 睡觉　睡 得 早 吗?
　　　Nǐ shuìjiào shuì de zǎo ma?
　　　Do you go to bed early?

乙：早，我 每天 晚上 九点 就 睡觉。

Zǎo, wǒ měitiān wǎnshang jiǔ diǎn jiù shuìjiào.

Yes, I do. I go to bed at nine in the evening every day.

(2)甲：今天 五 点 就吃 晚饭，好 吗？

Jīntiān wǔ diǎn jiù chī wǎnfàn, hǎo ma?

Shall we have supper at five today?

乙：五 点 就吃 晚饭？ 太 早 了！

Wǔ diǎn jiù chī wǎnfàn? Tài zǎo le!

Have supper at five? It's too early.

练 习 Exercises

一、用"但是"和所给的词语完成句子：
Complete the following sentences using "dànshì" and the given words.

例 Example

> 甲：你 想 学 太极拳 吗？
>
> Nǐ xiǎng xué tàijíquán ma?

> 乙：我 很 想 学，但是 我 没 时间 学。（没 时间）
>
> Wǒ hěn xiǎng xué, dànshì wǒ méi shíjiān xué. (méi shíjiān)

(1) 甲：你 会 说 汉语 吗？

　　Nǐ huì shuō Hànyǔ ma?

乙：我 会 说 汉语，＿＿＿＿＿＿＿。（写汉字）

　　Wǒ huì shuō Hànyǔ, ＿＿＿＿＿＿＿. (xiě Hànzì)

(2) 甲：汉语 难 不 难？

　　Hànyǔ nán bù nán?

乙：汉语 有 点儿 难，＿＿＿＿＿＿＿。（喜欢）

　　Hànyǔ yǒu diǎnr nán, ＿＿＿＿＿＿＿. (xǐhuan)

(3) 甲：他 妹妹 漂亮 吗？

　　Tā mèimei piàoliang ma?

乙:她 不 漂亮,＿＿＿＿＿＿＿＿＿＿＿。（聪 明）

Tā bú piàoliang,＿＿＿＿＿＿＿＿＿＿. (cōngming)

(4) 甲:你 觉得 这 件 衣服 怎么样?

Nǐ juéde zhè jiàn yīfu zěnmeyàng?

乙:颜色 挺 漂亮,＿＿＿＿＿＿＿＿＿＿。（样子）

Yánsè tǐng piàoliang,＿＿＿＿＿＿＿＿＿. (yàngzi)

二、翻译下边的句子,注意"学会"的用法,并模仿用"学会"造句:

Translate the following sentences, paying attention to the use of "xuéhuì" and make sentences of your own.

(1) 甲:汉字 挺 难 学 的。

Hànzì tǐng nán xué de.

乙:但是, 我 得 学会 写 汉字。

Dànshì,wǒ děi xuéhuì xiě Hànzì.

(2) 甲:我 不 会 做饭。

Wǒ bú huì zuò fàn.

乙:你必须 学会 做 饭。

Nǐ bìxū xuéhuì zuò fàn.

(3) 甲:我 喜欢 吃 饺子,我 想 学会 做 饺子。

Wǒ xǐhuan chī jiǎozi,wǒ xiǎng xuéhuì zuò jiǎozi.

乙:我 教 你。

Wǒ jiāo nǐ.

三、用正确的语调说下边的句子:

Read the following sentences in appropriate intonation.

(1)我 想 学 太极拳。

Wǒ xiǎng xué tàijíquán.

(2)你 有 空儿的 时候,教 我 太极拳 吧。

Nǐ yǒu kòngr de shíhou,jiāo wǒ tàijíquán ba.

(3) 学 太极拳 难 不 难?

Xué tàijíquán nán bù nán?

(4)不 难, 但是 必须 有 毅力。

Bù nán,dànshì bìxū yǒu yìlì.

71

(5) 多 长 时间 能 学 会 ?
Duō cháng shíjiān néng xué huì?

(6) 两 三 个 月 。
Liǎng sān gè yuè.

(7) 我 从 明天 开始 学 。
Wǒ cóng míngtiān kāishǐ xué.

(8) 我 现在 就 开始 教 。
Wǒ xiànzài jiù kāishǐ jiāo.

写汉字 Writing Demonstration

丶 丷 丷 ⺍ 兴 学 学 学

| 学 | 学 | 学 | 学 | 学 | 学 | | | | | | |

丶 丶 宀 宀 穴 灾 空 空

| 空 | 空 | 空 | 空 | 空 | 空 | | | | | | |

SAN
三
PART THREE

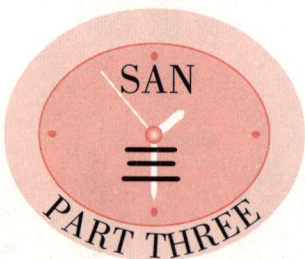

他游泳游得怎么样？
Tā Yóuyǒng Yóu De Zěnmeyàng?
How well can he swim?

新 词 语 New Words and Phrases

1. 游泳	yóuyǒng	to swim
2. 踢足球	tī zúqiú	to play soccer
踢	tī	to kick
足球	zúqiú	soccer; football

72

3.	跳舞	tiàowǔ	to dance
	跳	tiào	to jump
	舞	wǔ	dance
4.	篮球	lánqiú	basketball
5.	特别	tèbié	special; especially
6.	唱歌	chànggē	to sing
	唱	chàng	to sing
	歌	gē	song
7.	网球	wǎngqiú	tennis
8.	开车	kāichē	to drive (a car)
	开	kāi	to drive
	(汽)车	(qì)chē	car
9.	跑步	pǎobù	to run
10.	快	kuài	quickly
11.	骑	qí	to ride
12.	自行车	zìxíngchē	bicycle
13.	讨厌	tǎoyàn	to hate; to dislike
14.	讲价	jiǎngjià	to bargain
15.	住	zhù	to live

句型练习　　*Sentence pattern drills*

一、用"会"回答问题：
Answer the following questions, using the word "hui".

你 会 打 乒乓球 吗?

Nǐ huì dǎ pīngpāngqiú ma?

会，不过 打 得 不 好。

Huì, búguò dǎ de bù hǎo.

(1) 男：你会 游泳 吗？

　　　Nǐ huì yóuyǒng ma?

　　女：会。

　　　Huì.

　　问：她会不会 游泳？

　　　Tā huì bú huì yóuyǒng?

　　学生：_____。

(2) 女：你会踢足球 吗？

　　　Nǐ huì tī zúqiú ma?

　　男：不会。

　　　Bú huì.

　　问：他会不会踢足球？

　　　Tā huì bú huì tī zúqiú?

　　学生：_____。

(3) 男：你会 跳舞 吗？

　　　Nǐ huì tiàowǔ ma?

　　女：不会。

　　　Bú huì.

　　问：她会不会 跳舞？

　　　Tā huì bú huì tiàowǔ?

　　学生：_____。

(4) 女：你会打 篮球 吗？

　　　Nǐ huì dǎ lánqiú ma?

　　男：不太会。

　　　Bú tài huì.

　　问：他会不会打 篮球？

　　　Tā huì bú huì dǎ lánqiú?

　　学生：_____。

(5) 男：你会 说 法语 吗？

　　　Nǐ huì shuō Fǎyǔ ma?

　　女：会 一点儿。

　　　Huì yìdiǎnr.

　　问：她 会 说 法语 吗？

　　　Tā huì shuō Fǎyǔ ma?

　　学生：_____。

二、用"得"回答问题：

Answer the following questions. In your answer, the structural particle "de" must be used.

他打得 怎么样？
Tā dǎ de zěnmeyàng?

他 打得不错。
Tā dǎ de búcuò.

例 **Example**

男：我 特别喜欢 游泳，我 游得很 好。
Wǒ tèbié xǐhuan yóuyǒng, wǒ yóu de hěn hǎo.

问：他 说 他 游泳 游 得 怎么样？
Tā shuō tā yóuyǒng yóu de zěnmeyàng?

74

学生:他 说 <u>他 游泳 游 得 很 好</u>。
Tā shuō <u>tā yóuyǒng yóu de hěn hǎo.</u>

(1) 女:我 喜欢 唱歌,我 唱 得 不错。
　　　 Wǒ xǐhuan chànggē, wǒ chàng de búcuò.
　　 问:她 说 她 歌 唱 得 怎么样?
　　　 Tā shuō tā gē chàng de zěnmeyàng?
　学生:她 说 _____。
　　　 Tā shuō_____.

(2) 男:我 经常 打 网球,我 打 得 挺 不错 的。
　　　 Wǒ jīngcháng dǎ wǎngqiú, wǒ dǎ de tǐng búcuò de.
　　 问:他 说 他 网球 打 得 怎么样?
　　　 Tā shuō tā wǎngqiú dǎ de zěnmeyàng?
　学生:他 说 _____。
　　　 Tā shuō_____.

(3) 男:我 喜欢 跑步,不过 我 跑 得 不 快。
　　　 Wǒ xǐhuan pǎobù, búguò wǒ pǎo de bú kuài.
　　 问:他 说 他 跑 得 怎么样?
　　　 Tā shuō tā pǎo de zěnmeyàng?
　学生:他 说 _____。
　　　 Tā shuō_____.

(4) 女:我 会 开车,不过 开 得 不 好。
　　　 Wǒ huì kāichē, búguò kāi de bù hǎo.
　　 问:她 说 她 开车 开 得 怎么样?
　　　 Tā shuō tā kāichē kāi de zěnmeyàng?
　学生:她 说 _____。
　　　 Tā shuō_____.

三、用"······的时候"回答问题:

Answer the following questions, using the "...de shíhou" phrase.

你 有 空儿 的 时候,教 我 太极拳 吧。
Nǐ yǒu kòngr de shíhou, jiāo wǒ tàijíquán ba.

(1) 女:我 小 的 时候 最 喜欢 骑 自行车。
　　　Wǒ xiǎo de shíhou zuì xǐhuan qí zìxíngchē.

　　问:她 小 的 时候 最 喜欢 做 什么?
　　　Tā xiǎo de shíhou zuì xǐhuan zuò shénme?

　学生:＿＿＿＿＿＿＿＿＿＿＿＿＿＿＿＿＿＿＿＿。

(2) 男:我 六七 岁 的 时候 就 开始 打 网球 了。
　　　Wǒ liù-qī suì de shíhou jiù kāishǐ dǎ wǎngqiú le.

　　问:他 几 岁 的 时候 就 开始 打 网球 了?
　　　Tā jǐ suì de shíhou jiù kāishǐ dǎ wǎngqiú le?

　学生:＿＿＿＿＿＿＿＿＿＿＿＿＿＿＿＿＿＿＿＿。

(3) 女:我 累 的 时候 特别 想 听 音乐。
　　　Wǒ lèi de shíhou tèbié xiǎng tīng yīnyuè.

　　问:她 累 的 时候 特别 想 做 什么?
　　　Tā lèi de shíhou tèbié xiǎng zuò shénme?

　学生:＿＿＿＿＿＿＿＿＿＿＿＿＿＿＿＿＿＿＿＿。

(4) 男:我 买 东西 的 时候 最 讨厌 讲价。
　　　Wǒ mǎi dōngxi de shíhou zuì tǎoyàn jiǎngjià.

　　问:他 买 东西 的 时候 最 讨厌 做 什么?
　　　Tā mǎi dōngxi de shíhou zuì tǎoyàn zuò shénme?

　学生:＿＿＿＿＿＿＿＿＿＿＿＿＿＿＿＿＿＿＿＿。

四、用"就"回答问题:

Answer the following questions. In your answer, "jiù" must be used.

我 现在 就 开始 教。
Wǒ xiànzài jiù kāishǐ jiāo.

76

(1) 男:我 五 岁 就 学会 游泳 了。
　　　Wǒ wǔ suì jiù xuéhuì yóuyǒng le.
　　问:他 小 的 时候 就 学会 游泳 了 吗?
　　　Tā xiǎo de shíhou jiù xuéhuì yóuyǒng le ma?
　学生:对。_____。
　　　Duì. _____.

(2) 女:我 今天 早上 七 点 半 就 来 了。
　　　Wǒ jīntiān zǎoshang qī diǎn bàn jiù lái le.
　　问:她 今天 来 得 早 吗?
　　　Tā jīntiān lái de zǎo ma?
　学生:对。_____。
　　　Duì. _____.

(3) 男:我 下 个 星期 就 得 回 广州。
　　　Wǒ xià gè xīngqī jiù děi huí Guǎngzhōu.
　　问:他 能 在 北京 住 很 长 时间 吗?
　　　Tā néng zài Běijīng zhù hěn cháng shíjiān ma?
　学生:不 能。_____。
　　　Bù néng. _____.

(4) 女:我 每 天 早上 五 点 就 起床。
　　　Wǒ měi tiān zǎoshang wǔ diǎn jiù qǐchuáng.
　　问:她 每 天 起床 起 得 早 吗?
　　　Tā měi tiān qǐchuáng qǐ de zǎo ma?
　学生:她 起 得 早。_____。
　　　Tā qǐ de zǎo. _____.

综合练习 Comprehensive exercises

一、根据课文中的情景完成下边的话:
Complete the following passages according to the text.

(1)李文龙和方雪芹的爸爸一起看电视。方雪芹的爸爸_____。方

雪芹的爸爸 _____ ,李文龙也是 _____ ,他经常打。

Lǐ Wénlóng hé Fāng Xuěqín de bàba yìqǐ kàn diànshì. Fāng Xuěqín de bàba_____ . Fāng Xuěqín de bàba_____ , Lǐ Wénlóng yě shì_____ ,tā jīngcháng dǎ.

　　(2)方雪芹 _____ ,她请爸爸 _____ 。方雪芹的爸爸说 _____ , _____ 学会,但是 _____ 。

Fāng Xuěqín_____ , tā qǐng bàba_____ . Fāng Xuěqín de bàba shuō_____ , _____ xué huì,dànshì_____ .

二、回答问题:

Answer the following questions.

(1)你 喜欢　什么　运动?
　　Nǐ xǐhuan shénme yùndòng?
　　_____。

(2)你 会 骑 自行车 吗?
　　Nǐ huì qí zìxíngchē ma?
　　_____。

(3)你　经常　骑　自行车　吗?
　　Nǐ jīngcháng qí zìxíngchē ma?
　　_____。

(4)你 有 空儿 的 时候,说 不 说 汉语?
　　Nǐ yǒu kòngr de shíhou,shuō bù shuō Hànyǔ?
　　_____。

(5)你 觉得 学 汉语 难 不 难?
　　Nǐ juéde xué Hànyǔ nán bù nán?
　　_____。

三、请你谈谈你最喜欢的运动(至少用上五个本课所学过的词语)。

Talk about your favorite sport(At least 5 of the words in this lesson should be used in your talk) .

四、关于中国的传统的体育运动你了解哪些? 请你用汉语给我们谈谈。

Speak about what you know about traditional Chinese sports in Chinese.

一、注意句子的升降调及所表示的意义：

Pay attention to the meanings expressed by the rising and falling tones.

(1) 他 多 大 了？↗

Tā duō dà le? ↗

他 二十一 岁 了。↘

Tā èrshíyī suì le. ↘

(2) 您 最 喜欢 什么 运动？↗

Nín zuì xǐhuan shénme yùndòng? ↗

我 最 喜欢 打 乒乓球。↘

Wǒ zuì xǐhuan dǎ pīngpāngqiú. ↘

(3) 你呢？↗

Nǐ ne? ↗

我 也 是。↘

Wǒ yě shì. ↘

(4) 学 太极拳 难 不 难？↗

Xué tàijíquán nán bù nán? ↗

学 太极拳 不 难。↘

Xué tàijíquán bù nán. ↘

(5) 多 长 时间 能 学会？↗

Duō cháng shíjiān néng xuéhuì? ↗

两三 个 月 就 能 学会。↘

Liǎng-sān gè yuè jiù néng xuéhuì. ↘

二、朗读下边的词语扩展，注意各个词在扩展过程中读音轻重和长短的变化：

Read aloud this pyramid drill, paying attention to the stress and the changes in length of the words as the pyramid is being built up:

很 好

hěn hǎo

游 得 很 好

yóu de hěn hǎo

游泳 游 得 很 好

yóuyǒng yóu de hěn hǎo

他 游泳 游 得 很 好

tā yóuyǒng yóu de hěn hǎo

他 说 他 游泳 游 得 很 好
tā shuō tā yóuyǒng yóu de hěn hǎo

走 马 观 花 *A Glimpse of Modern Chinese Culture*

娱乐场所
Places of entertainment

现在我们到一些娱乐场所去看看。

Let's go and look around some recreational spots.

我们已经学过"电影"这个词,在"电影院"里,不仅放映中国自己制作的电影,也放映从世界各国进口的影片。这些影片大多是经过翻译、由中国演员配上汉语对白的"译制片"。

We have learnt the word "diànyǐng". In a "diànyǐngyuàn" (cinema), in addition to Chinese films, foreign films imported from various countries are also shown. Foreign films are usually dubbed in Chinese. We call them "yìzhìpiàn" in Chinese.

在这些"剧场、剧院"里,经常演出的是戏剧作品。除了演出中国自己的作品以外,演员们也常常将世界上各个流派的剧作家的优秀剧目搬上中国的舞台。

Dramatic works are put on in "jùchǎng" or "jùyuàn" (both mean "theatre"). Chinese artists perform highly rated drama by dramatists of different schools in the world, as well as Chinese pieces.

这些"戏院、戏楼"和前边的"剧场、剧院"不太一样的地方是,在这儿演出的主要是中国传统的戏曲作品,中国的地方戏曲种类有几十种,像很多外国朋友都知道的"京剧",是其中具有代表性的、流传很广的一个剧种。这些"戏院、戏楼"就其建筑、装饰本身来说,就颇具民族传统特色。

"Jùchǎng" and "jùyuàn", are different from "xìyuàn" or "xìlóu" which usually means traditional Chinese opera house where traditional Chinese operas are staged. There are dozens of local operas in China, and Beijing Opera, which is

familiar to foreign audiences, is the most typical and most popular. The "xìyuàn" and "xìlóu" are built and decorated in traditional style.

"体育"的意思是"sports"，不言而喻，这些地方都是进行体育活动的场所。想看乒乓球、篮球、排球等比赛，就到"体育馆"；想看足球、田径等比赛，就到"体育场"；"体育中心"可以举行大型运动会。"奥林匹克体育中心"，中国在这儿成功地举办了第十一届亚运会。

In the names of these places, you may have noticed the word "tǐyù" which means "sports", so there is no need to explain; you know that sports activities are carried out in these places. You want to watch a table tennis match or a basketball or volleyball match? Go to a "tǐyùguǎn" (gymnasium). Want to watch a football match or a track and field meeting? Just go to a "tǐyùchǎng" (stadium). Large scale sports events can be held in "tǐyù zhōngxīn" (complex sports center). This is the "Àolínpǐkè Tǐyù Zhōngxīn" (Olympic Complex), where the successful 11th Asian Games took place.

"游泳"我们已经知道，那么"游泳馆"一定是"natatorium"。"溜冰馆"是近几年在青少年中流行的滚轴溜冰（或叫"溜旱冰"）热中红火起来的。

From the word "yóuyǒng" (to swim) we know "yóuyǒngguǎn" must mean indoor swimming pool or natatorium. "Liūbīngguǎn" (indoor roller-skating rink) has flourished since "gǔnzhóu liūbīng" or "liū hànbīng" (roller-skating) became popular among youngsters.

玩的地方实在太多了，数不胜数。这里我们最后再提一个大人、孩子都喜欢的地方，这就是"游乐园"。这里也是一家人周末一起去轻松一下的一个好去处。

Ah, we have so many places for recreational activities, but one place is enjoyed by all-adults and children, and that is the "yóulèyuán" (pleasure garden) where the whole family can relax at weekends.

写 汉 字 *Writing Demonstration*

丶 丿 冂 冂 丏 丏 丏 丏 玗 跑 跑 跑

跑	跑	跑	跑	跑					

丶 丿 冂 冂 丏 丏 丏 丏 趴 趴 跳 跳

跳	跳	跳	跳	跳					

第十四课
Dì - shísì Kè

LESSON FOURTEEN

语用范例 *Examples of Usage*

1. 询问何处有某物 *Asking whether there is something in a place*

请问，   附近   哪儿   有   公用   电话？
Qǐngwèn,   fùjìn   nǎr   yǒu gōngyòng diànhuà?
please ask neighborhood where to have public   telephone
Excuse me, where is a public telephone?

2. 客气地请求别人做某事 *Asking somebody to do something in a polite way*

麻烦   您   找   一下   丁   璐璐。
Máfan   nín   zhǎo   yíxià   Dīng   Lùlu.
to trouble you to look for a little Ding Lulu
Excuse me, but could you call Ding Lulu for me?

3. 表达曾做过某事 *Telling other(s) about something you did*

我   给   你   办公室   打过   电话。
Wǒ   gěi   nǐ bàngōngshì dǎguo   diànhuà.
I   to give you   office   to make(verbal suffix of past experience) telephone
I called you at your office.

4. 提议　*Making a suggestion*

这个　周末，咱们　一起　去　香山　玩儿　怎么样？
Zhège zhōumò, zánmen　yìqǐ　qù Xiāngshān　wánr zěnmeyàng?
this　weekend,　we　together　to go Xiangshan　to play　how
What about going to the Fragrant Hill together this weekend?

5. 正好　*Just enough, at the right time, it happened that...*

（你的　钱）　正好　啊。
(Nǐ de　qián)　Zhènghǎo　a.
(your　money) just　enough (modal particle)
(What you have paid is) just enough.

我　和　文龙　正好　也　想　去　香山。
Wǒ　hé　Wénlóng　zhènghǎo　yě　xiǎng　qù　Xiāngshān.
I　and　Wenlong　it happened that　also　to want　to go　Xiangshan
It happened that Wenlong and I were also planning to go to the Fragrant Hill.

6. 约定　*Making an appointment*

一言为定。
Yìyán-wéidìng.
one word to become decision
That's settled.

83

附近哪儿有公用电话？

Fùjìn Năr Yǒu Gōngyòng Diànhuà?

Where is a nearby public phone?

新 词 语　*New Words and Phrases*

1. 公用（电话）	gōngyòng(diànhuà)	public（phone）
用	yòng	to use
2. 商场	shāngchǎng	market
3. 里（边）	lǐ(bian)	in; inside
4. 电话卡	diànhuàkǎ	phone card; call card
卡	kǎ	card
5. 张	zhāng	a measure word for things with a surface such as card, paper, bill, voucher, photo, etc.
6. 收	shōu	to receive; to collect
7. 手续费	shǒuxùfèi	service charge; commission
手续	shǒuxù	administrative formalities
费	fèi	fee; cost
8. 正好	zhènghǎo	exactly right
9. 服务员	fúwùyuán	attendant; restaurant waiter or waitress
服务	fúwù	to serve

课 文　*Text*

　　电话是我们这个社会中的一种重要的通讯工具。当你正走在路上想给人打电话时，怎么找电话呢？让我们看看雪芹是怎么做的。

84

The telephone is an important instrument of communication in our society. When you are in a street and want to call someone, how do you find a telephone? Let us see what Xueqin does.

（方雪芹走在路上，突然她的呼机响了）

(Fang Xueqin is walking in the street when her beeper suddenly starts beeping.)

方雪芹： 请问，附近哪儿有 公用 电话？

　　　Qǐngwèn, fùjìn nǎr yǒu gōngyòng diànhuà?

Fang: Excuse me, is there a nearby public phone?

过路人： 前边 的 商场 里有。

　　　Qiánbian de shāngchǎng lǐ yǒu.

Passer-by: There is one in the department store ahead.

（方雪芹进了百货商店，公用电话都是磁卡电话，她来到服务台）

(Having entered the department store, Fang Xueqin finds that she needs a call card to use the public phones there and so she goes to the enquiry counter.)

方雪芹： 请问，这儿卖 电话卡 吗？

　　　Qǐngwèn, zhèr mài diànhuàkǎ ma?

Fang: Excuse me, do you sell call cards here?

服务员： 卖。

　　　Mài.

Clerk: Yes, we do.

方雪芹： 多少 钱 一 张？

　　　Duōshao qián yì zhāng?

Fang: How much is it?

服务员： 有 三 种，有 二十 块 的、五十 块 的、一百 块 的。

　　　Yǒu sān zhǒng, yǒu èrshí kuài de、wǔshí kuài de、yìbǎi kuài de.

Clerk: We have three kinds: twenty yuan, fifty yuan and a hundred yuan.

方雪芹： 我 买 一 张 二十 块 的。收 手续费 吗？

　　　Wǒ mǎi yì zhāng èrshí kuài de. Shōu shǒuxùfèi ma?

Fang: I want one for twenty yuan. Do you charge a commission?

服务员： 不 收 手续费。

　　　Bù shōu shǒuxùfèi.

Clerk: No commission is charged.

方雪芹：	给 你 钱。
	Gěi nǐ qián.
Fang:	Here is the money.
服务员：	（点了一下）正好　　啊。（方雪芹走向电话。）
	Zhènghǎo a.
Clerk:	(Having counted the money) OK, it is right. (Fang Xueqin goes to the phone.)
方雪芹：	谢谢。
	Xièxie.
Fang:	Thanks.

注　释　*Notes*

1. 表示存在的"有"字句　The yǒu – sentence expressing existence

附近 哪儿 有　公用　　电话？
Fùjìn　nǎr　yǒu gōngyòng diànhuà?
Where is a nearby public phone?

在这里，"有"表示存在，"表示处所和方位的名词/代词＋有＋某人/某物"表示在某处存在着某个人或某个事物。例如：

Here "yǒu" indicates existence and the pattern "Place noun/pronoun + yǒu + noun" expresses that there is something or somebody in a certain place. For example:

> 表示处所和方位的名词/代词＋有＋某人/某物
> Place noun/pronoun + yǒu + somebody/something

(1) 附近 哪儿 有　公用　　电话？
Fùjìn　nǎr　yǒu gōngyòng diànhuà?
Where is a nearby public phone?

(2) 这儿 有　银行　吗？
Zhèr yǒu yínháng ma?
Is there a bank here?

(3) 那儿 没有 邮局。

　　Nàr méiyǒu yóujú.

　　There is no post office there.

在这个结构中,还可以用其他动词。例如:

Other verbs may be used in this pattern. For example:

> 表示处所和方位的名词/代词＋动词＋某事/物
>
> Place noun/pronoun ＋ verb of action ＋ something

(1) 那儿 不 能 打 电话。

　　Nàr bù néng dǎ diànhuà.

　　You cannot make a phone call there.

(2) 邮局 里卖 报纸。

　　Yóujú lǐ mài bàozhǐ.

　　Newspapers are sold in the post office.

(3) 这个 商店 不 卖 啤酒。

　　Zhège shāngdiàn bú mài píjiǔ.

　　Beer is not available in this shop.

2. "名词＋里"　The phrase "Noun ＋ lǐ"

> 前边 的 商场 里 有。
>
> Qiánbian de shāngchǎng lǐ yǒu.
>
> It is available in the store ahead of us.

"名词＋里"表示在一定的范围以内。与它意义相反的是"名词＋外"。例如:

The phrase"Noun ＋lǐ" means "in or inside a certain place" or "within a certain scope". The opposite is "Noun ＋ wài". e. g.

(1)学校 里有 银行、 商店。

　　Xuéxiào lǐ yǒu yínháng、shāngdiàn.

　　There is a bank and shops in the school.

(2)她 在 她的 卧室里。

　　Tā zài tā de wòshì lǐ.

　　She is in her bedroom.

(3)他 家里 没有 人。

　　Tā jiā lǐ méiyǒu rén.

　　There is no one in his home.

(4)这个 体育馆里 可以 踢 足球。

　　Zhège tǐyùguǎn lǐ kěyǐ tī zúqiú.

　　This gymnasium is large enough to play soccer.

3. 正好 just at the right, just enough

正好　啊。

Zhènghǎo a.

You have paid just enough/it happened that. . .

在付钱的时候，如果你付的钱数恰好是对方所应收的数目，他/她常常会说："正好啊。"你自己为了提醒对方你所给的数目正好，也可以这样说。例如：

When you have paid exactly the amount of money you need to pay, the shopkeeper or the cashier will say "Zhènghǎo a". You can say the same to call to the attention of the shopkeeper or cashier that you have paid just enough. For example:

(1)　顾　客:钱　　正好　啊。

　　　　　　Qián zhènghǎo a.

Customer: It's the right amount of money.

　　售货员:对，　正好。谢谢　您。欢迎　您再来!

　　　　　　Duì, zhènghǎo. Xièxie nín. Huānyíng nín zài lái!

Shop assistant: Yes, it's correct. Thank you. You are welcome to come again.

"正好"还有另一个意思和用法：

"Zhèng hǎo" has another meaning and usage:

(2)甲:这　顶　帽子小　不　小?

　　　Zhè dǐng màozi xiǎo bù xiǎo?

　　　Is this cap too tight for you?

乙:不　小，　正好。挺　合适　的。

　　Bù xiǎo, zhènghǎo. Tǐng héshì de.

　　No. It is the right size. It fits me all right.

(3)甲:我　想　去踢足球。　　　乙:正好　　我也　要去,一起　走吧。

　　　Wǒ xiǎng qù tī zúqiú.　　　Zhènghǎo wǒ yě yào qù, yìqǐ zǒu ba.

　　　I am going to play soccer.　　　So am I. Let's go together.

88

一、将下边的短语翻译成汉语：

Translate the following phrases into Chinese.

(1) a call card   I want a call card for fifty yuan.

　　_____

(2) three movie tickets   I will buy three movie tickets.

　　_____

(3) two sheets of paper   Please give me two sheets of paper.

　　_____

(4) a business card   Could you give me a business card?

　　_____

二、记住下边的词语：

Learn the following by heart.

手续费	shǒuxùfèi	commission
服务费	fúwùfèi	service charge
房费	fángfèi	room rent
学费	xuéfèi	tuition fee
收费厕所	shōufèi cèsuǒ	paid toilet

三、用正确的语调说下边的句子：

Read the following sentences in the appropriate intonation.

(1) 请问，附近哪儿有　公用　电话？
　　Qǐngwèn, fùjìn　nǎr　yǒu gōngyòng diànhuà?

(2) 前边　的　商场　里有。
　　Qiánbian de shāngchǎng lǐ yǒu.

(3) 请问，这儿　卖　电话卡　吗？
　　Qǐngwèn, zhèr　mài diànhuàkǎ ma?

(4) 这儿卖　电话卡。
　　Zhèr mài diànhuàkǎ.

(5) 请问，这儿有　公用　电话 吗？
　　Qǐngwèn, zhèr　yǒu gōngyòng diànhuà ma?

(6) 这儿有　公用　电话。
　　Zhèr yǒu gōngyòng diànhuà.

(7) 请问，电话卡 多少 钱 一 张?
Qǐngwèn, diànhuàkǎ duōshao qián yì zhāng?

(8) 五十 块 一 张。
Wǔshí kuài yì zhāng.

(9) 收 手续费 吗?
Shōu shǒuxùfèi ma?

(10) 不 收 手续费。
Bù shōu shǒuxùfèi.

(11) 你 的 钱 正好 啊。
Nǐ de qián zhènghǎo a.

写汉字 *Writing Demonstration*

一 マ ヨ 三 买 买

买	买	买	买	买	买					

一 十 士 卉 吉 吉 卖 卖

卖	卖	卖	卖	卖	卖					

ER
二
PART TWO

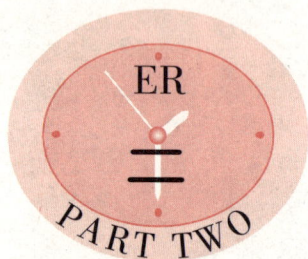

请你十分钟以后再打
Qǐng Nǐ Shí Fēnzhōng Yǐhòu Zài Dǎ

Please call again after 10 minutes

新词语 *New Words and Phrases*

1. 麻烦	máfan	trouble; to trouble
2. 以后	yǐhòu	after; later
3. 打(电话)	dǎ(diànhuà)	to call; to telephone
4. 别	bié	don't
5. 挂	guà	to hang up
6. 回来	huílai	to come back

	回	huí	to return
7.	过	guo	a verbal suffix expressing past experience
8.	有事	yǒushì(r)	there is something (to do)
	事	shì(r)	thing; matter; business
9.	玩儿	wánr	to play; to enjoy oneself
10.	那	nà; nèi	in that case; then
11.	一言为定	yìyán-wéidìng	that's settled then

专　名　*Proper names*

香山　Xiāngshān Fragrant Hill, a summer resort in the western suburbs of Beijing

课　文　*Text*

　　我们学习过打电话找人时可以说"请问，×××在吗？"今天我们学习一种更客气一点儿的说法。另外，有人打电话找人，可是他/她要找的人不在，接电话的人怎样回答？我们来看看方雪芹给丁璐璐打电话时的情景。

We have heard the question "Qǐng wèn xxx zài ma?" used when you want to speak to somebody on the phone. Today we will give you a more polite expression and the possible reply when the person wanted on the phone is not available. Let us listen to Fang Xueqin making a call to Ding Lulu.

（方雪芹插进电话卡，她给丁璐璐打电话）

(Having inserted the call card, Fang Xueqin dials Ding Lulu's number.)

方雪芹：	喂，你 好！麻烦 您 找 一下 丁 璐璐。
	Wéi, nǐ hǎo! Máfan nín zhǎo yíxià Dīng Lùlu.
Fang:	Hello! May I speak to Ding Lulu?
丁的同事：	她 现在 不在。请 你 十 分钟 以后 再 打，好 吗？
	Tā xiànzài bú zài. Qǐng nǐ shí fēnzhōng yǐhòu zài dǎ, hǎo ma?
Ding's colleague:	She is not in at the moment. Could you ring again after ten minutes?

91

方雪芹：　好　的,谢谢　您。

　　　　Hǎo de,xièxie　nín.

Fang:　OK. Thank you.

（正在这时,丁璐璐回来了）

（Just at this moment, Ding Lulu returns.）

丁的同事：等　一下,你别　挂,她回来了。

　　　　　Děng yíxià, nǐ bié guà, tā huílai le.

Ding's
Colleague:　Oh, hold on. Don't hang up. She is back.

方雪芹：　喂,璐璐,我　是　雪芹。

　　　　Wéi. Lùlu, wǒ shì Xuěqín.

Fang:　Hello, Lulu. Xueqin speaking.

丁璐璐：我给你　办公室　打过　电话,你不在。

　　　　Wǒ gěi nǐ bàngōngshì dǎguo diànhuà,nǐ bú zài.

Ding:　I called you at your office, but you were not there.

方雪芹：　找　我有事　吗?

　　　　Zhǎo wǒ yǒu shìr ma?

Fang:　Is there anything you want to talk about to me?

丁璐璐：这个　周末,咱们　一起去　香山　玩儿　怎么样?

　　　　Zhège　zhōumò,zánmen yìqǐ　qù Xiāngshān wánr zěnmeyàng?

Ding:　Shall we go to the Fragrant Hill together this weekend?

方雪芹：去　香山?　好啊。我和　文龙　正好　也　想去　香山。

　　　　Qù Xiāngshān? Hǎo a. Wǒ hé Wénlóng zhènghǎo yě xiǎng qù Xiāngshān.

Fang:　Go to the Fragrant Hill? That's fine. Wenlong and I have been thinking
　　　 of going there, too.

丁璐璐：是　吗? 那太好了! 星期六去　怎么样?

　　　　Shì ma? Nà tài hǎo le! Xīngqīliù qù zěnmeyàng?

Ding:　Have you? That's great! How about going there on Saturday?

方雪芹：星期六? 好。　一言为定。

　　　　Xīngqīliù? Hǎo. Yìyán-wéidìng.

Fang:　On Saturday? Good. That's settled then.

丁璐璐：	一言为定。
	Yìyán-wéidìng.
Ding:	It is settled.
方雪芹：	再见。
	Zàijiàn.
Fang:	Bye-bye.

注　释 *Notes*

1. 麻烦您／你……　　Excuse me, but could you...

麻烦　您　找　一下　丁　璐璐。

Máfan　nín　zhǎo　yíxià　Dīng　Lùlu.

Excuse me, but may I speak to Ding Lulu?

当你请求别人为你做什么事的时候,你想更客气更礼貌,你就可以说:

When you bother somebody with something and you want to be polite, you may say

麻烦　您／你……

Máfan nín／nǐ…

(1) 麻烦　你给我一杯　水。

Máfan　nǐ gěi　wǒ　yì bēi　shuǐ.

Sorry to bother you, but could you give me a cup of water?

(2) 麻烦　你,关　一下　门。

Máfan　nǐ,　guān　yíxià　mén.

Sorry to bother you, but could you close the door?

(3) 麻烦　您,请再　说一　遍。

Máfan　nín,　qǐng zài　shuō yí　biàn.

Sorry to bother you, but could you say it again?

2. 以后　Later, afterwards, after

请 你 十 分钟　以后 再 打，好 吗？

Qǐng nǐ shí fēnzhōng yǐhòu zài dǎ, hǎo ma?

Could you ring again after ten minutes?

"以后"的位置和"……的时候"相似，也是放在它所引导的从句后面：

Similar to "... deshíhou", "yǐhòu" is used at the end of the clause it introduces.

(1) 我 一 个 星期 以后 去　广州。

Wǒ yí gè xīngqī yǐhòu qù Guǎngzhōu.

I am going to Guangzhou a week later.

(2) 圣诞节　以后 我 要 开始 学 画画儿。

Shèngdànjié yǐhòu wǒ yào kāishǐ xué huàhuàr.

I'll begin learning painting after Christmas.

(3) 下课 以后　咱们 一起 去 踢 足球 吧。

Xiàkè yǐhòu zánmen yìqǐ qù tī zúqiú ba.

Let's go and play soccer together after class.

"以后"还可以单独使用。例如：

"Yǐhòu" can also be used independently. For example:

(1) 甲：以后 我 不 在 这儿 吃 饭 了。

　　Yǐhòu wǒ bú zài zhèr chī fàn le.

　　I will not have dinner here any more.

乙：为 什么？

　　Whèishénme?

　　Why?

甲：这儿 的 服务 不 太 好。

　　Zhèr de fúwù bú tài hǎo.

　　The service is not good enough here.

94

(2) 妈妈：你 每天 应该 早早 地 起床。

　　　　Nǐ měi tiān yīnggāi zǎozǎo de qǐchuáng.

Mother: You should get up very early every day.

儿子：今天 不 行, 我 太 累 了。以后 吧。

　　　　Jīntiān bù xíng, wǒ tài lèi le. yǐhòu ba.

Son: Not today. I am too tired today. I will get up early later.

3. 给……打电话　Making a telephone call

我 给 你 办公室 打过 电话。

Wǒ gěi nǐ bàngōngshì dǎguo diànhuà.

I called you at your office.

"打"专门用在"打电话"这个短语里, 意思是"to make"。如果想说"to call somebody"就得说"给某人打电话"。在这儿, "给"是介词, 相当于"to, for"。

In the phrase "dǎ diànhuà" (to make a telephone call), the verb "dǎ" means "to make". The Chinese for "to call somebody" is "gěi somebody dǎ diànhuà" in which "gěi" is a preposition meaning "to, for".

给 某人 打 电话

gěi mǒurén dǎ diànhuà

Make a telephone call to...

(1) 晚上 你 给 我 打 电话 吧。

　　Wǎnshang nǐ gěi wǒ dǎ diànhuà ba.

　　Call me in the evening.

(2) 我 不 想 给 她 打 电话。

　　Wǒ bù xiǎng gěi tā dǎ diànhuà.

　　I don't want to call her.

(3) 我 一 刻 钟 以后 再 给 他 打 电话。

　　Wǒ yí kè zhōng yǐhòu zài gěi tā dǎ diànhuà.

　　I will ring him again after fifteen minutes.

4. 动态助词"过"　The aspectual particle "guo"

我 给 你 办公室 打过 电话。

Wǒ gěi nǐ bàngōngshì dǎguo diànhuà.

I called you at your office.

"过"在这里是一个动态助词。放在动词后面，表示过去的经验。否定形式是在动词前边加"没(有)"。

Here "guo" is an aspectual particle used after a verb to indicate past experience. The negative form is made by using "méi(you)" before the verb.

动词 ＋ 过	没(有) ＋ 动词 ＋ 过
verb ＋ guo	Méi(yǒu) ＋ verb ＋ guo

(1) 我 去过 北京。 ——我 没 去过 北京。

Wǒ qùguo Běijīng. ——Wǒ méi qùguo Běijīng.

I have been to Beijing. ——I haven't been to Beijing.

(2) 你 吃过 牛肉 饺子 吗？

Nǐ chīguo niúròu jiǎozi ma?

Have you ever had beef jiaozi?

我 吃过 牛肉 饺子。 ——我 没 吃过 牛肉 饺子。

Wǒ chīguo niúròu jiǎozi. ——Wǒ méi chīguo niúròu jiǎozi.

I have had beef jiaozi. ——I haven't had beef jiaozi.

(3) 昨天 你给我 打过 电话 吗？

Zuótiān nǐ gěi wǒ dǎguo diànhuà ma?

Did you ring me yesterday?

昨天 我 给你 打过 电话。——昨天 我 没(有) 给你 打过 电话。

Zuótiān wǒ gěi nǐ dǎguo diànhuà. ——Zuótiān wǒ méi(yǒu) gěi nǐ dǎguo diànhuà.

Yes, I rang you once yesterday. ——No, I didn't ring you yesterday.

5. 约会和婉拒 Making an appointment and declining

找 我 有 事 吗？

Zhǎo wǒ yǒu shìr ma?

What have you come for? Is there anything I can do?

"有事"是很有用的，我们以前学过，约会朋友的时候说"星期天晚上你有空吗？"现在我们也可以说"星期天晚上你有事吗？"当朋友说"没有事"的时候，你就可以进一步约他/她了。当别人问你"星期天晚上你有空吗？"的时候，你可以问"你有事吗？"或"你有什么事？"他/她会进一步告诉你他/她的打算。当别人约你做什么,你不想去的时候,你还可以说"对不起,我有事,不能去。"至于有什么事,可以说,也可以不说;如果你不想应邀,即使什么事都没有,也可以用"我有事"这样的话加以推辞。例如:

We have learnt "Xīngqītiān wǎnshang nǐ yǒu kòng ma?" for making an appointment. Now let's take up another useful expression "Yǒu shì". We may say "Xīngqītiān wǎnshang nǐ yǒu shì ma?" (Are you engaged on Sunday evening?) If the answer is "Méi yǒu shì" (No, I am not.), you can make an appointment with him/her. When someone asks you "Xīngqītiān wǎnshang nǐ yǒu kòng ma?", you can ask him "Nǐ yǒu shì ma?" or "Nǐ yǒu shénme shì?" (Both mean "What's up?") He or she will tell you his or her plan. When you want to decline an appointment, you may say "Duìbuqǐ, wǒ yǒu shì, bù néng qù." (Sorry, but I can't go. I am otherwise engaged.) But you don't need to give the details. "Wǒ yǒu shì" can be used to decline even when you are not engaged, but just don't want to accept the invitation. e. g.

(1) 甲:星期天　晚上　你有事吗?

　　　Xīngqītiān wǎnshang nǐ yǒu shì ma?

　　　Are you engaged on Sunday evening?

　　乙:没有　事。

　　　Méiyǒu shì.

　　　No, I am not.

　　甲:一起 去 跳舞 吧。

　　　Yìqǐ　qù tiàowǔ ba.

　　　Let's go dancing together.

　　乙:好　的。

　　　Hǎo de.

　　　Fine.

(2) 甲:星期天　晚上　你有 空 吗?

　　　Xīngqītiān wǎnshang nǐ yǒu kòng ma?

　　　Are you free on Sunday evening?

　　乙:你有 什么 事?

　　　Nǐ yǒu shénme shì?

　　　Is there anything to do?

　　甲:我们　星期天　晚上　有 个聚会,你来 吧。

　　　Wǒmen xīngqītiān wǎnshang yǒu gè jùhuì, nǐ lái ba.

　　　We will have a party on Sunday evening. Could you come?

乙：对不起，星期天　晚上　我　有事，不　能　去。

Duìbuqǐ, xīngqītiān wǎnshang wǒ yǒu shì, bù néng qù.

Sorry, I can't go. I am otherwise engaged on Sunday evening.

6. 约定　Confirming an appointment

一言为定。

Yìyán-wéidìng.

That's settled.

当你与别人商定了一件事情以后，为了表示决定后不会改变，可以说"一言为定。"回答也可以用"一言为定。"

When you have come to an agreement with someone on something, you can say "yìyán-wéidìng" which implies that there won't be any change and it is also used as a reply.

练　习　*Exercises*

一、记住下边的短语，并用它们各说一句话：

Learn the following phrases by heart and make a sentence using each of them.

回家
huí jiā

回国
huí guó

_____

_____

回　学校
huí xuéxiào

回　公司
huí gōngsī

_____

_____

回　办公室
huí bàngōngshì

_____

二、将下边的句子翻译成汉语,用上"别":
Translate the following sentences into Chinese, using "bié".

(1) Please don't smoke.

_____。

(2) Don't wear my clothes.

_____。

(3) Don't close the door.

_____。

(4) Don't telephone me after ten in the evening.

_____。

三、用正确的语调说下边的句子:
Read the following sentences with the appropriate intonation.

(1)麻烦 您 找 一下 丁 璐璐。
　　Máfan nín zhǎo yíxià Dīng Lùlu.

(2)她 现在 不 在。
　　Tā xiànzài bú zài.

(3)请 你 十 分钟 以后 再 打, 好 吗?
　　Qǐng nǐ shí fēnzhōng yǐhòu zài dǎ, hǎo ma?

(4)请 等 一下,你 别 挂 电话。
　　Qǐng děng yíxià, nǐ bié guà diànhuà.

(5)我 给 你 办公室 打过 电话,你 不 在。
　　Wǒ gěi nǐ bàngōngshì dǎguo diànhuà,nǐ bú zài.

(6)找 我 有 事 吗?
　　Zhǎo wǒ yǒu shìr ma?

(7)这 个 周末, 咱们 一起 去 香山 玩儿 怎么样?
　　Zhège zhōumò,zánmen yìqǐ qù Xiāngshān wánr zěnmeyàng?

(8)我 和 文龙 正好 也 想 去 香山。
　　Wǒ hé Wénlóng zhènghǎo yě xiǎng qù Xiāngshān.

(9) 好。一言为定。
　　Hǎo. Yìyán-wéidìng.

一 十 扌 扌 找 找 找

找	找	找	找	找	找					

一 十 扌 扌 打

打	打	打	打	打	打					

SAN

三

PART THREE

你的电话号码是多少？
Nǐ De Diànhuà Hàomǎ Shì Duōshao?

What is your phone number?

新 词 语 **New Words and Phrases**

1. 号码	hàomǎ	number
2. 洗衣店	xǐyīdiàn	laundry shop
店	diàn	shop
3. 花店	huādiàn	flower shop
4. 书店	shūdiàn	bookshop
5. 干洗	gānxǐ	dry cleaning
6. 马路	mǎlù	pavement
7. 磁带	cídài	magnetic tape
8. 说话	shuōhuà	to speak
话	huà	words; what is spoken
9. 安静	ānjìng	quiet; silent
10. 吵	chǎo	noisy; to quarrel; to make a noise
11. 告诉	gàosu	to tell
12. 以前	yǐqián	before
13. 认识	rènshi	to know; to recognize
14. 句子	jùzi	sentence
句	jù	a measure word for what is spoken
15. 解释	jiěshì	to explain

桂林　　　　Guìlín　　　A city in Guangxi Zhuang Autonomous Region famous for its beautiful landscapes and caves

句型练习　　***Sentence pattern drills***

一、选择下边的短语回答问题：

Answer each question with a phrase chosen from the following.

电话　号码　　　　　打　电话　　　　　　接　电话
diànhuà hàomǎ　　　 dǎ diànhuà　　　　　jiē diànhuà
phone number　　　　to make a call　　　 to receirve the phone

回　电话　　　　　　等　电话
huí diànhuà　　　　　děng diànhuà
to ring back　　　　　to wait for a call

(1)女：赵　先生　的　电话　号码　是　多少？
　　　　Zhào xiānsheng de diànhuà hàomǎ shì duōshao?

　　男：你要做　什么？
　　　　Nǐ yào zuò shénme?

　　女：我　要　给他打　电话。
　　　　Wǒ yào gěi tā dǎ diànhuà.

　　问：她要做　什么？
　　　　Tā yào zuò shénme?

　　学生：_____。

(2) 男：请　稍　等，我　去接　电话。
　　　　Qǐng shāo děng, wǒ qù jiē diànhuà.

　　问：他去做　什么？
　　　　Tā qù zuò shénme?

　　学生：_____。

(3) 女：于 小姐 给你打过 电话，她 请你回来以后 给她回 电话。

Yú xiǎojiě gěi nǐ dǎguo diànhuà,tā qǐng nǐ huílai yǐhòu gěi tā huí diànhuà.

男：好，我 现在 给她回 电话。

Hǎo,wǒ xiànzài gěi tā huí diànhuà.

问：他要 做 什么？

Tā yào zuò shénme?

学生：_____。

(4) 男：下午 我给你打 电话。

Xiàwǔ wǒ gěi nǐ dǎ diànhuà.

女：好，下午 我 等 你 的 电话。

Hǎo,xiàwǔ wǒ děng nǐ de diànhuà.

问：下午 女 的 要 做 什么？

Xiàwǔ nǚ de yào zuò shénme?

学生：_____。

二、回答下边的问题：
Answer the following questions.

表示地方的名词/代词＋有/动词＋某事/物
Place noun or pronoun ＋ yǒu/verb ＋ noun phrase

请 问，附近 哪儿 有 公用 电话？

Qǐngwèn,fùjìn nǎr yǒu gōngyòng diànhuà?

请 问，这儿 卖 电话卡 吗？

Qǐngwèn,zhèr mài diànhuàkǎ ma?

(1) 男：附近 哪儿 可以 干洗 衣服？

Fùjìn nǎr kěyǐ gānxǐ yīfu?

女：前边 有一个 洗衣店。

Qiánbian yǒu yí gè xǐyīdiàn.

问：他 问 什么？

Tā wèn shénme?

学生：他 问，_____。

Tā wèn,_____.

(2) 男：请 问，附近 哪儿 有 花店？

Qǐngwèn, fùjìn nǎr yǒu huādiàn?

女：在 前边，洗衣店 旁边 就 是。

Zài qiánbian,xǐyīdiàn pángbiān jiù shì.

问：他 问 什么？

Tā wèn shénme?

学生：他 问，_____。

Tā wèn,_____.

(3) 男：这儿 有 没有 公用 电话？
　　　Zhèr yǒu méiyǒu gōngyòng diànhuà?

女：这儿 没有，马路 对面 有。
　　Zhèr méiyǒu, mǎlù duìmiàn yǒu.

问：他 问 什么？
　　Tā wèn shénme?

学生：他 问，＿＿＿＿＿＿＿＿＿＿。
　　　Tā wèn,＿＿＿＿＿＿＿＿＿＿.

(4) 男：书店 里卖不 卖 磁带？
　　　Shūdiàn lǐ mài bú mài cídài?

女：当然 卖。
　　Dāngrán mài.

问：他 问 什么？
　　Tā wèn shénme?

学生：他 问，＿＿＿＿＿＿＿＿＿。
　　　Tā wèn,＿＿＿＿＿＿.

三、回答下边的问题：
Answer the following questions.

你 别 挂。
Nǐ bié guà.

(1) 男：好好儿 看 书，别 说话。
　　　Hǎohāor kàn shū, bié shuōhuà.

问：他 说 什么？
　　Tā shuō shénme?

学生：他 说，＿＿＿＿＿＿＿＿。
　　　Tā shuō,＿＿＿＿＿＿＿.

(2) 女：上课 的 时候 别 吃 东西。
　　　Shàngkè de shíhou bié chī dōngxi.

问：她 说 什么？
　　Tā shuō shénme?

学生：她 说，＿＿＿＿＿＿＿＿。
　　　Tā shuō,＿＿＿＿＿＿＿.

(3) 男：这件 事别 告诉 我 姐姐。
　　　Zhè jiàn shì bié gàosu wǒ jiějie.

问：他 说 什么？
　　Tā shuō shénme?

学生：他 说，＿＿＿＿＿＿＿＿。
　　　Tā shuō,＿＿＿＿＿＿＿.

(4) 女：别 吵 了，请 安静。
　　　Bié chǎo le, qǐng ānjìng.

问：她 说 什么？
　　Tā shuō shénme?

学生：她 说，＿＿＿＿＿＿＿＿。
　　　Tā shuō,＿＿＿＿＿＿＿.

四、回答下边的问题：
Answer the following questions.

动词＋过（＋宾语）

verb ＋ guo （＋ object）

我 给 你 办公室 打过 电话。
Wǒ gěi nǐ bàngōngshì dǎguo diànhuà.

(1) 女:你 以前 去过 桂林 吗?
　　　 Nǐ yǐqián qùguo Guìlín ma?

　　 男:去过,一年 以前 我 去过 一次。
　　　 Qùguo, yì nián yǐqián wǒ qùguo yí cì.

　　 问:他 以前 去过 桂林 吗?
　　　 Tā yǐqián qùguo Guìlín ma?

　　 学生:_____,_____。

(2) 男:你 学过 多 长 时间 汉语?
　　　 Nǐ xuéguo duō cháng shíjiān Hànyǔ?

　　 女:我 学过 三 年。
　　　 Wǒ xuéguo sān nián.

　　 问:她 学过 多 长 时间 汉语?
　　　 Tā xuéguo duō cháng shíjiān Hànyǔ?

　　 学生:_____。

(3) 男:你 以前 认识 他 吗?
　　　 Nǐ yǐqián rènshi tā ma?

　　 女:不 认识。我 没 见过 他。
　　　 Bú rènshi. Wǒ méi jiànguo ta.

　　 问:她 以前 认识 那个 人 吗?
　　　 Tā yǐqián rènshi nèige rén ma?

　　 学生:_____,_____。

(4) 女:这 件 事 你 爸爸 知道 吗?
　　　 Zhè jiàn shì nǐ bàba zhīdao ma?

　　 男:他 不 知道,我 没 告诉过 他。
　　　 Tā bù zhīdao, wǒ méi gàosuguo tā.

　　 问:这 件 事 他 告诉过 他 爸爸 吗?
　　　 Zhè jiàn shì tā gàosuguo tā bàba ma?

　　 学生:_____,_____。

(5) 男:这个 句子 麻烦 你 再 解释 一下。
　　　 Zhège jùzi máfan nǐ zài jiěshì yíxià.

　　 女:这个 句子 老师 解释过。
　　　 Zhège jùzi lǎoshī jiěshìguo.

　　 男:对。不过 我 还 不 懂。
　　　 Duì. Búguò wǒ hái bù dǒng.

　　 问:这个 句子 老师 解释过 吗?
　　　 Zhège jùzi lǎoshī jiěshìguo ma?

　　 学生:_____。

综合练习 *Comprehensive exercises*

一、根据课文中的情景完成下边的话:
Complete the following passages according to the situation given in the text.

　　(1)方雪芹想找公用电话。一个路人说_____。商场里的公用电话
_____。电话卡有_____、_____和_____三种,都_____。
　　Fāng Xuěqín xiǎng zhǎo gōngyòng diànhuà. Yí gè lùrén shuō_____.

Shāngchǎng lǐ de gōngyòng diànhuà_____. Diànhuàkǎ yǒu_____、_____ hé_____ sān zhǒng, dōu_____.

(2) 方雪芹打电话找丁璐璐，_____。她的同事告诉方雪芹："_____。"她们说话的时候，_____。丁璐璐要_____，她想_____。方雪芹和李文龙_____。她们都愿意_____。

Fāng Xuěqín dǎ diànhuà zhǎo Dīng Lùlu _____. Tā de tóngshì gàosu Fāng Xuěqín:_____. Tāmen shuōhuà de shíhou _____. Dīng Lùlu yào _____, tā xiǎng_____. Fāng Xuěqín hé Lǐ Wénlóng _____. Tāmen dōu yuànyì _____.

二、完成对话：

Complete the following dialogues.

(1) A：你们　学校　里有　公用　电话　吗？
　　　Nǐmen xuéxiào lǐ yǒu gōngyòng diànhuà ma?

　　B：_____

(2) A：你　经常　给　你爸爸、妈妈　打　电话　吗？
　　　Nǐ jīngcháng gěi nǐ bàba、māma dǎ diànhuà ma?

　　B：_____

(3) A：你　去过　北京　没有？
　　　Nǐ qùguo Běijīng méiyǒu?

　　B：_____

(4) A：这个　周末　你有　事吗？
　　　Zhèige zhōumò nǐ yǒu shì ma?

　　B：_____

　　A：星期天　我们　有一　个聚会，你来吧。
　　　Xīngqītiān wǒmen yǒu yí gè jùhuì, nǐ lái ba.

　　B：_____

三、情景会话：

Compose dialogues on the following situations.

(1) 打电话

Make a telephone call

(2) 与朋友约会

Make an appointment with a friend

四、请你给我们介绍一下你的学校的情况（至少用上五个本课所学过的词语）。

Please give a brief account of your school. (At least 5 of the words in this lesson should be used in your introduction).

语音练习 *Pronunciation drills*

一、注意句子的升降调及所表示的意义：

Pay attention to the meanings expressed by the rising and falling tones.

(1) 去　香山？↗
　　Qù Xiāngshān? ↗
　　去 香 山。↘
　　Qù Xiāngshān. ↘

(2) 星期六？↗
　　Xīngqīliù? ↗
　　星期六。↘
　　Xīngqīliù. ↘

(3) 不 收　手续费？↗
　　Bù shōu shǒuxùfèi? ↗
　　不 收　手续费。↘
　　Bù shōu shǒuxùfèi. ↘

(4) 你 给 我　办公室　打过 电话？↗
　　Nǐ gěi wǒ bàngōngshì dǎguo diànhuà? ↗
　　我 给 你　办公室　打过 电话。↘
　　Wǒ gěi nǐ bàngōngshì dǎguo diànhuà. ↘

(5) 你 找 我 有 事？↗
　　Nǐ zhǎo wǒ yǒu shì? ↗
　　我 找 你 有 事。↘
　　Wǒ zhǎo nǐ yǒu shì. ↘

二、朗读下边的词语扩展，注意各个词在扩展过程中读音轻重和长短的变化：

Read aloud the following "pyramid", paying attention to the changes in stress and the length of the words and phrases in it.

电话
diànhuà

公用　电话
gōngyòng diànhuà

有 公用　电话
yǒu gōngyòng diànhuà

商场　里有 公用　电话
shāngchǎng lǐ yǒu gōngyòng diànhuà

前边 的　商场　里有 公用　电话
qiánbian de shāngchǎng lǐ yǒu gōngyòng diànhuà

106

公用电话

Public phones

　　电话是我们现代生活不可或缺的通讯手段。除了手机、寻呼机、家用电话以外，在大街上还有各种各样的公用通讯设施。最常见的是有人看守的"公用电话"，在路上急着打电话的时候，找到这样的牌子，就可以轻松了。在一些公共场所，还有许多无人看守的如"投币电话"，还有就是我们已经看到方雪芹用的"磁卡电话"。并不是所有的公用电话都能打到其他省市甚至国外去，所以一般可以打长途的电话都会写有这样的字样："国际／国内长途"，"国际长途"可以打往国外，"国内长途"可以和各个省市通话。了解了这些，相信你在街上逛着突然要打电话的时候，就能轻而易举地找到电话了。

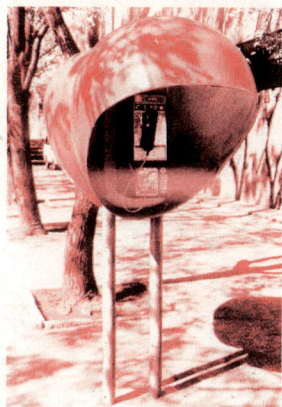

　　另外，顺便说一句，在中国，电话号码查询台的号码是：114。

　　The telephone is an indispensable means of communication. There are a variety public phones in the streets besides the mobile phones, beepers and telephones in people's homes. There are also public phones where you pay at the counter after you have made a call. You may find them by the sign Gōngyòng Diànhuà when you are in need. Another kind of public phone is Cíkǎ diànhuà, a telephone operated with a call card, which Fang Xueqin used. Normally you cannot make long-distance calls , international or domestic, in all public phones. Those in which you can make long-distance calls can be recognized by the sign Guójì／Guónèi Chángtú （International／Domestic Long-distance Call）. When you can recognize these signs, you can easily find the public phone you need in the street.

　　By the way, the number of telephone directory inquiries is 114.

写 汉 字 *Writing Demonstration*

| 说 | 说 | 说 | 说 | 说 | 说 | | | | | |

| 话 | 话 | 话 | 话 | 话 | 话 | | | | | |

107

第十五课
Dì - shíwǔ Kè

LESSON FIFTEEN

语 用 范 例 *Examples of Usage*

1. 告诉出租车司机去什么地方 *Telling the taxi driver where to go*

师傅， 去 太阳 公司。

Shīfu, qù Tàiyáng Gōngsī.

Master, to go the Sun Company

I'm going to the Taiyang Corporation, driver.

2. 询问去某地的路怎么走 *Asking which way you should take*

（去 会议 中心） 怎么 走?

(Qù Huìyì Zhōngxīn) Zěnme zǒu?

(to go conference center） how to go

Which way do you prefer (to get to the Conference Center）?

3. 要求停车 *Asking the driver to stop*

师傅， 请 停 一下 车。

Shīfu, qǐng tíng yíxià chē.

Master, please to stop a little car

Please stop for a while, driver.

师傅， 请 在 天桥 下边 停 一下 车，可以 吗?
Shīfu, qǐng zài tiānqiáo xiàbian tíng yíxià chē, kěyǐ ma?
Master, please at overpass under to stop a little car, may
(an interrogative particle)
Could you stop for a while under the overhead walkway?

4. 表达往某个方向走　*Giving directions*

往 前 走。
Wǎng qián zǒu.
to forward to go
Go ahead.

在 路口 往 左 拐。
Zài lùkǒu wǎng zuǒ guǎi.
at crossing to left to turn
Turn left at the end of this road.

往 回 走。
Wǎng huí zǒu.
to return to go
Turn back.

在 第二 个 路口 往 右 拐。
Zài dì-èr gè lùkǒu wǎng yòu guǎi.
at second (measure word) crossing to right to turn
Turn right at the second crossing.

5. 概数的表示　*Expressing the approximate number*

大概 还 有 两三 分钟 的 路。
Dàgài hái yǒu liǎng-sān fēnzhōng de lù.
probably still to have two or three minute (structural particle) road
It is about two or three minutes drive／walk.

6. 表示歉意 *Giving an apology*

师傅， 真 对不起， 麻烦 您 了。
Shīfu, zhēn duìbuqǐ, máfan nín le.
Master, indeed sorry, to trouble you (modal particle)
Sorry for troubling you, sir.

—— 没 事儿。
—— Méi shìr.
—— *not matter*
——It's nothing.

7. 要求开发票 *Asking for a receipt*

请 开 一 张 发票。
Qǐng kāi yì zhāng fāpiào.
please to write out one (measure word) receipt
Please give me a receipt.

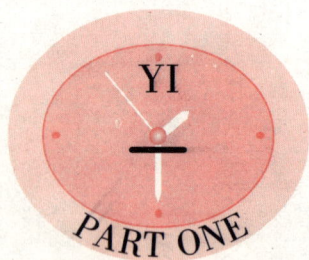

YI

PART ONE

师傅，去太阳公司
Shīfu, Qù Tàiyáng Gōngsī

To the Taiyang Corporation, please

新 词 语 *New Words and Phrases*

1. 师傅　　　　**shīfu**　　　　master; a form of address for a worker, etc.

2. 太阳	tàiyáng	sun	
3. 司机	sījī	driver	
4. 会议中心	huìyì zhōngxīn	conference center	
会议	huìyì	meeting; conference	
中心	zhōngxīn	center	
5. 怎么(走)	zěnme (zǒu)	how (to get to a place)	
6. 停(车)	tíng (chē)	to park (a car); to stop (a car)	
7. 路口	lùkǒu	crossing	
8. 天桥	tiānqiáo	overhead walkway	
9. 下边	xiàbian	under	
10. 称呼	chēnghu	form of address	

专　名　*Proper names*

1. 三环路	SānhuánLù	Sanhuan Road; the Third Ring Road
2. 太阳公司	Tàiyáng Gōngsī	The Taiyang (Sun) Corporation
3. 于	Yú	a surname

课　文　*Text*

　　在中国的城市里,乘坐出租车是很方便的。你只要在路边等候一会儿,就会看到带有这种标志的汽车,但是只有带空车标志的车才是空的,才会根据你的招呼停下来。上了车以后, 你如何告诉司机你要去哪儿? 当有多条路线可以选择时,你怎样告诉司机你选择的路线? 在车上有特殊情况需要停车时怎样要求司机停车? 我们来看看方雪芹的一次乘车经历。

　　In the cities, it is very convenient to go out by taxi. You just wait for a while at the roadside, and you will find cars with this sign, but you can only hire a taxi with the sign"For hire". When you get on, you will need to tell the driver where to go, or the route you want him to take when there are alternatives. Also you need to ask him to stop when something special happens. How will you say all of these in Chinese? Let's see how Fang Xueqin does it.

（方雪芹在路边招手叫出租车）

(Fang Xueqin waves to a taxi.)

方雪芹: 师傅，去 太阳 公司。

Shīfu, qù Tàiyáng Gōngsī.

Fang: To the Taiyang Corporation, please.

司 机: 太阳 公司 在 哪儿?

Tàiyáng Gōngsī zài nǎr?

Driver: Where is the Taiyang Corporation?

方雪芹: 在 会议 中心 附近。

Zài Huìyì Zhōngxīn fùjìn.

Fang: It's near the Conference Center.

司 机: 在 会议 中心 附近。怎么 走?

Zài Huìyì Zhōngxīn fùjìn. Zěnme zǒu?

Driver: Near the Conference Center. Which way do you prefer?

方雪芹: 从 三环路 走。

Cóng Sānhuánlù zǒu.

Fang: Go by the Sanhuan Road.

（车开到路口附近，方雪芹想停车）

(When they marched a crossing, Fang Xueqin wants the taxi to make a stop.)

方雪芹: 师傅，请 停 一下 车。

Shīfu, qǐng tíng yíxià chē.

Fang: Please stop for a while.

司 机: 对不起，路口 不 能 停 车。

Duìbuqǐ, lùkǒu bù néng tíng chē.

Driver: Sorry, but I am not allowed to stop at the crossing.

（车开到一个过街天桥附近，方雪芹让司机停车）

(When they come to an overhead walkway, Fang Xueqin asks the driver to make a stop.)

方雪芹: 师傅，请 在 天桥 下边 停 一下 车，可以 吗?

Shīfu, qǐng zài tiānqiáo xiàbian tíng yíxià chē, kěyǐ ma?

Fang: Can you stop for a while under the overhead walkway, please?

112

司　机：	可以。
	Kěyǐ
Driver:	Sure.
方雪芹：	请 等 我 一会儿，我 去 买 一点儿 东西。
	Qǐng děng wǒ yíhuìr, wǒ qù mǎi yìdiǎnr dōngxi.
Fang:	Please wait for me while I go and do some shopping.

注　释 *Notes*

1. 称呼（六） Forms of address (6)

师傅, 去 太阳 公司。
Shīfu, qù Tàiyáng Gōngsī.
To the Taiyang Corporation, please.

"师傅"作为一种普通的称呼用来称呼服务行业的人,诸如:出租车司机、售货员、服务员等等,或者在街上你遇到的一般人。这个称呼可以不分性别、年龄、职业,但是对于那些你已经知道或猜测到其属于知识层次或社会地位较高的人,或者军人、警察、机关工作人员等,则一般不能称呼"师傅"。

"Shīfu" is a common form of address for people in service trades such as taxi drivers, shop assistants, waiters, etc. It can be used when you speak to a passerby, despite sex, age or occupation. However, it is not used when you know or you are sure that he or she is a professional person or from the higher social ranks, or a member of the army, policeman, clerk, etc.

2. 怎么 + 动词　 Zěnme + verb

怎么 走?
Zěnme zǒu?

在这里,"怎么"的意思是"how","怎么 + 动词"是询问如何做。例如:
This phrase in which "zěnme" means "how" is used to ask how to do something. For example:

(1) 去 会议 中心 怎么 走?

Qù Huìyì Zhōngxīn zěnme zǒu?

Which way shall we take to the Conference Center?

(2) 你 的 名字 怎么 写?

Nǐ de míngzi zěnme xiě?

What are the characters for your name?

(3) 甲:"爸爸 的爸爸" 用 汉语 怎么 说?

"Bàba de bàba" yòng Hànyǔ zěnme shuō?

What is the Chinese for father's father?

乙:汉语 说 " 爷爷 "。

Hànyǔ shuō "yéye".

It is Yéye in Chinese.

(4) 甲:饺子 怎么 做?

Jiǎozi zěnme zuò?

How do you make jiaozi?

乙:我 不 知道 怎么 做, 不过 我 知道 怎么 吃。

Wǒ bù zhīdao zěnme zuò,búguò wǒ zhīdao zěnme chī.

I don't know how they are made, but I know how to eat them.

"我怎么称呼你/您?"是一种有礼貌地询问对方姓名的方法。如果对方告诉了你他/她的姓,你还想知道他/她的名字,可以说:"怎么称呼?"例如:

"Wǒ zěnme chēnghu nǐ/nín?" (How should I call you?) is a polite way of asking for a person's name. When he or she tells you his/her surname and you want to know his/her given name, you can ask"zěnme chēnghu?". For example:

(1) 甲:我 怎么 称呼 您?

Wǒ zěnme chēnghu nín?

How should I address you?

乙:你 叫 我 老 赵 吧。

Nǐ jiào wǒ Lǎo Zhào ba.

Just call me Lǎo Zhào.

(2) 甲: 您 贵 姓?

Nín guì xìng?

May I know your surname?

乙: 我 姓 于。

Wǒ xìng Yú.

My surname is Yú.

甲: 我 怎么 称呼 您?

Wǒ zěnme chēnghu nín?

How should I call you?

乙: 你 叫 我 小 于 吧。

Nǐ jiào wǒ Xiǎo Yú ba.

Just call me Xiǎo Yú.

(3) 甲: 您 贵 姓?

Nín guì xìng?

May I know your (sur)name?

乙: 我 姓 方。

Wǒ xìng Fāng.

My surname is Fāng.

甲: 怎么 称呼?

Zěnme chēnghu?

How should I address you?

乙: 我 叫 方 雪芹。

Wǒ jiào Fāng Xuěqín.

My name is Fāng Xuěqín.

3. 道路的选择   Chooseing the way

从 三环 路 走。

Cóng Sānhuán lù zǒu.

Going by the Sanhuan Road.

"三环路"是北京的一条重要的环城路。北京目前有三条环城路：二环路、三环路、四环路，五环路尚在规划中。

The "sānhuán Lù" (the Third Ring Road) is one of the major round-the-city roads in Beijing. There are three such roads at present, namely, the "Èrhuán Lù" (the Second Ring Road), the "sānhuán Lù" and the "sìhuán Lù" (the Fourth Ring Road). The "Wǔhuán Lù" (the Fifth Ring Road) is being planned.

当有几条路都可以到达你的目的地时，出租车司机常常会问你从哪条路走，你就可以回答："从……走。"

When there are different ways to go to a place, the taxi driver will ask you which one to take and when you answer him, you can use the construction "cóng…zǒu".

从……走

cóng … zǒu

115

(1) 从　三环　路走。

Cóng Sānhuán lù zǒu.

Go by the Sanhuan Road.

(2) 从　这条路走，这条路近。

Cóng zhè tiáo lù zǒu, zhè tiáo lù jìn.

Go by this Road, it's the short cut.

(3) 从　前边　的路走。

Cóng qiánbian de lù zǒu.

Go by the road ahead of us.

4. 征得别人的许可　Asking for permission

师傅，请在　天桥　下边　停一下车，可以吗？

Shīfu, qǐng zài tiānqiáo xiàbian tíng yíxià chē, kěyǐ ma?

Can you stop for a while under the overhead walkway, please?

"……，可以吗？"常用来征得别人的许可。例如：

The pattern "…, kěyi ma?" is often used to ask for permission, approval, promise, etc.. For example:

(1) 甲：你　教我　汉语，可以　吗？

Nǐ jiāo wǒ Hànyǔ, kěyǐ ma?

Can you teach me Chinese?

乙：好啊。你　想　怎么　学？

Hǎo a. Nǐ xiǎng zěnme xué?

Sure. How would you like to study it?

(2) 甲：我　用　一下你的笔，可以吗？

Wǒ yòng yíxià nǐ de bǐ, kěyǐ ma?

May I use your pen?

乙：当然　可以，给你笔。

Dāngrán kěyǐ, gěi nǐ bǐ.

Sure. Here you are.

甲：谢谢。

Xièxie.

Thanks.

116

5. （一）点儿 + 名词   The phrase "(yì)diǎnr + noun"

我 去 买 一点儿 东西。

Wǒ qù mǎi   yìdiǎnr   dōngxi.

I am going to do some shopping.

"（一）点儿"放在名词的前边，意思是"a little, some"。当"一点儿"前边有动词时，"一"可以省略。

In this phrase, "(yì)diǎnr" means "a little, some". When the phrase follows a verb, "yī" is optional.

> （一）点儿 + 名词
>
> (yì)diǎnr + noun

(1) 我 要 （一）点儿 牛奶。

　　Wǒ yào (yì) diǎnr niúnǎi.

　　I want some milk.

(2) 你 吃 （一）点儿 吧。

　　Nǐ chī (yì) diǎnr ba.

　　Have some (of this).

(3) 我 会 说 （一）点儿 法语。

　　Wǒ huì shuō (yì) diǎnr Fǎyǔ.

　　I speak a little French.

练　习　Exercises

一、记住下边的方位词：

Learn the following nouns of locality:

前边	后边	东边	南边	西边	北边
qiánbian	hòubian	dōngbian	nánbian	xībian	běibian

里边	外边
lǐ bian	wàibian

上边	下边
shàngbian	xiàbian

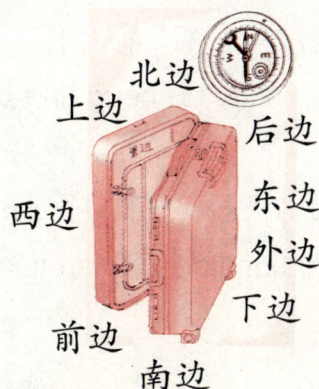

北边
上边
后边
西边
东边
外边
下边
前边
南边

117

二、将下边的句子翻译成汉语：

Translate the following sentences into Chinese.

(1) Stopping parking here is not allowed. We can stop/park there.

_____。

(2) Please stop (the car)!

_____。

(3) Parking in front of the entrance is not allowed.

_____。

(4) Excuse me, but could you stop for a while, please?

_____。

(5) Please come over for a while.

_____。

(6) I want to see Ding Lulu.

_____。

三、用正确的语调说下边的句子：

Read the following sentences with the appropriate intonation.

(1) 师傅,去 太阳 公司。
　　Shīfu, qù Tàiyáng Gōngsī.

(2) 太阳 公司 在 哪儿?
　　Tàiyáng Gōngsī zài nǎr?

(3) 太阳 公司 在 会议 中心 附近。
　　Tàiyáng Gōngsī zài Huìyì Zhōngxīn fùjìn.

(4) 去 太阳 公司 怎么 走?
　　Qù Tàiyáng Gōngsī zěnme zǒu?

(5) 去 太阳 公司 从 三环 路 走。
　　Qù Tàiyáng Gōngsī cóng Sānhuán Lù zǒu.

(6) 师傅, 请 停 一下 车。
　　Shīfu, qǐng tíng yíxià chē.

(7) 对不起,路口 不 能 停车。
　　Duìbuqǐ, lùkǒu bù néng tíng chē.

(8) 请 在 天桥 下边 停一下 车,可以 吗?
　　Qǐng zài tiānqiáo xiàbian tíng yíxià chē, kěyǐ ma?

118

(9) 我 去 买 一点儿 东西。

Wǒ qù mǎi yìdiǎnr dōngxi.

写 汉 字 *Writing Demonstration*

心　　丶 心 心 心

心　心　心　心　心

车　　一 七 车 车

车　车　车　车　车

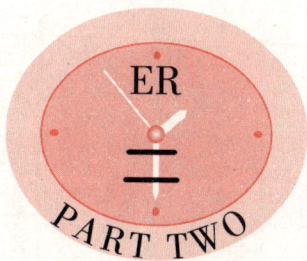

请开一 张发票

Qǐng Kāi Yì Zhāng Fāpiào

Please give me the receipt

新 词 语 *New Words and Phrases*

1.	到	dào	to arrive; to reach; to get to
2.	往	wǎng	to (a certain direction)
3.	左	zuǒ	left
4.	拐	guǎi	to turn (to a certain direction)
5.	大概	dàgài	probably
6.	好像	hǎoxiàng	as if
7.	错	cuò	wrong
8.	下去	xiàqu	to go down; to get off
	下 (车)	xià (chē)	to get off (a vehicle)
9.	第	dì	a prefix for ordinal number

10. 右	yòu	right (opposite left)
11. 没事儿	méi shìr	it's nothing
12. 开发票	kāi fāpiào	to write a receipt
开	kāi	to write out
发票	fāpiào	receipt

课　文　*Text*

当你要去的地方太小以至于司机不认识的时候，你怎样告诉他路？到达目的地的时候，你想要一张发票，你怎么说？我们接着看看雪芹的这次有点儿麻烦的乘车经历吧。

How do you show a taxi driver the way if the place you want to go to is small and the driver does not know where it is? How do you ask for a receipt from the driver when you have arrived? Let's see what happens to Fang Xueqin when she has some trouble.

（车开到会议中心）

(The taxi has come to the Conference Center.)

司　机：　会议　中心　到了。怎么　走？
Huìyì Zhōngxīn dào le. Zěnme zǒu?

Driver:　Here is the Conference Center. Where is your place?

方雪芹：　往　前　走，在路口　往　左　拐。
Wǎng qián zǒu, zài lùkǒu wǎng zuǒ guǎi.

Fang:　Go straight ahead. Turn to the left at the crossing.

司　机：　还　远　吗？
Hái yuǎn ma?

Driver:　Is it far?

方雪芹：　不　远。大概　还有　两三　分　钟　的路。
Bù yuǎn, dàgài háiyǒu liǎng-sān fēnzhōng de lù.

Fang:　No. About two or three minutes.

方雪芹：　（觉得好像不对了）好像　走　错　了。师傅，请　停　车，我下去　问问。
Hǎoxiàng zǒu cuò le. Shīfu, qǐng tíng chē, wǒ xiàqù wènwen.

Fang:　(Sensing that they have gone the wrong way) It seems we are going the wrong way. Please stop for a while. I will get off and ask someone.

（方雪芹回到车上）

(Fang Xueqin gets back in.)

方雪芹： 咱们 走错了，得 往 回 走。

Zánmen zǒu cuò le，děi wǎng huí zǒu.

Fang: We are going the wrong way. We must turn around.

司 机： 往 回 走?

Wǎng huí zǒu?

Driver: Turn around?

方雪芹： 对，在 第二 个 路口 往 右 拐。

Duì，zài dì－èr gè lùkǒu wǎng yòu guǎi.

Fang: Right. Turn to the right at the second crossing.

（司机调头以后）

(The driver has turned around.)

方雪芹： 师傅，真 对不起，麻烦 您 了!

Shīfu，zhēn duìbuqǐ，máfan nín le.

Fang: Sorry to have bothered you.

司 机： 没 事儿。

Méi shìr.

Driver: It's all right.

方雪芹： （看到太阳公司的牌子）就是这儿。师傅，停 车!

Jiùshì zhèr.　Shīfu，tíng chē!

Fang: (Having found the sign of the Taiyang Corporation) Here it is. Stop here, please.

司 机： （指指计价器）二十七 块 二。

Èrshíqī kuài èr.

Driver: (Pointing to the taxi meter) Twenty-seven twenty.

方雪芹： 请 开一 张 发票。

Qǐng kāi yì zhāng fāpiào.

Fang: Please give me the receipt.

121

注　释　*Notes*

1. 介词"往"　The preposition"wǎng"

> 往　前　走。
>
> Wǎng qián zǒu.
>
> Go straight ahead.

　　"往"在这儿是一个介词,指出动作的方向,它后边是表示方位、处所的词(方位词)。相当于英语里的"to, towards"。

　　"Wǎng", followed by a noun of locality, is a preposition indicating the direction of an action and meaning "to, towards".

> 往 + 表示方位、处所的词(方位词) + 动词
>
> Wǎng + noun of locality + verb

(1) 甲：往　哪儿　走?

　　Wǎng nǎr zǒu?

　　Where are you going?

　　乙：往　前　走。

　　Wǎng qián zǒu.

　　Go straight ahead.

(2) 往　那儿　看。

　　Wǎng nàr kàn.

　　Look over there.

(3) 往　里边　坐坐,好吗?

　　Wǎng lǐbian zuòzuo,hǎo ma?

　　Could you move to the middle?

(4) 在　路口　往　左　拐。

　　Zài lùkǒu wǎng zuǒ guǎi.

　　Turn to the left at the crossing.

(5) 到　前边　往　右　拐。

　　Dào qiánbian wǎng yòu guǎi.

　　Go ahead then turn to the right.

(6) 你　应该　往　东　拐,不是　往　西　拐。

　　Nǐ yīnggāi wǎng dōng guǎi,bú shì wǎng xī guǎi.

　　You should turn to the east, not to the west.

122

2. 动词＋错＋了　The pattern "verb ＋ cuò ＋ le"

> 好像　走错了。
>
> Hǎoxiàng zǒucuò le.
>
> It seems we are on the wrong way.

"动词＋错＋了"表示做错了什么事。例如：

This pattern is used when saying that something has been done in the wrong way. For example:

看错了

kàncuò le

to have seen something/somebody mistakenly

做错了

zuòcuò le

to do something wrong

说错了

shuōcuò le

to make a mistake in speaking

听错了

tīngcuò le

to hear something but to get it wrong

(1) 甲：这个字对不对？

　　Zhège zì duì bú duì?

　　Is this character correct?

　　乙：你写错了。

　　　Nǐ xiěcuò le.

　　　You have written it wrong.

(2) 甲：请问，方雪芹在吗？

　　Qǐngwèn, Fāng Xuěqín zài ma?

　　Excuse me, but is Fang Xueqin in?

　　乙：这儿没有方雪芹，你打错了。

　　Zhèr méiyǒu Fāng Xuěqín, nǐ dǎcuò le.

　　I am afraid you have got the wrong number. There is no Fang Xueqin here.

　　甲：对不起。

　　Duìbuqǐ.

　　I am sorry.

3. 序数的表示法   Expressing ordinal numbers

> 在 第二 个 路口 往 右 拐。
>
> Zài dì-èr gè lùkǒu wǎng yòu guǎi.
>
> Turn right at the second crossing.

汉语里,表示序数的方法很简单,就是"第+数词(+量词)"。

The way to express an ordinal number is very simple in Chinese. Just use "dì + numeral (+ measure word)".

> 第 + 数词 (+ 量词)
>
> Dì + numeral (+ measure word)

(1) 这 是 我 第三 次 来 美国。

    Zhè shì wǒ dì-sān cì lái Měiguó.

    This is the third time I have come to the United States.

(2) 我 是 我 家 的 第二 个 孩子。

    Wǒ shì wǒ jiā de dì-èr gè háizi.

    I am the second child in my family.

(3) 今天 我们 学习 第十五 课。

    Jīntiān wǒmen xuéxí dì-shíwǔ kè.

    Today we'll do Lesson 15.

(4) 您 是 我们 的 第一 个 中国 客人。

    Nín shì wǒmen de dì-yī gè Zhōngguó kèren.

    You are our first guest from China.

4. 表示歉意   Giving an apology

> 师傅,真 对不起,麻烦 您 了。
>
> Shīfu zhēn duìbuqǐ, máfan nín le.
>
> Sorry to have bothered you.

在请求并得到别人的帮助以后，或者你感到让别人做的事很打扰他／她时，可以用"麻烦你／您了"表示对别人的歉意。有的时候，也常用这种表示歉意的方式来表示自己的谢意。像回答"对不起"一样，也常说"没关系。"

"Máfan nǐ/nín le"expresses an apology used when someone has helped you or when you feel you have bothered somebody. Sometimes it is used to express gratitude. The usual answer is"méi guānxi"(the same as the reply to"duìbuqǐ").

(1) 甲：麻烦 你 了。

　　　Máfan nǐ le.

　　　Sorry for bothering you.

乙：没 关系，不 麻烦。

　　Méi guānxi, bù máfan.

　　That's quite all right. No bother at all.

(2) 甲：太 麻烦 您 了！

　　　Tài máfan nín le!

　　　Sorry to have troubled you so much.

乙：没 关系，不 用 客气。

　　Méi guānxi bú yòng kèqi.

　　No trouble at all.

5. 没事儿　The expression"méi shìr"

没事儿。

Méi shìr.

Sure.

"没事儿"相当于"It's nothing, sure"。当在随便的场合，别人对你表示感谢或道歉时，口语中都可以用这种轻松、随便的回答："没事儿"。

"Méi shìr", meaning "It's nothing, sure", is an informal and not very serious response when someone shows gratitude or makes an apology to you in everyday conversation.

(1) 甲：对不起！

　　　duìbuqǐ!

　　　I am sorry.

乙：没 事儿。

　　Méi shìr.

　　That's all right.

(2) 甲：谢谢，真 是 太 麻烦 你们 了。

　　　Xièxie, zhēn shì tài máfan nǐmen le.

　　　Thanks. I must have bothered you too much.

乙：没 事儿。

　　Méi shìr.

　　That's all right.

6. 开发票　Writing a receipt

请 开 一 张 发票。

Qǐng kāi yì zhāng fāpiào.

Please give me a receipt.

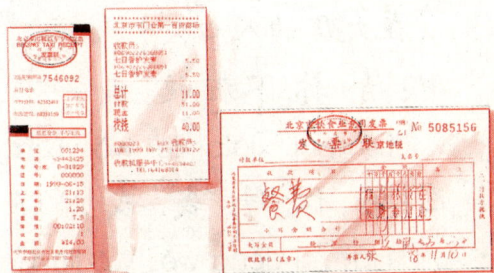

在接受了服务或买了东西以后,如果需要保留一张付费的凭据,就可以这样说:"请开一张发票。"

When you have paid for a service or things you have bought, you can ask for a receipt as a proof of payment, using the expression "Qǐng kāi yì zhāng fāpiào" (Please write me a receipt).

练 习 *Exercises*

一、翻译下边的句子,并模仿造句:
Translate the following sentences and make sentences of your own after them.

(1) 甲:颐和园 到了 吗?

Yíhéyuán dàole ma?

乙:到 了。

Dào le.

(2) 甲:天龙 公司 到了 吗?

Tiānlóng Gōngsī dàole ma?

乙:还 没 到。

Hái méi dào.

(3) 甲:同学们 都 到了 吗?

Tóngxuémen dōu dàole ma?

乙:同学们 都 到 了。

Tóngxuémen dōu dào le.

(4) 甲:师傅,请 停 车,我 要 下 车。

Shīfu, qǐng tíng chē, wǒ yào xià chē.

乙:好。

Hǎo.

(5)(在大厦的入口处)

甲:请 你 下来 接 我 一下,好吗?

Qǐng nǐ xiàlai jiē wǒ yíxià, hǎoma?

乙:好,你 等 我,我 就 下去。

Hǎo, nǐ děng wǒ, wǒ jiù xiàqu.

二、用正确的语调说下边的句子：

Read the following sentences with the appropriate intonation.

(1) 会议 中心 到了。
Huìyì Zhōngxīn dào le.

(2) 天龙 公司 还 远 吗?
Tiānlóng Gōngsī hái yuǎn ma?

(3) 大概 还有 两三 分钟 的 路。
Dàgài háiyǒu liǎng-sān fēnzhōng de lù.

(4) 咱们 好像 走错 了。
Zánmen hǎoxiàng zǒucuò le.

(5) 师傅, 请 停 车。
Shīfu, qǐng tíng chē.

(6) 咱们 得 往 回 走。
Zánmen děi wǎng huí zǒu.

(7) 在 第二 个 路口 往 右 拐。
Zài dì-èr gè lùkǒu wǎng yòu guǎi.

(8) 往 前 走, 在 路口 往 左 拐。
Wǎng qián zǒu, zài lùkǒu wǎng zuǒ guǎi.

(9) 真 对不起, 麻烦 您 了!
Zhēn duìbuqǐ, máfan nín le.

(10) 没事儿。
Méi shìr.

(11) 请 开一 张 发票。
Qǐng kāi yì zhāng fāpiào.

写汉字 *Writing Demonstration*

一 ナ 左 左 左
左 | 左 左 左 左 左

一 ナ 才 右 右
右 | 右 右 右 右 右

127

你写错了

Nǐ Xiěcuò Le

You have written it wrong

			新 词 语	**New Words and Phrases**

1.	展览	zhǎnlǎn	exhibition
2.	动物园	dòngwùyuán	zoo
3.	一直	yìzhí	straight
4.	米	mǐ	meter
5.	录音机	lùyīnjī	recorder; recording machine
6.	容易	róngyì	easy
7.	问题	wèntí	question; problem
8.	回答	huídá	to answer; answer
9.	翻译	fānyì	to translate; to interpret; interpreter; translation
10.	门口	ménkǒu	doorway; entrance
	门	mén	door; gate
11.	红绿灯	hónglǜdēng	traffic lights
12.	立交桥	lìjiāoqiáo	overpass
13.	掉头	diàotóu	to turn around

		专 名	**Proper names**

1.	中国银行	Zhōngguó Yínháng	Bank of China
2.	天安门	Tiān'ānmén	Tian'anmen, the front gate of the Imperial Palace (The Forbidden City) of the Ming and Qing Dynasties in Beijing
3.	杨	Yáng	a surname

句型练习　*Sentence pattern drills*

一、根据对话用"往"回答问题：

Answer the following questions on the dialogues, using "wǎng".

往　前　走，在　路口　往　左　拐。
Wǎng qián zǒu, zài lùkǒu wǎng zuǒ guǎi.

(1) 甲：请问，去　展览　中心　怎么　走？
　　　Qǐngwèn, qù Zhǎnlǎn Zhōngxīn zěnme zǒu?

　　乙：往　前　走，到　路口　往　右　拐。
　　　Wǎng qián zǒu, dào lùkǒu wǎng yòu guǎi.

　　问：去　展览　中心　怎么　走？
　　　Qù Zhǎnlǎn Zhōngxīn zěnme zǒu?

　学生：＿＿＿＿＿＿＿＿＿＿＿＿＿＿＿＿＿。

(2) 甲：请问，到　动物园　怎么　走？
　　　Qǐngwèn, dào Dòngwùyuán zěnme zǒu?

　　乙：往　那边　走，到　路口　往　左　拐。
　　　Wǎng nèibian zǒu dào lùkǒu wǎng zuǒ guǎi.

　　问：到　动物园　怎么　走？
　　　Dào Dòngwùyuán zěnme zǒu?

　学生：＿＿＿＿＿＿＿＿＿＿＿＿＿＿＿＿＿。

(3) 甲：请问，去　中国　银行　怎么　走？
　　　Qǐngwèn, qù Zhōngguó Yínháng zěnme zǒu?

　　乙：一直　往　东　走。
　　　Yìzhí wǎng dōng zǒu.

　　问：去　中国　银行　怎么　走？
　　　Qù Zhōngguó Yínháng zěnme zǒu?

　学生：＿＿＿＿＿＿＿＿＿＿＿＿＿＿＿＿＿。

129

(4) 甲：请问，去　天安门　怎么　走？

　　　　Qǐngwèn, qù Tiān'ānmén zěnme zǒu?

　　乙：往　西　走　三四百　米　就是。

　　　　Wǎng xī zǒu sān-sìbǎi mǐ jiù shì.

　　问：去　天安门　怎么　走？

　　　　Qù Tiān'ānmén zěnme zǒu?

　　学生：＿＿＿＿＿＿＿＿＿＿＿＿＿＿＿＿。

二、根据对话用"怎么＋动词"回答问题：

Answer the questions on the dialogues, using "zěnme ＋ verb".

怎么　走？

Zěn me zǒu?

(1) 女：你们　怎么　称呼　他？

　　　　Nǐmen zěnme chēnghu tā?

　　男：我们　叫　他　老　张。

　　　　Wǒmen jiào tā Lǎo Zhāng.

　　问：她　问　什么？

　　　　Tā wèn shénme?

　　学生：＿＿＿＿＿＿＿＿＿＿＿＿。

(2) 女：这个　录音机　怎么　用？

　　　　Zhè ge lùyīnjī zěnme yòng?

　　男：很　容易，我　告诉　你。

　　　　Hěn róngyì, wǒ gàosu nǐ.

　　问：她　问　什么？

　　　　Tā wèn shénme?

　　学生：＿＿＿＿＿＿＿＿＿＿＿＿。

(3) 男：这个　问题　怎么　回答？

　　　　Zhè ge wèntí zěnme huídá?

　　女：我　也　不　知道。

　　　　Wǒ yě bù zhīdao.

　　问：他　问　什么？

　　　　Tā wèn shénme?

　　学生：＿＿＿＿＿＿＿＿＿＿＿＿。

(4) 女：这　句　话　怎么　翻译？

　　　　Zhè jù huà zěnme fānyì?

　　男：你　问问　小　杨　吧。

　　　　Nǐ wènwen Xiǎo Yáng ba.

　　问：她　问　什么？

　　　　Tā wèn shénme?

　　学生：＿＿＿＿＿＿＿＿＿＿＿＿。

三、根据对话回答问题：

Answer the questions on the dialogues.

请 在 天桥 下边 停一下车。
Qǐng zài tiānqiáo xiàbian tíng yíxià chē.

在 第二个路口 往 右 拐。
Zài dì-èr gè lùkǒu wǎng yòu guǎi.

(1) 甲：请 在 那个 门口 停 一下车，好 吗？
　　　　Qǐng zài nè ge ménkǒu tíng yíxià chē hǎo ma ?

　　乙：好。
　　　　Hǎo.

　　问：他 要 做 什么？
　　　　Tā yào zuò shénme?

　　学生：＿＿＿＿＿＿＿＿＿＿＿＿＿＿＿＿＿＿。

(2) 甲：请 在 第二 个 红绿灯 前边 停 一下车。
　　　　Qǐng zài dì-èr gè hónglǜdēng qiánbian tíng yíxià chē.

　　乙：对不起， 红绿灯 前边 不 能 停车。
　　　　Duìbuqǐ, hónglǜdēng qiánbian bù néng tíng chē.

　　问：她 要 做 什么？
　　　　Tā yào zuò shénme?

　　学生：＿＿＿＿＿＿＿＿＿＿＿＿＿＿＿＿＿＿。

(3) 甲：怎么 走？
　　　　Zěnme zǒu?

　　乙：从 第二个 立交桥 往 南 走。
　　　　Cóng dì-èr gè lìjiāoqiáo wǎng nán zǒu.

　　问：他 说 怎么 走？
　　　　Tā shuō zěnme zǒu?

　　学生：＿＿＿＿＿＿＿＿＿＿＿＿＿＿＿＿＿＿。

131

(4) 甲：师傅，前边 的路口 能 掉头 吗？

　　　Shīfu qiánbian de lùkǒu néng diàotóu ma?

　　乙：可以。

　　　Kěyǐ.

　　问：司机说可以做 什么？

　　　Sī jī shuō kěyǐ zuò shénme?

　　学生：_____。

四、根据对话用"(一)点儿 + 名词"回答问题：

Answer the questions in the dialogues, using "(yì)diǎnr + noun".

> (一)点儿 + 名词
> (yì)diǎnr + noun

> 我 去 买 一点儿 东西。
> Wǒ qù mǎi yìdiǎnr dōngxi.

(1) 女：请 喝 点儿 茶 吧。

　　　Qǐng hē diǎnr chá ba.

　　问：她 说 什么？

　　　Tā shuō shénme?

　　学生：_____。

(2) 男：我 会 说 一点儿 汉语。

　　　Wǒ huì shuō yìdiǎnr Hànyǔ.

　　问：他 会 什么？

　　　Tā huì shénme?

　　学生：_____。

(3) 女：给 我 一点儿 吃 的 东西，我 有点儿 饿。

　　　Gěi wǒ yìdiǎnr chī de dōngxi wǒ yǒudiǎnr è.

　　问：她 想 要 什么？

　　　Tā xiǎng yào shénme?

　　学生：_____。

(4) 男：你 吃 一点儿 我 妈妈 做 的 菜 吧。

　　　Nǐ chī yìdiǎnr wǒ māma zuò de cài ba.

　　女：好，谢谢。你 妈妈 做 的 菜 真 好吃。

　　　Hǎo xièxie. Nǐ māma zuò de cài zhēn hǎochī.

　　问：他 请 她 做 什么？

　　　Tā qǐng tā zuò shénme?

学生：_____。

Answer the following questions, using " verb ＋ cuò".

> 动词＋错
>
> verb ＋cuò

好像 走 错 了。

Hǎoxiàng zǒu cuò le.

(1)女：我 说 错 了。

Wǒ shuō cuò le.

问：她 说 什么？

Tā shuō shénme?

学生：她 说 _____。

Tā shuō_____.

(2)男：我 听错 了。

Wǒ tīng cuò le.

问：他 说 什么？

Tā shuō shénme?

学生：他 说 _____。

Tā shuō_____.

(3)女：我 看 错 了。

Wǒ kàn cuò le.

问：她 说 什么？

Tā shuō shénme?

学生：她 说 _____。

Tā shuō_____.

(4)男：我 写 错 了。

Wǒ xiě cuò le.

问：他 说 什么？

Tā shuō shénme?

学生：他 说 _____。

Tā shuō_____.

综 合 练 习 Comprehensive exercises

一、根据课文中的情景完成下边的话：

Complete the following passage according to the text:

　　方雪芹要坐汽车 _____。太阳公司 _____。但是方雪芹走得有点儿麻烦。方雪芹想 _____，司机告诉方雪芹："_____。"他们 _____，方雪芹要去 _____；会议中心到了以后，_____。太阳公司到了以后，方雪芹告诉司机："_____。"

Fāng Xuéqín yào zuò qìchē_____. Tàiyáng Gōngsī_____. Dànshì Fāng Xuéqín zǒu de yǒudiǎnr máfan. Fāng Xuéqín xiǎng_____, sījī gàosu Fāng Xuéqín:"_____." Tāmen_____, Fāng Xuéqín yào qù_____; Huìyì zhōngxīn dàole yǐhòu_____. Tàiyáng Gōngsī dàole yǐhòu, Fāng Xuéqín gàosu sījī:"_____。"

二、完成对话：

Complete the following dialogues.

(1) A：您 贵 姓？
　　　　Nín guì xìng?

　　B：_____。

　　A：我 怎么 称呼 您？
　　　　Wǒ zěnme chēnghu nín?

　　B：_____。

(2) A：这 是 你 第几 次 来 中国？
　　　　Zhè shì nǐ dì jǐ cì lái Zhōngguó?

　　B：_____。

(3) A：真 是 太 麻烦 你 了！
　　　　Zhēn shì tài máfan nǐ le!

　　B：_____。

(4) A：我 用 一下 你 的 录音机，可以 吗？
　　　　Wǒ yòng yíxià nǐ de lùyīnjī, kěyǐ ma?

　　B：_____。

三、这是一张地图，请你告诉大家从中日友好医院到国际会议中心可以怎么走？

Tell how to get to the International Conference Center from the Sino-Japanese Friendship Hospital, referring to the map.

四、情景会话：

Compose dialogues on the following situations.

(1) 问路。

Asking the way.

(2) 坐出租车。

Travel by taxi.

五、讲一个你遇到的关于交通的故事。（至少用上五个本课所学过的词语）

Tell about your experiences on a trip (using at least 5 of the words or phrases in this lesson)

一、注意句子末尾的"了"的语调及所表示的意义：

Pay attention to the intonation of the following sentences with "le" at the end and the meanings they express.

(1) 会议　中心　到了。↘
　　Huìyì Zhōngxīn dào le. ↘

(2) 咱们　　好像　走错了。↘
　　Zánmen hǎoxiàng zǒu cuò le. ↘

(3) 他　说　他　写错了。↘
　　Tā shuō tā xiě cuò le. ↘

(4) 麻烦　您了！↘
　　Máfan nín le. ↘

(5) 真　是　太麻烦　你们　了！↘
　　Zhēn shì tài máfan nǐmen le! ↘

(6) 我　饿了。↘
　　Wǒ è le. ↘

二、朗读下边的词语扩展，注意各个词在扩展过程中读音轻重和长短的变化：

Read aloud the following "pyramid" exercise, paying attention to the changes in stress and length of each word.

停 车
tíng chē

停 一下 车
tíng yíxià chē

在 天桥 下边 停 一下 车
zài tiānqiáo xiàbian tíng yíxià chē

请 在 天桥 下边 停 一下 车
qǐng zài tiānqiáo xiàbian tíng yíxià chē

请 在 天桥 下边 停 一下 车，可以 吗
qǐng zài tiānqiáo xiàbian tíng yíxià chē, kě yǐ ma

师傅，请 在 天桥 下边 停 一下 车，可以 吗
shīfu, qǐng zài tiānqiáo xiàbian tíng yíxià chē, kěyǐ ma

走马观花 *A Glimpse of Modern Chinese Culture*

出租汽车

Taxi services

北京目前拥有出租汽车 6 万多辆，上海和广州各拥有 3 万多辆。

在城市繁华的闹市街区上，汽车不可以随便停靠，找到这种牌子，上下车就不成问题了。在街上的车流里，出租车的外表应该说是最醒目的，它们的颜色鲜艳，一般在车顶部都有这样的标志：有的是英文，有的是中文；在车窗上贴着它的价格；在车门上，常常写着这些汽车的公司名称。在中国，出租车完全属于私人的极少，一般都属于一个出租车公司。

每个出租车里都有一个计价器，放在汽车仪表盘的上方，行驶的里程、低速等候的时间，以及需要的钱数，都在上面。需要提醒大家的是，出租车的发票是由司机来填写的，如果你需要发票的话，你得告诉司机。

There are over 60,000 taxi cabs in Beijing and over 30,000 in both Shanghai and Guangzhou.

In the busy downtown area of any city, people cannot park where they wish. There are parking zones indicated by signs which say where you can park safely. Among the numerous cars in the streets, taxi cabs are recognizable by their bright color and signs in English or Chinese on the roof. On the windows, there are price labels and on the doors is the name of the company. By the way, taxi cabs are rarely private; They usually belong to one company or another. A taxi meter, installed above the meter panel in each taxi cab, calculates the distance, waiting time and cost of the journey. One thing we would like to remind you of is that a receipt is written out by the driver, so you just ask the driver for one whenever you need it.

写汉字 *Writing Demonstration*

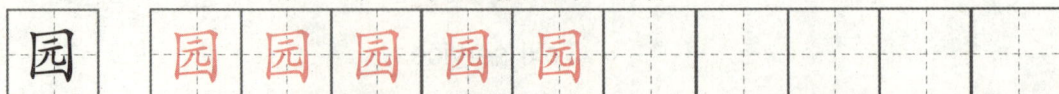

第十六课
Dì - shíliù Kè

LESSON SIXTEEN

语 用 范 例 *Examples of Usage*

1. 询问原因(二)   *Asking for a reason（2）*

怎么 才 来 信?

Zěnme cái lái xìn?

How late to write letter

Why is he so late in writing to us?

2. 表达甲对乙的态度   *Expressing attitude towards somebody*

他 的 新 房东 对 他 很 好。

Tā de xīn fángdōng duì tā hěn hǎo.

His new landlord towards he very well

His new landlord is nice to him.

他们 对 他 很 友好。

Tāmen duì tā hěn yǒuhǎo.

They towards he very friendly

They are friendly to him.

3. 表达某事对某人有/没有好处 *Saying that something is good or harmful*

抽烟　对　身体　有　坏处。
Chōuyān duì shēntǐ yǒu huàichu.
to smoke towards health to have harm
Smoking does harm to health.

抽烟　对　老年人　的　身体　有　好处，是 不 是？
Chōuyān duì lǎoniánrén de shēntǐ yǒu hǎochu, shì bú shì?
to smoke towards old people (structural particle) health to have good, to be not to be
Smoking is good for old folk, isn't it?

4. 表达养成了某种习惯 *Saying that somebody has formed a habit*

（他）还　养成　了　早睡早起　的　好　习惯。
(Tā) Hái yǎngchéng le zǎoshuìzǎoqǐ de hǎo xíguàn.
(he) still to form (modal particle) early to go to bed early to get up (structural particle) good habit
Besides, he has formed the good habit of going to bed early and getting up early.

5. 表达想念 *Expressing the feeling of missing somebody or a place*

他　说　他　想　家。
Tā shuō tā xiǎng jiā.
He to say he to miss home
He said he had been home-sick.

他　特别　想　妈妈。
Tā tèbié xiǎng māma.
he specially to miss mum
He misses Mum in particular.

138

我哥来信了
Wǒ Gē Lái Xìn Le

I received a letter from my brother

新 词 语	*New Words and Phrases*

1. 信	xìn		letter
2. 才	cái		an adverb expressing that something happens late, slowly or not smoothly
3. 搬家	bānjiā		to move (house)
搬	bān		to take away; to move
4. 房东	fángdōng		landlord; landlady
5. 对	duì		to; toward
6. 戒烟	jièyān		to give up smoking
戒	jiè		to give up (a bad habit)
7. 年轻人	niánqīngrén		young person
8. 身体	shēntǐ		health
9. 坏处	huàichu		harm; disadvantage
对……有坏处	duì…yǒu huàichu		harmful to . . .
10. 老年人	lǎoniánrén		aged people
11. 好处	hǎochu		good; advantage
对……有好处	duì…yǒu hǎochu		good to . . .
12. 可是	kěshì		but
13. 有的	yǒude		some
14. 办法	bànfǎ		way
15. 那么	nàme		so, such

课　文　*Text*

怎样叙述过去发生了的事？怎样转述别人的话？怎样告诉什么对别人有好处、什么有坏处？雪芹的哥哥在国外工作，他给家里来了一封信。我们来看看雪芹一家在接到他的来信以后，是怎么谈论他的。

How do you speak about something which took place in the past? How do you report somebody's words or explain to others the harm or good of something? Xueqin's elder brother who works abroad has written home. Let us listen to what his family is saying about him when they receive his letter.

（方雪芹下班回到家，方母在厨房做饭，方父在看报）

(When Fang Xueqin came back from office, her mother is cooking in the kitchen and her father is reading a newspaper.)

方雪芹：　爸、妈，我 哥 来 信 了。

　　　　　Bà、mā，wǒ gē lái xìn le.

　Fang:　　Dad and Mum, I received a letter from my brother.

方　母：　怎么 才 来 信？

　　　　　Zěnme cái lái xìn?

Mother:　Why is he so late in writing to us?

方雪芹：　他 最近 搬家 了。

　　　　　Tā zuìjìn bānjiā le.

　Fang:　　He has moved just recently.（边说边把信递给方父，方父开始看信）

(As she says this, she hands the letter to her father. Her father starts reading.

方　母：　他 说 什么 了？

　　　　　Tā shuō shénme le?

Mother:　What does he say in the letter?

方　父：　他 说，他的 新 房东 对他很 好。

　　　　　Tā shuō, tā de xīn fángdōng duì tā hěn hǎo.

Father:　He said his new landlord has been nice to him.

方雪芹：　他 戒烟 了。

　　　　　Tā jièyān le.

　Fang:　　He has given up smoking.

方　父：　好！ 年轻人 不 应该 抽烟， 抽烟 对身体 有 坏处。

　　　　　Hǎo! Niánqīngrén bù yīnggāi chōuyān, chōuyān duì shēntǐ yǒu huàichu.

Father:	That's good! Young people should not smoke. It does harm to health.
方　母：	（看着方父手里的烟，不满地）抽烟　　对　老年人　的　身体　有 　　　　　　　　　　　　　　　　　Chōuyān　duì lǎoniánrén de shēntǐ yǒu 好处，是不是？ hǎochu, shì bú shì?
Mother:	(Resentfully looking at the cigarette in his hand) Do you mean smoking is good for the health of the aged?
方　父：	（笑笑）不是，不是，我　知道　没　好处。（边说边掐灭烟卷） 　　　　Bú shì, bú shì, wǒ zhīdao méi hǎochu. 可是 有的　时候 特别　想　抽，没 办法。 Kěshì yǒude shíhou tèbié xiǎng chōu, méi bànfǎ.
Father:	(Laughing) No, I don't mean that. I know it is not good. (Stubbing out the cigarette) But sometimes I just can't help it.

注　释　*Notes*

1. 用"怎么"询问原因　Asking for a reason, using "zěnme"

怎么 才来信?

Zěnme cái lái xìn?

Why is he so late in writing to us?

"怎么"在这儿的意思和作用相当于"为什么"，用来询问原因。例如：

Here "zěnme" means "why", and is used to ask for a reason.　For example:

(1) 甲：你怎么 不吃 饺子？　　　　　乙：我 不 喜欢 吃 饺子。

　　　Nǐ zěnme bù chī jiǎozi?　　　　　　Wǒ bù xǐhuan chī jiǎozi.

　　　Why don't you have jiaozi?　　　　　I don't like jiaozi.

(2) 甲：你怎么　穿　这 件 衣服? 这 件 衣服 不 好看。

　　　Nǐ zěnme chuān zhèi jiàn yīfu? Zhèi jiàn yīfu bù hǎokàn?

　　　Why have you put on this jacket? It doesn't look good.

　　乙：我 没有　别 的 衣服。

　　　Wǒ méiyǒu bié de yīfu.

　　　I don't have any other clothes.

2. 副词"才"　The adverb "cái"

怎么　才来信?

Zěnme cái lái xìn?

Why is he so late in writing to us?

"才"是副词,和"就 + 动词"相反,"才 + 动词"表示事情发生或结束得晚,前边常有时间词。这时"才"要轻读,而时间词重读。例如:

"Cái" in "cái + verb" is the opposite of "jiù + verb" and is an adverb indicating that something has happened late. It is normally preceded by a time word. In pronunciation, "cái" is read in the neutral tone and the time word is stressed. For example:

(1) 甲: 你　怎么　才来?

Nǐ zěnme cái lái?

Why have you come so late?

乙: 对不起。今天　早上　起晚了,九点才起床。

Duìbuqǐ. Jīntiān zǎoshang qǐ wǎn le, jiǔ diǎn cái qǐchuáng.

Sorry, but I got up too late this morning. I didn't get up till nine.

(2) 甲: 我昨天　晚上　两点才睡觉。

Wǒ zuótiān wǎnshang liǎng diǎn cái shuìjiào.

I didn't go to bed till two o'clock last night.

乙: 怎么　那么　晚才睡?

Zěnme nàme wǎn cái shuì?

Why did you go to bed so late?

甲: 昨天　晚上　我喝茶喝得太多了。

Zuótiān wǎnshang wǒ hē chá hē de tài duō le.

I had too much tea last night.

3. 介词"对"　The preposition "duì"

他的新　房东　对他很　好

Tā de xīn fángdōng duì tā hěn hǎo.

His new landlord is nice to him.

142

"A 对 B 很好"中的"对"是介词，相当于"to, towards"。例如：
In the sentence "A duì B hěn hǎo", "duì" is a preposition meaning "to, towards", etc.

(1) 甲：你 的 老师 对 你们 怎么样？
Nǐ de lǎoshī duì nǐmen zěnmeyàng?
How does your teacher behave towards you?

乙：他 对 我们 很 好。
Tā duì wǒmen hěn hǎo.
He is very nice to us.

甲：你们 对 他 呢？
Nǐmen duì tā ne?
How do you behave towards him?

乙：我们 对 他 也 很 好。
Wǒmen duì tā yě hěn hǎo.
We are nice to him, too.

(2) 甲：你 怎么 对 她 那么 不 客气？
Nǐ zěnme duì tā nàme bú kèqi?
Why are you so impolite to her?

乙：我 讨厌 她。
Wǒ tǎoyàn tā.
I don't like her.

(3) 运动 对 人 有 好处。
Yùndòng duì rén yǒu hǎochu.
Sports are good for people.

(4) 茶 喝 得 太 多 对 人 有 坏处。
Chá hē de tài duō duì rén yǒu huàichu.
Tea does harm to the health if you have too much of it.

(5) 甲：喝酒 对 你 的 身体 有 坏处。
Hējiǔ duì nǐ de shēntǐ yǒu huàichu.
Drinking does harm to your health.

乙：喝酒 对 人 也 有 好处。
Hējiǔ duì rén yě yǒu hǎochu.
But it does good, too.

甲：抽烟、 喝酒 对 你 都 没有 好处。
Chōuyān、hējiǔ duì nǐ dōu méiyǒu hǎochu.
Neither smoking nor drinking does you good.

4. 有的…… The pronoun "yǒude"

可是 有的 时候 特别 想 抽。
Kěshì yǒude shíhou tèbié xiǎng chōu.
But sometimes I just can't help it (to smoke).

143

"有的时候"也可以说"有时候",意思是"sometimes"。

"Yǒude shíhou" is sometimes shortened to "yǒu shíhou", meaning "sometimes".

(1) 甲：你 经常 喝酒 吗？

Nǐ jīngcháng hējiǔ ma?

Do you drink often?

乙：不 经常 喝，有的 时候 喝 一点儿。

Bù jīngcháng hē, yǒude shíhou hē yìdiǎnr.

Not often. Sometimes I drink a little.

我们常常用"有的（＋名词）……，有的（＋名词）……"来表示"some..., some..."的意思。在这儿，如果从上文可以知道名词所指的事物时，名词也可以省略。例如：

The construction "yǒude（＋noun）..., yǒude（＋noun）..." means "some..., some...". The noun following "yǒude" can be omitted when we know what it stands for. For example:

(2) 甲：你们 都 学 汉语 吗？

Nǐmen dōu xué Hànyǔ ma?

Do you all study Chinese?

乙：有的 （人） 学 汉语，有的 （人）学 日语。

Yǒude (rén) xué Hànyǔ, yǒude (rén) xué Rìyǔ.

No. Some study Chinese and some study Japanese.

(3) 甲：这些 书你都 看过 吗？

Zhèxiē shū nǐ dōu kànguo ma?

Have you read all of these books?

乙：有的 （书）看过， 有的 （书）没 看过。

Yǒude (shū) kànguo, yǒude (shū) méi kànguo.

No. I have read some of them, but haven't read the others.

(4) 甲： 广东菜 你 都 喜欢 吃 吗？

Guǎngdōngcài nǐ dōu xǐhuan chī ma?

Do you like all the dishes of the Cantonese cuisine?

乙：有的（菜）喜欢， 有的（菜）不 喜欢。

Yǒude (cài) xǐhuan, yǒude (cài) bù xǐhuan.

No. I like some of them, but I don't like some others.

144

一、请按程度的强弱给下边的词语排序,并用它们分别造句:

Arrange the following adverbs on a scale according to the degree they express and make sentences with them:

很
hěn _____

挺……的
tǐng…de _____

太……了
tài…le _____

有点儿
yǒudiǎnr _____

最
zuì _____

特别
tèbié _____

二、翻译下边句子,并模仿造句:

Translate the following sentences and make sentences of your own after them:

(1)甲:请 你们 一起 搬 一下 这些 水果,可以 吗?
　　　Qǐng nǐmen yìqǐ bān yíxià zhèxiē shuǐguǒ, kěyǐ ma?

　　　_____.

　　乙:当然 可以。 往 哪儿 搬?
　　　Dāngrán kěyǐ. Wǎng nǎr bān?

　　　_____.

　　甲:往 会议室 搬。
　　　Wǎng huìyìshì bān.

　　　_____.

(2) 甲：上 个 星期 我 搬家 了。
       Shàng gè xīngqī wǒ bānjiā le.

——————————————————————— .

   乙：你 搬 到 哪儿 了？
      Nǐ bān dào nǎr le?

——————————————————————— .

   甲：我 搬 到 公司 附近 了。
      Wǒ bān dào gōngsī fùjìn le?

——————————————————————— .

(3) 甲：请 抽烟。
      Qǐng chōuyān.

——————————————————————— .

   乙：谢谢！ 我 不 抽，我 戒烟 了。
      Xièxie! Wǒ bù chōu, wǒ jièyān le.

——————————————————————— .

(4) 甲：请 喝酒。
      Qǐng hējiǔ.

——————————————————————— .

   乙：我 也 戒酒 了。
      Wǒ yě jiè jiǔ le.

——————————————————————— .

三、用正确的语调说下边的句子：
Read the following sentences with the appropriate intonation:

(1) 怎么 才来 信？
   Zěnme cái lái xìn?

(2) 他 最近 搬家 了。
   Tā zuìjìn bānjiā le.

(3) 他 的 新 房东 对 他 很 好。
   Tā de xīn fángdōng duì tā hěn hǎo.

(4) 他 戒烟 了。
   Tā jièyān le.

(5) 年轻人 不 应该 抽烟，抽烟 对 身体 有 坏处。
   Niánqīngrén bù yīnggāi chōuyān, chōuyān duì shēntǐ yǒu huàichu.

146

(6) 抽烟　对 老年人 的 身体也 没有　好处。

Chōuyān duì lǎoniánrén de shēntǐ yě méiyǒu hǎochu.

(7) 有的　时候 特别　想　抽烟，没 办法。

Yǒude shíhou　tèbié xiǎng chōuyān, méi bànfǎ.

写汉字 *Writing Demonstration*

マ　ヌ　ヌ　对　对

| 对 | 对 | 对 | 对 | 对 | 对 | | | | | |

一 十 士 圹 圹 坏 坏

| 坏 | 坏 | 坏 | 坏 | 坏 | 坏 | | | | | |

ER
二
PART TWO

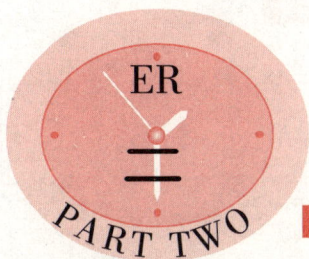

他参观了很多名胜古迹
Tā Cānguānle Hěn Duō Míngshèng-gǔjì

He has visited many places of historic interest

新 词 语 *New Words and Phrases*

1. 参观	cānguān	to visit (a place or something on display)
2. 生活	shēnghuó	life
3. 养成……的习惯	yǎngchéng…xíguàn	to form the habit of...
养成	yǎngchéng	to form; to cultivate

147

4.	早睡早起	zǎoshuì-zǎoqǐ	go to bed early and get up early
5.	除了……以外	chúle…yǐwài	beside...; except
6.	奶酪	nǎilào	cheese
7.	不少	bùshǎo	quite a lot
8.	友好	yǒuhǎo	friendly
9.	常常	chángcháng	often
10.	帮	bāng	to help
11.	南部	nánbù	the southern part
12.	国家	guójiā	country
13.	名胜古迹	míngshèng-gǔjì	places of historic interest and scenic beauty
14.	想	xiǎng	to miss
15.	狗	gǒu	dog

专　名　*Proper name*

欧洲	Ōuzhōu	Europe

课　文　*Text*

　　我们知道雪芹的哥哥给他们来了信,他在欧洲怎么样呢?我们看看雪芹和爸爸是怎样向妈妈转述哥哥的事的。

　　We know from the last episode that Xueqin has received a letter from her brother. How is he in Europe? Let us listen to Xueqin and her father telling mother what he has written in the letter.

方雪芹:　我 哥 说,他 已经 习惯 了 那儿 的　生活 了。
　　　　　Wǒ gē shuō,tā yǐjīng xíguàn le　nàr　de shēnghuó le.

Fang:　　My brother said that he had become used to the life there.

148

方 父：还 养 成了 早睡 早起 的 好 习惯。

Hái yǎngchéngle zǎoshuì zǎoqǐ de hǎo xíguàn.

Father: And he has formed the good habit of going to bed early and getting up early.

方 母：他 习惯 不 习惯 那儿 的 饭菜？

Tā xíguàn bù xíguàn nàr de fàncài?

Mother: Is he used to the food there?

方雪芹：除了 奶酪 以外，别的 他 都 挺 喜欢 吃。

Chúle nǎilào yǐwài, biéde tā dōu tǐng xǐhuan chī.

Fang: He likes everything except cheese.

方 父：他 说，他 认识了 不少 朋友……

Tā shuō, tā rènshile bùshǎo péngyou…

Father: He said he had made many friends. . .

方雪芹：他们 对他 很 友好， 常常 帮 他。

Tāmen duì tā hěn yǒuhǎo, chángcháng bāng tā.

Fang: They are friendly to him and often give him help.

方 父：上 个月他 去了 欧洲 南部 的 几 个 国家。

Shàng gè yuè tā qùle Ōuzhōu nánbù de jǐ gè guójiā.

Father: He went to a number of countries in southern Europe last month.

方雪芹：他 参观了 很 多 名胜古迹。

Tā cānguānle hěn duō míngshèng-gǔjì.

Fang: He visited many places of historic interest.

方 母：他 还 说了 什么？

Tā hái shuōle shénme?

Mother: What else does he say?

方 父：他 说 他 想 家。

Tā shuō tā xiǎng jiā.

Father: He said that he had been home-sick.

方雪芹：（调皮地）他 特别 想 妈妈…… 想 吃 妈妈 做 的 菜，他 饿了。

Tā tèbié xiǎng māma … xiǎng chī māma zuò de cài, tā è le.

Fang: (Jokingly) He misses Mum in particular. . . and he wants to have dishes cooked by Mum for he is hungry.

149

注　释　*Notes*

1. "动词＋了"表示动作的完成　"Verb ＋ le" expressing the completion of an action

> 他已经 习惯了 那儿的　生活了。
>
> Tā yǐjīng xíguànle nàr de shēnghuó le.
>
> He has become used to the life there.

"动词＋了"表示动作的完成。因为汉语的动词没有词形的变化,所以我们在动词后边加"了"表示动作的完成。例如:

The suffix "le" is used after a verb to express the completion of an action.　Note that the aspect of a verb in Chinese is not indicated by inflection.　For example:

> 动词＋了（＋宾语）
>
> Verb ＋ le ＋（Object）

(1) 我 吃了半斤 饺子。

　　Wǒ chīle bàn jīn jiǎozi.

　　I ate half a jin of jiaozi.

(2) 她 打了一 个 电话。

　　Tā dǎle yí gè diànhuà.

　　She made a telephone call.

(3) 妈妈 剪了头发 更　 漂亮。

　　Māma jiǎnle tóufa gèng piàoliang.

　　Mum became even more beautiful after she had her hair trimmed.

(4) 明 天下了 课,我 就 去 找 你。

　　Míngtiān xiàle kè,wǒ jiù qù zhǎo nǐ.

　　I will go and meet you tomorrow right after class.

"动词＋了"用"没有/没"来表示否定,构成"没(有)＋动词(＋宾语)"的否定形式。这里,"有"可以省略。

The negative form of "verb ＋le" is "méi(yǒu) ＋ verb（＋ object)" in which "yǒu" is optional.

(1) 我 没（有）吃 饺子。

　　Wǒ méi(yǒu) chī jiǎozi.

　　I didn't have jiaozi.

(2) 她 没（有）打 电话。

　　Tā méi(yǒu) dǎ diànhuà.

　　She didn't make a telephone call.

150

(3) 妈妈 没 剪 头发 的 时候 更 漂亮。

Māma méi jiǎn tóufa de shíhou gèng piàoliang.

Mum was more beautiful when she didn't have her hair trimmed.

疑问句形式一般是"动词(＋宾语)＋了＋没有？"或"动词(＋宾语)＋了＋吗？"

The common question forms are "verb (＋object)＋le+méiyǒu?" or "verb (＋object)＋le+ma?".

(1) 你 吃 饺子 了 没有？　　或：你 吃 饺子 了 吗？

Nǐ chī jiǎozi le méiyǒu?　　Nǐ chī jiǎozi le ma?

Did you have jiaozi?／　　Have you had jiaozi?

(2) 她 打 电话 了 没有？　　或：她 打 电话 了 吗？

Tā dǎ diànhuà le méi(yǒu)?　　Tā dǎ diànhuà le ma?

Did she make a telephone call?／　　Has she made a telephone call?

(3) 妈妈 剪 头发了 没有？　　或：妈妈 剪 头发 了 吗？

Māma jiǎn tóufa le méiyǒu?　　Māma jiǎn tóufa le ma?

Did Mum have her hair trimmed?／　　Has Mum had her hair trimmed?

句子末尾的"了"我们以前学过，它表示肯定的语气，肯定事态有了变化或活动已经完成。当句子末尾的"了"可以表示活动已经完成时，动词后面的"了"可以省略。

When the modal particle "le" is present at the end of a sentence to indicate confirmation, change or completion, the suffix "le" following the verb can be omitted.

> 动词＋(了)＋宾语＋了
> verb ＋ (le) ＋ object ＋le

(1) 我 吃(了) 饺子了。　　(2) 她 打(了) 电话 了。

Wǒ chī(le) jiǎozi le.　　Tā dǎ(le) diànhuà le.

I have eaten jiaozi.　　She had made a telephone call.

(3) 妈妈 剪 (了) 头发 了。

Māma jiǎn(le) tóufa le.

Mum has had her hair trimmed.（Mum had her hair trimmed.）

2. 除了……（以外），…… The construction "chúle... (yǐwài)"...

除了 奶酪 以外，别的 他 都 挺 喜欢 吃。
Chúle nǎilào yǐwài, biéde tā dōu tǐng xǐhuan chī.
He likes to eat everything except cheese.

"除了……（以外），别的都……"意思是"except...",在这儿表示所说的不算在内,所以后半部常用"都"呼应。"以外"也可以省略。例如:

In the construction "chúle... (yǐwài), biéde dōu...", "chúle... (yǐwài)" means "except...", so "dōu" is used in coordination with it in the latter part of the sentence. e. g.

(1) 甲: 你 吃 什么？
Nǐ chī shénme?
What do you have?

乙: 除了 羊肉 以外，别的 都 可以。
Chúle yángròu yǐwài, biéde dōu kěyǐ.
I have anything but mutton.

(2) 甲: 明天 谁 去 长城？
Míngtiān shéi qù Chángchéng?
Who will go to the Great Wall tomorrow?

乙: 除了 我，别的 人 都 去。
Chúle wǒ, biéde rén dōu qù.
Everyone will go except me.

(3) 甲: 你 什么 时候 有 空？
Nǐ shénme shíhou yǒu kòng?
When will you be free?

乙: 除了 周末，别的 时间 我 都 没 空。
Chúle zhōumò, biéde shíjiān wǒ dōu méi kòng.
I won't be free anytime except on weekends.

(4) 甲: 你 喜欢 什么 动物？
Nǐ xǐhuan shénme dòngwù?
What animals do you like?

乙: 除了 狗 以外，别的 动物 我 都 不 喜欢。
Chúle gǒu yǐwài, biéde dòngwù wǒ dōu bù xǐhuan.
I don't like any animal except dogs.

"除了……（以外），……"还有一种情况是,在所说的之外,还有别的,后半部常用"还/也"来呼应。例如:

152

This construction also means "in addition to. . . " . In this case, in the latter part of the sentence, "hái" or "yě" is used in coordination. For example:

(1) 我 除了 不喜欢 吃 羊肉，还 不喜欢 吃 鸡肉。

    Wǒ chúle bù xǐhuan chī yángròu, hái bù xǐhuan chī jīròu.

    besides mutton, I don't like to have chicken.

(2) 除了 狗，我 也 挺 喜欢 兔子 的。

    Chúle gǒu, wǒ yě tǐng xǐhuan tùzi de.

    besides dogs, I also like rabbits very much.

(3) 除了 北京，我 还 去过 天津、上海 和西安。

    Chúle Běijīng, wǒ hái qùguo Tiānjīn、Shànghǎi hé Xī'ān.

    besides Beijing, I have been to Tianjin, Shanghai and Xi'an.

3. "几"表示概数 "Jǐ" as an approximate number

上 个 月 他 去了 欧洲 南部 的 几 个 国家。
Shàng gè yuè tā qùle Ōuzhōu nánbù de jǐ gè guójiā.
He went to several countries in southern Europe last month.

"几"在这儿是表示不定的概数，相当于"several"。例如：

Here "jǐ" is an approximate number, meaning "several". For example:

(1) 会议室里 有 几 个 人。

    Huìyìshì lǐ yǒu jǐ gè rén.

    There are some people in the conference room.

(2) 明天 咱们 几 个 人 去 香山 玩儿玩儿 吧。

    Míngtiān zánmen jǐ gè rén qù Xiāngshān wánrwánr ba.

    Shall we (just these few people here) go to the Fragrant Hill tomorrow?

(3) 甲：请 给我 几 瓶 葡萄酒。

    Qǐng gěi wǒ jǐ píng pútaojiǔ.

    Please give me several bottles of grape wine.

  乙：你 要 几 瓶？

    Nǐ yào jǐ píng?

    How many do you want?

  甲：我 要 三 瓶。

    Wǒ yào sān píng.

    I want three (bottles).

4. 表达想念 Expressing the feeling of missing somebody or a place

他 说 他 想 家。

Tā shuō tā xiǎng jiā.

He said he had been homesick.

这个"想"和前面学过的"想"不一样,这个"想"的意思是"to miss"。

Here the meaning of"xiǎng"is"to miss"which is different from what we learnt before.

(1) 甲:你 回来 吧,我们 都 很 想 你。

　　　　　Nǐ huílai ba, wǒmen dōu hěn xiǎng nǐ.

　　　　　Do come back. We all miss you.

　　乙:我 也 想 你们。

　　　　Wǒ yě xiǎng nǐmen.

　　　　I miss you all, too.

(2) 甲:你 想 不 想 家?

　　　　　Nǐ xiǎng bù xiǎng jiā?

　　　　　Are you home-sick?

　　乙:想。我 最 想 我 妈妈。

　　　　Xiǎng. Wǒ zuì xiǎng wǒ māma.

　　　　Yes, I am. I miss Mum most.

练 习 *Exercises*

一、翻译下边的句子,并模仿造句:

Translate the following sentences and make sentences of your own after them:

(1) 甲:你 习惯 北京 的 生活 吗?

　　　　Nǐ xíguàn Běijīng de shēnghuó ma?

　　———————————————————————————.

　　乙:习惯。

　　　　Xíguàn.

　　———————————————————————————.

154

甲：你习惯 吃 中国菜 吗？

Nǐ xíguàn chī Zhōngguócài ma?

_____

乙：不 太 习惯。

Bú tài xíguàn.

_____ .

(2)甲：我 养成了 不吃 早饭 的 习惯。

Wǒ yǎngchéngle bù chī zǎofàn de xíguàn.

_____ .

乙：这个 习惯 不好，对 身体 不好。

Zhèige xíguàn bù hǎo, duì shēntǐ bù hǎo.

_____ .

(3)甲：请 帮帮 我。

Qǐng bāngbang wǒ.

_____ .

乙：你 有 什么 事？

Nǐ yǒu shénme shì?

_____ .

甲：请 帮 我开一下 门，好 吗？

Qǐng bāng wǒ kāi yíxià mén, hǎo ma?

_____ .

乙：好 的。

Hǎo de.

_____ .

二、记住下边的词语，并用它们说说你知道的城市在中国的位置：

Learn the following words and tell where the cities or provinces are located in China:

东部	北部	西南部
dōngbù	běibù	xīnánbù
西部	中部	东北部
xībù	zhōngbù	dōngběibù
南部	东南部	西北部
nánbù	dōngnánbù	xīběibù

155

(1)武汉 在 中国 的 中部。
　　Wǔhàn zài Zhōngguó de zhōngbù.

(2)_____〖广东在中国的南部。〗

(3)_____〖四川在中国的西南部。〗

(4)_____〖上海在中国的东部。〗

地图标注：东北部、西北部、西部、东部、中部、武汉、上海、四川、东南部、广东、南部、西南部、北

三、用正确的语调说下边的句子：

Read the following sentences with the appropriate intonation.

(1)我 已经 习惯了 那儿 的 　生活 了。
　　Wǒ yǐjīng xíguànle nàr de shēnghuó le.

(2)我 　养成了 　早睡 早起 的 好 习惯。
　　Wǒ yǎngchéngle zǎoshuì zǎoqǐ de hǎo xíguàn.

(3)你 习惯 不 习惯 那儿 的 饭菜？
　　Nǐ xíguàn bù xíguàn nàr de fàncài?

(4)除了 奶酪 以外,别的 我 都 挺 喜欢 吃。
　　Chúle nǎilào yǐwài, biéde wǒ dōu tǐng xǐhuan chī.

(5)我 认识了 不少 　朋友。
　　Wǒ rènshile bùshǎo péngyou.

(6)他们 　对我 很 友好。
　　Tāmen duì wǒ hěn yǒuhǎo.

(7)上 个 月 我 哥哥 去了 欧洲 南部 的 几 个 国家。
　　Shàng gè yuè wǒ gēge qùle Ōuzhōu nánbù de jǐ gè guójiā.

156

(8) 他 参观了 很 多 名胜古迹。

Tā cānguānle hěn duō míngshèng-gǔjì.

(9) 我哥哥很 想 家。

Wǒ gēge hěn xiǎng jiā.

写汉字 *Writing Demonstration*

除	阝 阝 阝 阝 阝 除 除 除 除
	除 除 除 除 除

部	丶 亠 亠 亠 立 产 咅 咅 音 部 部
	部 部 部 部 部

SAN

三

PART THREE

我哥哥对欧洲文化很有兴趣

Wǒ Gēge Duì Ōuzhōu Wénhuà Hěn Yǒu Xìngqù

My brother is very interested in European culture

新词语 *New Words and Phrases*

1. 听说	tīngshuō	to have heard that...
2. 遍	biàn	time, a verbal measure word
3. 明白	míngbai	to understand; to be clear
4. 邻居	línjū	neighbor
5. 老板	lǎobǎn	boss

157

6. 留学生	liúxuéshēng	student studying abroad
7. 文化	wénhuà	culture
8. 兴趣	xìngqù	interest
9. 倒	dào	to pour
10. 垃圾	lājī	garbage
11. 发现	fāxiàn	to discover
12. 解决	jiějué	to solve; to settle
13. 工作	gōngzuò	work; to work
14. 家里人	jiālǐrén	family member(s)

专 名 *Proper name*

中文	Zhōngwén	the Chinese language

句 型 练 习 *Sentence pattern drills*

一、用"才"回答问题：
Answer the questions, using the adverb "cái".

怎么 才 来 信?
Zěnme cái lái xìn?

(1) 甲：我 昨天 晚上 十二 点 才 睡。
   Wǒ zuótiān wǎnshang shí'èr diǎn cái shuì.

问：他 昨天 晚上 几点 睡 的?
   Tā zuótiān wǎnshang jǐ diǎn shuì de?

学生：＿＿＿＿＿＿＿＿＿＿＿＿＿＿＿＿。

(2) 甲：我 今天 才 听说 这件 事。

Wǒ jīntiān cái tīngshuō zhè jiàn shì.

问：她 什么 时候 听说 的 这件 事？

Tā shénme shíhou tīngshuō de zhè jiàn shì?

学生：_____。

(3) 甲：我 才 知道 她的 中文 名字。

Wǒ cái zhīdao tā de Zhōngwén míngzi.

问：他 才 知道 什么？

Tā cái zhīdao shénme?

学生：_____。

(4) 甲：我 听了 四 遍 才 听 明白。

Wǒ tīngle sì biàn cái tīng míngbai.

问：她 听了 几 遍 才 听 明白？

Tā tīngle jǐ biàn cái tīng míngbai?

学生：_____。

二、用"对+某人／某事+怎么样"来回答问题：

Answer the questions, using the pattern "duì + somebody / something + adjective".

他的 新 房东 对 他 很 好。

Tā de xīn fángdōng duì tā hěn hǎo.

抽烟 对 身体 有 坏处。

Chōuyān duì shēntǐ yǒu huàichu.

(1) 甲：我 的 新 邻居 对 我 很 友好。

Wǒ de xīn línjū duì wǒ hěn yǒuhǎo.

问：她 的 新 邻居 对 她 友好 不 友好？

Tā de xīn línjū duì tā yǒuhǎo bù yǒuhǎo?

学生：_____。

(2) 甲：我 的 老板 对 我 不 好。

Wǒ de lǎobǎn duì wǒ bù hǎo.

问：谁 对 他 不 好？

Shéi duì tā bù hǎo?

学生：_____。

(3) 甲：我 的 房东 对 留学生 很 友好。

Wǒ de fángdōng duì liúxuéshēng hěn yǒuhǎo.

问：她 的 房东 对 谁 很 友好？

Tā de fángdōng duì shéi hěn yǒuhǎo?

学生：＿＿＿＿＿＿＿＿＿＿＿＿＿＿＿＿。

(4) 甲：我 哥哥 对 欧洲 文化 很 有 兴趣。

Wǒ gēge duì Ōuzhōu wénhuà hěn yǒu xìngqù.

问：他 哥哥 对 什么 很 有 兴趣？

Tā gēge duì shénme hěn yǒu xìngqù?

学生：＿＿＿＿＿＿＿＿＿＿＿＿＿＿＿＿。

三、变换人称再说一遍：

Repeat the sentences with a substitute for each subject.

动词 +（了）+宾语 +了

verb + (le) + object + le

他 已经 习惯了 那儿 的 生活 了。

Tā yǐjīng xíguànle nàr de shēnghuó le.

(1) 甲：你 认识 新 朋友 了 没有？

Nǐ rènshi xīn péngyou le méiyǒu?

乙：我 已经 认识了 很 多 新 朋友 了。

Wǒ yǐjīng rènshile hěn duō xīn péngyou le.

学生：她 ＿＿＿＿＿＿＿＿＿＿＿。

Tā ＿＿＿＿＿＿＿＿＿＿.

(2) 甲：你 倒 垃圾 了 没有？

Nǐ dào lājī le méiyǒu?

乙：倒 了。我 早 就 倒 了。

Dào le. Wǒ zǎo jiù dào le.

学生：他 ＿＿＿＿＿＿＿＿＿。

Tā ＿＿＿＿＿＿＿＿.

(3) 甲：你 怎么 才 发现 这个 问题？

Nǐ zěnme cái fāxiàn zhège wèntí?

乙：我 早 就 发现了 这个 问题 了，但是 没 办法。

Wǒ zǎo jiù fāxiànle zhège wèntí le, dànshì méi bànfǎ.

学生：他 ＿＿＿＿＿＿＿＿＿＿＿＿＿＿。

Tā ＿＿＿＿＿＿＿＿＿＿＿＿＿.

(4)甲：你们 的 问题 解决 了 没有？
　　　Nǐmen de wèntí jiějué le méiyǒu?

　　乙：已经 解决 了。
　　　Yǐjīng jiějué le.

　学生：他们 ＿＿＿＿＿＿＿＿＿＿＿＿＿。
　　　Tāmen＿＿＿＿＿＿＿＿＿＿＿＿.

四、用"除了……（以外），别的都……"回答问题：
Answer the following questions, using the pattern "chúle... (yǐwài), biéde dōu...".

除了 奶酪 以外，别的 他 都 挺 喜欢 吃。
Chúle nǎilào yǐwài, biéde tā dōu tǐng xǐhuan chī.

(1)甲：除了 学习 以外，别的 我 都 喜欢 做。
　　　Chúle xuéxí yǐwài, biéde wǒ dōu xǐhuan zuò.

　问：他 喜欢 做 什么？
　　　Tā xǐhuan zuò shénme?

　学生：＿＿＿＿＿＿＿＿＿＿＿＿＿＿＿＿＿＿＿。

(2)甲：除了 家里人 以外，别的 人 我 都 不 认识。
　　　Chúle jiālǐrén yǐwài, biéde rén wǒ dōu bú rènshi.

　问：她 认识 谁？
　　　Tā rènshi shéi?

　学生：＿＿＿＿＿＿＿＿＿＿＿＿＿＿＿＿＿＿＿。

(3)甲：除了 周末，别的 时间 我 都 工作。
　　　Chúle zhōumò, biéde shíjiān wǒ dōu gōngzuò.

　问：他 什么 时间 工作？
　　　Tā shénme shíjiān gōngzuò?

　学生：＿＿＿＿＿＿＿＿＿＿＿＿＿＿＿＿＿＿＿。

(4)甲：这 件 事 除了 我 以外，别的 人 都 不 知道。
　　　Zhè jiàn shì chúle wǒ yǐwài, biéde rén dōu bù zhīdao.

　问：这 件 事 谁 知道？
　　　Zhè jiàn shì shéi zhīdao?

　学生：＿＿＿＿＿＿＿＿＿＿＿＿＿＿＿＿＿＿＿。

161

综合练习 *Comprehensive exercises*

一、根据课文中的情景完成下边的话：
Complete the following passage according to the situation provided by the text.

　　方雪芹下班回家,她告诉爸爸、妈妈,_____。妈妈觉得方雪松的信_____。方雪芹告诉妈妈,_____。方雪松在他的信里说,他的新房东_____;他____,养成了_____,他已经_____;他认识了_____,还参观了_____。但是_____。

　　Fāng Xuěqín xiàbān huíjiā, tā gàosu bàba、māma, _____. Māma juéde Fāng Xuěsōng de xìn_____. Fāng Xuěqín gàosu māma,_____. Fāng Xuěsōng zài tā de xìn lǐ shuō, tā de xīn fángdōng_____ ; tā____ , yǎngchéngle_____ , tā yǐjīng_____ ;tā rènshile_____ ;hái cānguānle_____ . Dànshì_____ .

二、回答问题：
Answer the following questions.

(1) 你 习惯 吃　 中国菜　 吗?
　　Nǐ xíguàn chī Zhōngguócài ma?

　　_____ .

(2) 你 对　 中国　 文化 有　 没有　 兴趣?
　　Nǐ duì Zhōngguó wénhuà yǒu méiyǒu xìngqù?

　　_____ .

(3) 你的　 中国　 朋友 多不多? 你　 常常　 和他们　 说　 汉语吗?
　　Nǐ de Zhōngguó péngyou duō bù duō?　Nǐ chángcháng hé tāmen shuō Hànyǔ ma?

　　_____

(4) 你 认识 你的　 邻居们　 吗? 他们　 对你　 怎么样?
　　Nǐ rènshi nǐ de línjūmen ma? Tāmen duì nǐ zěnmeyàng?

　　_____ .

(5) 你 有 没有　 养成　　 早睡 早起 的 习惯?
　　Nǐ yǒu méiyǒu yǎngchéng zǎoshuì zǎoqǐ de xíguàn?

162　　_____ .

三、意念表达(用本课学过的表达方式):

Express the following notions, using the expressions you have learnt in this lesson:

(1)和你约会的朋友来晚了。询问他/她来晚的原因:

Your friend, who you have an appointment with, has come late. Ask him/her why.

(2)你的朋友很能喝酒。劝他/她不要再喝了:

Your friend can drink a lot. Persuade him/her to give up drinking.

(3)告诉家里人你很想念他们:

Tell your family that you miss them very much.

(4)说说你的生活习惯:

Speak about your habits.

四、情景会话:

Compose dialogues on the following situations.

(1)找工作和老板见面。

An interview with a boss to look for a job.

(2)给在家乡的父母或其他亲人打电话。

Make a phone call to your parents or other relatives in your home.

五、请你说(至少用上五个本课所学过的词语):

Speak on the following topics (At least 5 of the words in this lesson should be used in your talk):

(1)介绍一下你熟悉的你们国家的名胜古迹。

Give an account of the places of historic interest that you are familiar with in your country.

(2)对于中国的名胜古迹你了解多少?请你用一张地图,给大家介绍介绍。

How much do you know about the places of historic interest of China? Refer to a map of China and introduce them to the class.

六、讲故事：

Tell a story:

请同学们两两结对，一个同学给另一个同学讲一个关于他／她自己的故事，然后由另一个同学给大家转述第一个同学讲的故事（至少用上五个本课所学过的词语）。

First group the students in pairs. In each group, one student tells his/her partner a story about himself/herself and then the latter retells the story to the class.

语音练习 *Pronunciation drills*

一、注意句子末尾的"了"的升降调及所表示的意义：

Pay attention to the intonation and meaning of "le" at the end of each sentence:

(1) 他 说 什么 了？↗
Tā shuō shénme le？↗

他 说 他 搬 家 了。↘
Tā shuō tā bān jiā le.↘

(2) 昨天 你 看见 谁 了？↗
Zuótiān nǐ kànjiàn shéi le？↗

昨天 我 看见 我 以前 的 老师 了。↘
Zuótiān wǒ kànjiàn wǒ yǐqián de lǎoshī le.↘

(3) 上 个 周末 他们 去 哪儿 了？↗
Shàng gè zhōumò tāmen qù nǎr le？↗

上 个 周末 他们 去 香山 了。↘
Shàng gè zhōumò tāmen qù Xiāngshān le.↘

(4) 他 喝了 多少 瓶 啤酒 了？↗
Tā hē le duōshǎo píng píjiǔ le？↗

他 喝了 十二 瓶 啤酒 了。↘
Tā hē le shí'èr píng píjiǔ le.↘

(5) 你 打 乒乓球 打了 多长 时间 了？↗
Nǐ dǎ pīngpāngqiú dǎ le duōcháng shíjiān le？↗

我 打 乒乓球 打了 九 年 了。↘
Wǒ dǎ pīngpāngqiú dǎ le jiǔ nián le.↘

164

二、朗读下边的词语扩展，注意各个词在扩展过程中读音轻重和长短的变化：

Read aloud the "Pyramid" exercise, paying attention to the change of stress and length of each word:

好处
hǎochu

有 好处
yǒu hǎochu

对 身体 有 好处
duì shēntǐ yǒu hǎochu

对 老年人 的 身体 有 好处
duì lǎoniánrén de shēntǐ yǒu hǎochu

抽烟 对 老年人 的 身体 有 好处
Chōuyān duì lǎoniánrén de shēntǐ yǒu hǎochu

抽烟 对 老年人 的 身体 没有 好处
Chōuyān duì lǎoniánrén de shēntǐ méiyǒu hǎochu

走马观花 *A Glimpse of Modern Chinese Culture*

有名的建筑
Architecture

今天我们介绍一些有名的、与文化相关的建筑。

Today we will show you some famous and culturally significant architecture.

"故宫"也叫"紫禁城"，是中国现存规模最大、保存最完整的帝王宫阙，占地 72 万平方米，房屋 9000 余间。这座昔日的帝王宫，现在是一所博物馆，向世人展出着它的建筑以及中国历代的珍品和明清宫廷历史文物 90 万件。

"Gùgōng" (The Former Imperial Palace or the Palace Museum), known as "Zǐjìnchéng" (The Forbidden City), is the largest and most completely preserved imperial palace in China. It occupies an area of 720,000 square meters and has over 9,000 rooms. On display in this museum, in addition to the buildings, are over 900,000 treasures and historical relics of past dynasties, including the Ming and Qing.

"中国历史博物馆"和"中国革命博物馆"，位于目前世界最大的广场——天安门广场的东侧，与人民大会堂遥相呼应。这两个博物馆向人们展出、叙述了中

国五千多年有文字记载的历史。

The Museum of Chinese History and the Museum of Chinese Revolution face the Great Hall of the People and, are situated on the east of Tian'anmen Square, the largest public square in the world. They tell of over 5, 000 years of China's recorded history.

佛教在中国历史上曾经几度盛行，佛教文化在中国文化中曾占有相当重要的一席之地。留下的佛教寺庙至今仍在很多方面给人以启示和影响。

Buddhism, was at one time the most popular religion in China and the Buddhist culture is an important component of Chinese culture. Buddhist temples are still a focal point and influence to the people in many ways even now.

中国的园林融建筑、美术、园艺乃至哲学、文学等于一体，在中国文化中占有独特的位置。从排场的皇家园林到精致的私家园林，都是今人的一笔宝贵的财富。

The traditional Chinese garden is an architectural entity in itself and combines art and horticulture and is imbued with the spirit of Chinese philosophy and literature; the garden occupies a unique position in Chinese culture. All of them, from the magnificent imperial garden to the exquisite private garden, are invaluable treasures inherited from our ancestors.

圆明园、颐和园，这是皇家园林的突出代表。颐和园是中国现存最完整、规模最大的皇家园林。

The Yuanmingyuan and the Yiheyuan (The Summer Palace) are outstanding examples of China's imperial gardens. The latter is the largest and most completely preserved imperial garden in China.

"留园""拙政园"这是私家园林的代表。现在都是供大众休息、游玩的"公园"。

Liu Yuan (The Tarrying Garden) and ZhuozhengYuan (The Humble Administrator's Garden) are typical private gardens. Both are parks open to the public.

中国国家图书馆的建筑具有浓郁的民族风格。这座图书馆的藏书量有 1400 余万册，居世界第五位，亚洲第一位。是中国最大的图书馆。

The building of the Natioinal Library of China, is a typical example of the Chinese architectural style. The Library, China's largest library, has a collection of 14 million books, and is the largest in Asia and the fifth largest in the world.

写汉字 *Writing Demonstration*

一 十 土 圹 圹 圹 坊 垃

垃	垃	垃	垃	垃				

一 十 土 圾 圾 圾

圾	圾	圾	圾	圾				

第十七课
Dì - shíqī Kè

LESSON SEVENTEEN

语 用 范 例 *Examples of Usage*

1. 表达某事很快就要发生了 *Saying that something is about to happen*

下 个 月 我 姐姐 （就）要 结婚 了。
Xià gè yuè wǒ jiějie （jiù）yào jiéhūn le.
next month my elder sister will to marry (modal particle)
My elder sister is getting married next month.

2. 征询意见 *Asking for an opinion*

你 觉得 送 什么 礼物 好 呢?
Nǐ juéde sòng shénme lǐwù hǎo ne?
you to feel to give what gift good(modal particle)
What gift do you think I should give her?

你 看 这 套 光盘 怎么样?
Nǐ kàn zhèi tào guāngpán zěnmeyàng?
you look this set VCD how
How about this set of VCD?

3. 表达感叹　*Expressing Exclamation*

你　看　那个　钟，　样子　多　好玩儿！
Nǐ　kàn　nèige zhōng, yàngzi　duō hǎowánr!
you to look that clock, style how nice
Look at that clock. How nice the style is!

4. 表达自己的感觉/想法　*Expressing one's feeling / idea*

不过　我　觉得，她　更　喜欢　古典　音乐。
Búguò　wǒ juéde, tā　gèng　xǐhuan　gǔdiǎn　yīnyuè.
but I to feel, she more to like classical music
But I think she likes classical music more.

5. 表达很有把握的推断　*Expressing a sure inference*

我　觉得　她　一定　很　满意。
Wǒ　juéde　tā yídìng hěn　mǎnyì.
I to feel she must very satisfied
I think she must be satisfied with it.

6. 请售货员包装商品　*Asking the shop assistant to wrap up things that you have bought*

请　你　给我　包　一下。
Qǐng　nǐ gěi wǒ　bāo　yíxià.
please you for me to wrap up a little
Please wrap it up for me.

168

送什么礼物好呢？
Sòng Shénme Lǐwù Hǎo Ne?
What gift is appropriate?

新 词 语　　*New Words and Phrases*

1. 要……了	yào…le	to be about (to do something)
2. 结婚	jiéhūn	to marry; to get married
3. 礼物	lǐwù	gift
4. 送	sòng	to give (a present)
5. 什么都……	shénme dōu…	anything
6. 先	xiān	first; do something before doing something else
7. 逛	guàng	to walk around (in a park, on the street or from shop to shop)
8. 钟	zhōng	bell; clock
9. 多	duō	how
10. 好玩儿	hǎowánr	of great fun
11. 吉利	jílì	lucky; good luck

课 文　*Text*

　　在中国，人们讲究礼尚往来，而且送礼是有很多讲究和忌讳的。那么怎么挑礼物，送礼忌讳什么呢？让我们来看看方雪芹和李文龙是怎么挑礼物的？

　　In China, people pay attention to the exchange of courtesies, so there is an art in giving gifts. What is seen as an appropriate gift and what is not? Let us see how Fang Xueqin and Li Wenlong select gifts.

　　（商场里。李文龙和方雪芹商量送给他姐姐什么礼物好）

　　(In a department store. Li Wenlong and Fang Xueqin are talking about what gift they should give to Li's elder sister.)

李文龙:	下 个 月 我 姐姐要 结婚 了。
	Xià gè yuè wǒ jiějie yào jiéhūn le.
Li:	My elder sister is getting married next month.
方雪芹:	你 给 她 买 礼物 了 吗?
	Nǐ gěi tā mǎi lǐwù le ma?
Fang:	Have you bought a gift for her?
李文龙:	还 没有。 你 觉得 送 什么 礼物 好 呢?
	Hái méiyǒu. Nǐ juéde sòng shénme lǐwù hǎo ne?
Li:	Not yet. What gift do you think I should give her?
方雪芹:	她 喜欢 什么?
	Tā xǐhuan shénme?
Fang:	What does she like?
李文龙:	她 什么 都 喜欢。
	Tā shénme dōu xǐhuan.
Li:	She likes anything.
方雪芹:	那 咱们 先 逛逛 吧。
	Nà zánmen xiān guàngguang ba.
Fang:	Let's have a look around, then.

（两人走到钟表柜台, 李文龙看见一个式样别致的挂钟）

(They come to the watch and clock counter and Li Wenlong finds a wall clock of unique style.)

李文龙:	你 看 那个 钟, 样子 多 好玩儿!（对售货员)小姐,
	Nǐ kàn nèige zhōng, yàngzi duō hǎowánr! Xiǎojiě,
	我 看看 那个 钟, 可以 吗?
	wǒ kànkan nèige zhōng, kěyǐ ma?
Li:	Look, what a nice clock! (To the shop assistant) Miss, may I have a look of that clock?
售货员:	（指一个)这个 吗?
	Zhège ma?
Assistant:	(Pointing at one) This one?

170

李文龙： 不 是，是 右边 的 那个。

Bú shì, shì yòubian de nèige.

Li: Not that one. It is the one to the right.

（售货员把钟拿过来）

(The shop assistant takes down the clock.)

方雪芹： 你 想 送 给 你 姐姐 这个 钟 吗？

Nǐ xiǎng sòng gěi nǐ jiějie zhèige zhōng ma?

Fang: You want to give this clock to your sister?

李文龙： 是 啊。

Shì a.

Li: Yes.

方雪芹： 送 礼物 不 能 送 钟。

Sòng lǐwù bù néng sòng zhōng.

Fang: But you can't give a clock as a gift.

李文龙： 为什么？

Wèishénme?

Li: Why not?

方雪芹： 送 钟 不 吉利。

Sòng zhōng bù jílì.

Fang: A clock is a symbol of bad luck.

注 释 Notes

1. 要……了 The construction "yào... le"

下 个 月 我 姐姐 要 结婚 了。

Xià gè yuè wǒ jiějie yào jiéhūn le.

My sister is getting married next month.

171

用"要＋动词＋了"表示将要发生什么事,相当于"to be about (to happen)"。也可以说"就要……了"或"快要……了"。例如:

The construction "yào + verb + le" is used to indicate that something is about to happen. Similar constructions are "jiù yào. . . le" and "kuài yào. . . le". e. g.

(1) 商店　　就要 关 门 了。

Shāngdiàn jiù yào guān mén le.

The shop is about to close.

(2) 他 要 从　欧洲 回来 了。

Tā yào cóng Ōuzhōu huílai le.

He is about to come back from Europe.

(3) 甲:还　远　吗?

Hái yuǎn ma?

Is it still far away?

乙:不 远, 快 要　到 了。

Bù yuǎn,kuài yào dào le.

No, we are about to arrive.

2. 动词短语＋好　　verb phrase ＋ hǎo

你 觉得 送　什么 礼物 好 呢?

Nǐ juéde sòng shénme lǐwù hǎo ne?

What gift do you think I should give her?

在这儿,"动词短语＋好"相当于"It's good (to do A rather than B)",表示做某事是比较好的选择,这种选择一般是经过比较或思考的。疑问句形式在"好"前边的动词短语中用疑问词,但回答不一定用同样的句型。例如:

Here "verb phrase + hǎo", meaning "It's good (to choose to do something)", indicates the idea of choosing to do something after a comparison or consideration. In its question form, the question word is used in the verb phrase, however, it is not necessary to use the same pattern for the answer. For example:

(1) 咱们　的孩子 叫　什么 名字 好 呢?

Zánmen de háizi jiào shénme míngzi hǎo ne?

What name is appropriate for our child?

(2) 甲：去 什么 地方 玩儿 好？

Qù shénme dìfang wánr hǎo?

Where do you think we should visit?

乙：去 逛 公园 吧。

Qù guàng gōngyuán ba.

Let's go to visit a park.

(3) 甲：这 件 事 怎么 做 好？

Zhè jiàn shì zěnme zuò hǎo?

What is to be done for it?

乙：我 也 不 知道。

Wǒ yě bù zhīdao.

I have no idea.

(4) 甲：谁 去 做 这 件 事 最 好？

Shéi qù zuò zhè jiàn shì zuì hǎo?

Who is the right person to do this?

乙：我 觉得 老 王 去 最 好。

Wǒ juéde Lǎo Wáng qù zuì hǎo.

I think Lao Wang is.

3. 什么都 The phrase "shénme + dōu"

她 什么 都 喜欢。

Tā shénme dōu xǐhuan.

She likes anything.

在这儿，"什么"相当于"any, anything"，"什么都"意思是"anything (will)…"。例如：

In this phrase, "shénme" means "any, anything" and "dōu" is used in coordination with "shénme" to emphasize the meaning of "without exception". For example:

什么（＋名词）都 ＋（不、没）动词

shénme（＋noun）dōu ＋（bù、méi）verb

(1) 他 什么 （电影） 都 不 喜欢 看。

Tā shénme (diànyǐng) dōu bù xǐhuan kàn.

He doesn't like any (film).

173

(2) 今天　早上，我　什么　都　没吃。

Jīntiān zǎoshang, wǒ shénme dōu méi chī.

I didn't have anything this morning.

(3) 我　问　他了，但是　他　什么　都　不说。

Wǒ wèn tā le, dànshì tā shénme dōu bù shuō.

I asked him about it, but he didn't say anything.

同样地，我们也常常说：

Similarly we may say

(1) 谁　都……——这　女孩　聪明、　漂亮，谁　都　喜欢　她。

shéi dōu … ——Zhè nǚháir cōngming、piàoliang, shéi dōu xǐhuan tā.

anyone——This girl is clever and beautiful. Anyone is fond of her.

(2) 哪儿　都……——我　哪儿　都　想　去　看看。

nǎr dōu … ——Wǒ nǎr dōu xiǎng qù kànkan.

anywhere——I want to go to any place.

(3) 怎么　都……——他　怎么　都　不　愿意　去　运动。

zěnme dōu … ——Tā zěnme dōu bú yuànyì qù yùndòng.

anyway——He is not willing to go in for sports anyway.

🍎 *4.* "那"作连接代词　"Nà" as conjunctive pronoun

那　咱们　先　逛逛　吧。

Nà zánmen xiān guàngguàng ba.

Let's have a look around, then.

在这儿，"那"是承接上文的前提或假设，引出下文的结果或判断。相当于"then, in that case"。读音总是"nà"。

"Nà", meaning "then, in that case", is used to introduce a result or judgment from the presupposition provided in the preceding part of the text.

(1) 甲：今天　我太累了。　　　　乙：那你在这儿坐　一会儿吧。

　　Jīntiān wǒ tài lèi le.　　　　Nà nǐ zài zhèr zuò yíhuìr ba.

　　I am too tired today.　　　　Sit here for a short rest then.

174

(2) 甲：我 不 喜欢 看 电影。

Wǒ bù xǐhuan kàn diànyǐng.

I don't like to watch movies.

乙：那 咱们 去 跳舞 吧。

Nà zánmen qù tiàowǔ ba.

Let's go and dance then.

5. 副词"先" The adverb "xiān"

那 咱们 先 逛逛 吧。

Nà zánmen xiān guàngguang ba.

Let's have a look around, then.

"先"表示时间顺序在前边的,或者"暂且"的意思。例如:

"Xiān" means "earlier" or "for the time being". e.g.

(1) 你们 先吃 饭吧,不用 等 我 了。

Nǐmen xiān chī fàn ba, búyòng děng wǒ le.

You eat first. Don't wait for me.

(2) 我 先 走 了。再见!

Wǒ xiān zǒu le. Zàijiàn!

I am leaving (before others). Good-bye!

(3) 你 先 在 那儿 等 我,一会儿 我 去 接 你。

Nǐ xiān zài nàr děng wǒ, yíhuìr wǒ qù jiē nǐ.

You wait for me there till I come back after a while and pick you up.

6. "多 + 形容词"表示感叹 "Duō + adjective" expressing an exclamation

样子 多 好玩儿!

Yàngzi duō hǎowánr!

How interesting the style is!

"好玩儿"意思是"of great fun, interesting"。"多 + adjective"是感叹句,有较强的感情色彩,相当于"how, what a ..."。句尾常有"啊、呀、哪"等语气词。

175

"Hǎowánr" is an adjective meaning "of great fun, interesting". The pattern "Duō + adjective" (how, what a . . .) is an exclamation of strong emotion. Modal particles such as "a", "ya", "na" are often used at the end of the sentence.

(1) 你们 看，颐和园 多 漂亮！

Nǐmen kàn, Yíhéyuán duō piàoliang!

Look, how beautiful the Summer Palace is!

(2) 那个 小孩 多 好玩儿啊！

Nèige xiǎoháir duō hǎo wánr a!

What a lovely child!

(3) 多 好 的 天气啊！ 咱们 出去 玩儿 吧！

Duō hǎo de tiānqì a! Zánmen chūqu wánr ba!

How pleasant the weather is! Let's go and have an outing.

7. 送礼的忌讳　A taboo in gift giving

送 钟 不吉利。

Sòng zhōng bù jílì.

The clock is a symbol of bad luck.

中国人送礼物的时候一般忌讳送钟，因为在汉语里，"送钟"（sòngzhōng）和"送终"（sòngzhōng）同音，"送终"的意思是"to attend a dying parent or other senior member of a family"，所以说"送钟"不吉利。

People avoid giving a clock as a gift (sòng zhōng) in China, because in Chinese the word "to attend to a dying parent or other senior member of a family" (sòng zhōng) is pronounced the same way as a clock though the characters are different.

练　习　*Exercises*

一、将下边的句子翻译成汉语，并注意用上"给"。
Translate the following sentences into Chinese, paying attention to the use of "gěi".

(1) He likes to buy flowers for his girlfriend.

(2) I write to my mother very often.

(3) A：Who does the cooking for you?

　　B：My wife does it.

(4) My friend gave me a set of music VCD as a gift.

二、记住下边的词语,并用它们各造一个句子:
Learn the following words or phrases and make a sentence with each of them:

逛街　　guàng jiē　　_____。

逛商店　guàng shāngdiàn　_____。

逛公园　guàng gōngyuán　_____。

三、用正确的语调说下边的句子:
Read the following sentences with the appropriate intonation.

(1) 下 个 月 我 姐姐要 结婚 了。

　　Xià gè yuè wǒ jiějie yào jiéhūn le.

(2) 你 觉得 送 什么 礼物 好 呢?

　　Nǐ juéde sòng shénme lǐwù hǎo ne?

(3) 我 觉得 送 钟 不 好。

　　Wǒ juéde sòng zhōng bù hǎo.

(4) 她 什么 都 喜欢。

　　Tā shénme dōu xǐhuan.

(5) 那 咱们 先 逛逛 吧。

　　Nà zánmen xiān guàngguang ba.

(6) 送 礼物 不 能 送 钟。

　　Sòng lǐwù bù néng sòng zhōng.

(7) 送 钟 不 吉利。

　　Sòng zhōng bù jílì.

(8) 那 个 钟 的 样子 多 好玩儿。

　　Nèige zhōng de yàngzi duō hǎowánr.

(9) 送 礼物 送 钟 多 不 吉利 啊。

　　Sòng lǐwù sòng zhōng duō bù jílì a.

乙 幺 纟 纟 纠 纠 结 结 结

| 结 | 结 | 结 | 结 | 结 | 结 | | | | | |

乙 幺 纟 纟 纠 纠 给 给

| 给 | 给 | 给 | 给 | 给 | 给 | | | | | |

ER

二

PART TWO

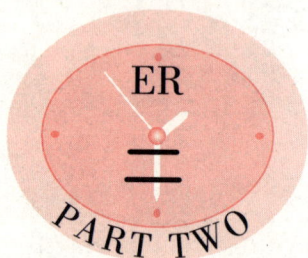

请你给我包一下

Qǐng Nǐ Gěi Wǒ Bāo Yíxià

Please wrap it up for me

新 词 语 **New Words and Phrases**

1.	古典	gǔdiǎn	classical
2.	流行	liúxíng	popular
3.	更	gèng	even more
4.	套	tào	a set of. . .
5.	光盘	guāngpán	VCD
6.	主意	zhǔyi	idea
7.	一定	yídìng	certainly; must
8.	满意	mǎnyì	satisfied
9.	包	bāo	to wrap
10.	别人	biérén	other people
11.	家具	jiājù	furniture

课　文　Text

怎样表达你对人或事很肯定的推断?怎样请售货员帮你包装礼品?让我们看看方雪芹和李文龙买礼物的情况。

How do you give a positive opinion of a person or thing? How do you ask the shop assistant to wrap up a gift you have bought? Well, before we learn that, let us see what Fang Xueqin and Li Wenlong have chosen as a gift.

（方雪芹和李文龙两人走到卖书和音像制品的地方）

(They come to the place where books and audio-visual publications are sold.)

方雪芹:	你 姐姐 喜欢 听 音乐 吗?
	Nǐ jiějie xǐhuan tīng yīnyuè ma?
Fang:	Does your sister like music?
李文龙:	喜欢。
	Xǐhuan.
Li:	Yes, she does.
方雪芹:	她 喜欢 古典 音乐 还是 流行 音乐?
	Tā xǐhuan gǔdiǎn yīnyuè háishi liúxíng yīnyuè?
Fang:	Does she like classical music or pop music?
李文龙:	都 喜欢。不过 我 觉得,她 更 喜欢 古典 音乐。
	Dōu xǐhuan. Búguò wǒ juéde,tā gèng xǐhuan gǔdiǎn yīnyuè.
Li:	She likes both. But I think she likes classical music more.
方雪芹:	那 送 她 一套 音乐 光盘 吧,古典 音乐 的。
	Nà sòng tā yī tào yīnyuè guāngpán ba,gǔdiǎn yīnyuè de.
Fang:	In that case we may give her a set of classical music VCD.
李文龙:	嗯,好 主意。
	Ňg,hǎo zhǔyi.
Li:	M－hm, a good idea.
方雪芹:	（拿起一套光盘）你 看 这 套 光盘 怎么样?
	Nǐ kàn zhèi tào guāngpán zěnmeyàng?
Fang:	(Taking up a VCD set) How about this set?

179

李文龙：	（看了看）嗯，不错，我 觉得 她 一定 很 满意。
	Ńg，búcuò，wǒ juéde tā yídìng hěn mǎnyì.
Li:	(Examining it) M-hm, good. I think she would be satisfied with it.
	（两人走到服务台前）
	(They come to the checkout.)
李文龙：	小姐，我 要 这 套 光盘。
	Xiáojiě，wǒ yào zhèi tào guāngpán.
Li:	Miss, I want to buy this VCD set.
服务员：	好的。 您 要 包 一下 吗?
	Hǎo de. Nín yào bāo yíxià ma?
Shop assistant:	Yes. Do you need to have it wrapped up?
李文龙：	请 你给我 包 一下，这 是 我 送 给 别人 的 结婚 礼物。
	Qǐng nǐ gěi wǒ bāo yíxià，zhè shì wǒ sòng gěi biéren de jiéhūn lǐwù.
Li:	Yes, please. It is a present for someone's wedding.
服务员：	好 的。
	Hǎo de.
Shop assistant:	Yes.

注 释 Notes

1. 副词"更" The adverb "gèng"

不过 我 觉得,她 更 喜欢 古典 音乐。

Búguò wǒ juéde, tā gèng xǐhuan gǔdiǎn yīnyuè.

But I think she likes classical music more.

"更"的意思是"even more"，用于比较，表示程度增加。例如：

The adverb "gèng", meaning "even more", is used in comparison to indicate higher degree.

For example:

180

(1) 我 喜欢 打　乒乓球，更　喜欢　打 篮球。

Wǒ xǐhuandǎ pīngpāngqiú, gèng xǐhuan dǎ lánqiú.

I like to play table tennis but like to play basketball more.

(2) 穿了　新衣服, 她 更　漂亮　了。

Chuānle xīn yīfu, tā gèng piàoliang le.

With the new suit on, she looks even more beautiful. (She is beautiful.)

(3) 来　中国　以后, 他 的 汉语 更　好 了。

Lái Zhōngguó yǐhòu, tā de Hànyǔ gèng hǎo le.

Since he came to China, his Chinese has become even better. (His Chinese used to be good.)

2. 用"你看……"征询对方意见　Asking for an opinion using "Nǐ kàn"

你看 这套　光盘　怎么样?

Nǐ kàn zhèi tào guāngpán zěnmeyàng?

What do you think of this VCD set?

"看"在这儿和"觉得"意思差不多, 相当于"to think"。我们常常用"你看……?"来征询对方的意见, 用"我看……。"来表达自己的看法。例如:

Similar to "juéde", "kàn" means "think" here. When we say "Nǐ kàn…?", we mean to ask for the opinion of the listener. When we give an opinion, we say "Wǒ kàn…". For example.

(1) 甲: 小龙 要　上　大学了, 你看 咱们　送 他 什么 礼物 好?

Xiǎo Lóng yào shàng dàxué le, nǐ kàn zánmen sòng tā shénme lǐwù hǎo?

Xiao Long is going to college. What gift do you think we should give him?

乙: 送 他 一个 录音机 吧。

Sòng tā yí gè lùyīnjī ba.

What about giving him a recorder?

(2) 甲: 这 真 是 一个 麻烦 的 问题。

Zhè zhēn shì yí gè máfan de wèntí.

This is a troublesome problem.

181

乙：是 啊，我 看 谁 也 没有 办法 解决 这个 问题。

Shì a, wǒ kàn shéi yě méiyǒu bànfǎ jiějué zhèige wèntí.

Yes. It seems to me that no one can do anything to solve it.

(3) 甲：你看 这 套衣服的 样子 怎么样？

Nǐ kàn zhèi tào yīfu de yàngzi zěnmeyàng?

What do you think of the style of this suit?

乙：我 看 挺 漂亮。你 觉得 呢？

Wǒ kàn tǐng piàoliang. Nǐ juéde ne?

I think it's quite beautiful. What do you think?

甲：我 也 觉得 挺 不错 的。

Wǒ yě juéde tǐng búcuò de.

I think it is beautiful, too.

3. 推断　Inferring

嗯,不错, 我 觉得 她 一定 很 满意。

Ňg, búcuò, wǒ juéde tā yídìng hěn mǎnyì.

M－hm, good. I think she must be satisfied with it.

"一定"表示很有把握的推断,相当于"must, certainly"。例如:

When "yídìng" (must, certainly) is used in a sentence, it means the speaker is sure of his or her inference. For example:

(1) 甲：现在 他 一定 在家,你 给 他 打 电话 吧。　　　乙：好 的。

Xiànzài tā yídìng zài jiā, nǐ gěi tā dǎ diànhuà ba.　　　Hǎo de.

He is at home for sure. You can call him now.　　　Great.

(2) 甲：这 是 新书,你 一定 没 看过。

Zhè shì xīn shū, nǐ yídìng méi kànguo.

This is a new book. You cannot have read it.

乙：是,我 真的 没 看过。

Shì, wǒ zhēnde méi kànguo.

No, I haven't.

182

(3)甲：已经 七点 十 分了,他 一定 不来了。

Yǐjīng qī diǎn shí fēn le, tā yídìng bù lái le.

It's already ten past seven. He will not come for certain.

乙：那 咱们 走吧。

Nà zánmen zǒu ba.

Let's go then.

4. 包装商品　Wrapping up a commodity

您 要 包 一下 吗?

Nín yào bāo yíxià ma?

Do you need to have it wrapped up?

"包"在这儿是动词,意思是"to wrap"。在商店,有时候售货员会问你"您要包一下吗?"如果你想让售货员为你包装,你也可以说"请给我包一下。"

"Bāo" here is a verb meaning "to wrap". When you have bought something in a shop, the shop assistant attending you sometimes will ask you, "Nín yào bāo yíxià ma?" If you need it, you can say, "Qǐng gěi wǒ bāo yíxià."

您 要 包 一下 吗?

Nín yào bāo yíxià ma?

Do you need to have it wrapped up?

请 给我 包 一下。

Qǐng gěi wǒ bāo yíxià.

Please wrap it up for me.

"包"还可以是名词,意思是"parcel; bag"。可以说:

"Bāo" is also a noun meaning "parcel, bag" as in the following words:

书包 shūbāo　　school satchel

钱包 qiánbāo　 wallet

皮包 píbāo　　 suitcase; briefcase

练 习 *Exercises*

一、说说可以用量词"套"的物品，并模仿下边对话造句：

Name some things which must be used with the measure word "tào" and make sentences with them in the following conversation.

(1) 顾　客：这套衣服多少钱？

　　　　　Zhè tào yīfu duōshǎo qián?

　　售货员：这套衣服三百六十块。

　　　　　Zhè tào yīfu sānbǎi liùshí kuài.

(2) 顾　客：我想买一套家具。哪种样子最流行？

　　　　　Wǒ xiǎng mǎi yí tào jiājù. něi zhǒng yàngzi zuì liúxíng?

　　售货员：这套是现在最流行的。

　　　　　Zhè tào shì xiànzài zuì liúxíng de.

二、翻译下边的句子并模仿造句：

Translate the following sentences and make sentences of your own after them:

(1) 甲：咱们坐一会儿吧。

　　　Zánmen zuò yíhuìr ba.

　　乙：嗯，好主意！我正好累了。

　　　Ǹg, hǎo zhǔyi! Wǒ zhènghǎo lèi le.

(2) 甲：你儿子觉得他的新学校怎么样？

　　　Nǐ érzi juéde tā de xīn xuéxiào zěnmeyàng?

　　乙：他对他的新学校很满意。

　　　Tā duì tā de xīn xuéxiào hěn mǎnyì?

(3) 甲：这是你的钱包吗？

　　　Zhè shì nǐ de qiánbāo ma?

　　乙：这不是我的，是别人的。

　　　Zhè bú shì wǒ de, shì biéren de.

184

Read the following sentences with the appropriate intonation:

(1) 你姐姐 喜欢　古典　音乐 还是　流行　音乐？
Nǐ jiějie xǐhuan gǔdiǎn yīnyuè háishi liúxíng yīnyuè?

(2) 我 觉得 她 更　喜欢　古典　音乐。
Wǒ juéde tā gèng xǐhuan gǔdiǎn yīnyuè.

(3) 那送 她 一套 音乐　光盘　吧, 古典　音乐 的。
Nà sòng tā yí tào yīnyuè guāngpán ba, gǔdiǎn yīnyuè de.

(4) 嗯， 好 主意。
Ňn, hǎo zhǔyi.

(5) 这套　光盘　我 觉得 她 一定 很　满意。
Zhèi tào guāngpán wǒ juéde tā yídìng hěn mǎnyì.

(6) 小姐， 请 你 给我 包 一下 这套　光盘。
Xiáojiě, qǐng nǐ gěi wǒ bāo yíxià zhèi tào guāngpán.

(7) 这 是 我 送　给别人　的 结婚礼物。
Zhè shì wǒ sòng gěi biéren de jiéhūn lǐwù.

写汉字 *Writing Demonstration*

ノ　彳　彳　彳　行　行

行	行	行	行	行	行				

ノ　彳　彳　彳　彳　律　律　得　得　得

得	得	得	得	得	得				

圣诞节快要到了

Shèngdànjié Kuài Yào Dào Le

Christmas is coming soon

1.	中学	zhōngxué	middle school; high school
2.	太太	tàitai	Mrs.
3.	生(孩子)	shēng (háizi)	to give birth (to a baby)
4.	开会	kāihuì	to have a meeting
	开	kāi	to have/to start (a meeting)
	会	huì	meeting
5.	懒	lǎn	lazy
6.	怕	pà	to fear; to be afraid of...
7.	相信	xiāngxìn	to believe
8.	吹牛	chuīniú	to boost
9.	了不起	liǎobuqǐ	terrific; amazing
10.	纸	zhǐ	paper
11.	束	shù	a bundle
12.	首	shǒu	the first
13.	又	yòu	(to have done something) again; in addition to
14.	成绩	chéngjì	result; achievement
15.	听力	tīnglì	listening proficiency
16.	旗袍	qípáo	a Chinese styled gown for women

专　名　*Proper name*

香港	Xiānggǎng	Hong Kong

一、用提示的句型完成句子：

Complete the following sentences, using the given patterns.

要……了/就要……了/快要……了

下 个 月 我姐姐要 结婚 了。

Xià gè yuè wǒ jiějie yào jiéhūn le.

(1) 甲：圣诞节　　快要　到了。

Shèngdànjié kuàiyào dào le.

学生：圣诞节 _____。

Shèngdànjié_____.

(2) 甲：我 女儿 就要 上　　中学 了。

Wǒ nǚ'ér jiù yào shàng zhōngxué le.

学生：她 女儿 _____。

Tā nǚ'ér_____.

(3) 甲：明天　我 就要 回　　香港 了。

Míngtiān wǒ jiù yào huí Xiānggǎng le.

学生：明天　　他 _____。

Míngtiān tā_____.

(4) 甲：我 太太 快 要　生 孩子了。

Wǒ tàitai kuài yào shēng háizi le.

学生：他 太太 _____。

Tā tàitai_____.

(5) 甲：要 开会 了，请 安静。

Yào kāihuì le, qǐng ānjìng.

学生：_____，请 安静。

_____, qǐng ānjìng.

二、用"……都……"回答问题：

Answer the following questions, using "…dōu…".

什么(谁/哪儿)都……

她 什么　都 喜欢。

Tā shénme dōu xǐhuan.

(1) 甲：我 什么 事 都 不 愿意 做。　　(2) 甲：我 谁 都 不 怕。
　　　Wǒ shénme shì dōu bú yuànyì zuò.　　　　Wǒ shéi dōu bú pà.

　　乙：你 真 懒。　　　　　　　　　　乙：我 不 相信。
　　　Nǐ zhēn lǎn.　　　　　　　　　　　Wǒ bù xiāngxìn.

　　问：他 说 他 愿意 做 什么？　　　问：她 说 她 怕 谁？
　　　Tā shuō tā yuànyì zuò shénme?　　　Tā shuō tā pà shéi?

　　学生：＿＿＿＿＿＿＿＿＿＿＿＿＿。　　学生：＿＿＿＿＿＿＿＿＿＿＿。

(3) 甲：我 哪儿 都 去过。　　(4) 甲：我 爸爸 什么 都 懂，什么 都 会。
　　　Wǒ nǎr dōu qùguo.　　　　　Wǒ bàba shénme dōu dǒng, shénme dōu huì.

　　乙：吹牛。　　　　　　　　　　乙：你 爸爸 真 了不起！
　　　Chuīniú.　　　　　　　　　　　Nǐ bàba zhēn liǎobuqǐ!

　　问：他 说 他 去过 哪儿？　　　问：为什么 说 她 爸爸 真 了不起？
　　　Tā shuō tā qùguo nǎr?　　　　Wèishénme shuō tā bàba zhēn liǎobuqǐ?

　　学生：＿＿＿＿＿＿＿＿＿。　　学生：＿＿＿＿＿＿＿＿＿＿＿＿＿。

三、用"动词短语＋好"回答问题：

Answer the following questions, using "verb phrase + hǎo".

> 你 觉得 送 什么 礼物 好 呢？
> Nǐ juéde sòng shénme lǐwù hǎo ne?

(1) 甲：去 逛 公园 吧。
　　　Qù guàng gōngyuán ba.

　　乙：好，去 哪儿 好？
　　　Hǎo, qù nǎr hǎo?

　　甲：去 北海 公园 吧。
　　　Qù Běihǎi Gōngyuán ba.

　　问：他 觉得 去 哪儿 好？
　　　Tā juéde qù nǎr hǎo?

　　学生：＿＿＿＿＿＿＿＿＿＿＿。

(2) 甲：用 什么 颜色 的 纸 包 礼物 好 呢？
　　　Yòng shénme yánsè de zhǐ bāo lǐwù hǎo ne?

188

乙：用　红色　的好。

Yòng hóngsè de hǎo.

问：她觉得　用　什么　颜色的纸　包礼物好？

Tā juéde yòng shénme yánsè de zhǐ bāo lǐwù hǎo?

学生：＿＿＿＿＿＿＿＿＿＿＿＿＿＿＿＿＿＿＿＿。

(3)甲：咱们　从　哪条　路　走　好？

Zánmen cóng něi tiáo lù zǒu hǎo?

乙：从　四环路　走　好，四环路　车不　多。

Cóng Sìhuánlù zǒu hǎo, Sìhuánlù chē bù duō.

问：她觉得　从　哪条　路　走　好？

Tā juéde cóng něi tiáo lù zǒu hǎo?

学生：＿＿＿＿＿＿＿＿＿＿＿＿＿＿。

(4)甲：这　件事我是　告诉她好，还是　不告诉她好？

Zhèi jiàn shì wǒ shì gàosu tā hǎo, háishi bú gàosu tā hǎo?

乙：不　告诉　她好。

Bú gàosu tā hǎo.

问：他觉得　这　件　事告诉她好　还是　不　告诉她好？

Tā juéde zhèi jiàn shì gàosu tā hǎo háishi bú gàosu tā hǎo?

学生：＿＿＿＿＿＿＿＿＿＿＿＿＿＿＿＿＿＿＿＿＿＿＿。

四、模仿用"多＋形容词＋啊/哪！"：
Make sentences using the pattern "Duō + *adjective* + *a/na!*" *after the model.*

你看　那个　钟，样子　多好玩儿。

Nǐ kàn nèige zhōng, yàngzi duō hǎowánr.

(1)甲：你看，这　束花儿多　漂亮。

Nǐ kàn, zhè shù huār duō piàoliang.

学生：＿＿＿＿＿＿＿＿＿＿＿＿啊！

＿＿＿＿＿＿＿＿＿＿＿＿a!

(2)甲：你听，这首　歌多　好听。

Nǐ tīng, zhè shǒu gē duō hǎotīng.

学生：＿＿＿＿＿＿＿＿＿＿＿啊！

＿＿＿＿＿＿＿＿＿＿＿a!

(3) 甲：他 又 睡觉 了。他 多 懒 啊！
　　　Tā yòu shuìjiào le.　Tā duō lǎn a!

学生：＿＿＿＿＿＿＿＿＿＿＿＿＿啊！

　　　＿＿＿＿＿＿＿＿＿＿＿＿＿a!

(4) 甲：咱们 去 逛 商场 吧。
　　　Zánmen qù guàng shāngchǎng bà.

乙：又 要 去 逛 商场， 多 没 意思 啊！
　　　Yòu yào qù guàng shāngchǎng,duō méi yìsi a!

学生：＿＿＿＿＿＿＿＿＿＿＿＿＿＿＿啊！

　　　＿＿＿＿＿＿＿＿＿＿＿＿＿＿＿a!

五、用"更"回答问题：

Answer the following questions using "gèng".

不过 我 觉得 她 更 喜欢 古典 音乐。
Búguò wǒ juéde tā gèng xǐhuan gǔdiǎn yīnyuè.

(1) 甲：你 哥哥 个子 真 高。
　　　　Nǐ gēge gèzi zhēn gāo.

乙：我 弟弟 个子 更 高。
　　　Wǒ dìdi gèzi gèng gāo.

问：她 哥哥 和 她 弟弟 谁 个子 更 高？
　　　Tā gēge hé tā dìdi shéi gèzi gèng gāo?

学生：＿＿＿＿＿＿＿＿＿＿＿＿＿。

(2) 甲：他 的 口语 成绩 真 好。
　　　　Tā de kǒuyǔ chéngjì zhēn hǎo.

乙：他 的 听力 成绩 更 好。
　　　Tā de tīnglì chéngjì gèng hǎo.

问：他 的 口语 和 听力 哪个 成绩 更 好？
　　　Tā de kǒuyǔ hé tīnglì něi gè chéngjì gèng hǎo?

学生：＿＿＿＿＿＿＿＿＿＿＿＿＿。

（3）甲：小　张　对他不　满意。

　　　　Xiǎo Zhāng duì tā bù mǎnyì.

　　乙：老　王　对他　更　不　满意。

　　　　Lǎo Wáng duì tā gèng bù mǎnyì.

　　问：小　张　和老　王　谁　对他　更　不　满意？

　　　　Xiǎo Zhāng hé Lǎo Wáng shéi duì tā gèng bù mǎnyì?

　　学生：_____。

（4）甲：她　穿　裙子真　漂亮。

　　　　Tā chuān qúnzi zhēn piàoliang.

　　乙：她　穿　旗袍　更　漂亮。

　　　　Tā chuān qípáo gèng piàoliang.

　　问：她　穿　什么　更　漂亮？

　　　　Tā chuān shénme gèng piàoliang?

　　学生：_____。

综合练习 *Comprehensive exercises*

一、根据课文中的情景完成下边的话：

Complete the following passage according to the situation provided by the text.

　　李文龙的姐姐_____。他不知道_____。他和方雪芹一起逛商场,他看见_____。但是方雪芹告诉他_____,因为_____。方雪芹问李文龙,_____。他告诉方雪芹,_____。方雪芹给他出了一个好主意:_____。李文龙觉得_____。

　　Lǐ Wénlóng de jiějie_____. Tā bù zhīdao_____. Tā hé Fāng Xuěqín yìqǐ guàng shāngchǎng,tā kànjiàn_____. Dànshì Fāng Xuěqín gàosu tā_____, yīnwèi_____. Fāng Xuěqín wèn Lǐ Wénlóng, _____. Tā gàosu Fāng Xuěqín, _____. Fāng Xuěqín gěi tā chūle yí gè hǎo zhǔyi, _____. Lǐ Wénlóng juéde_____.

二、回答问题：

Answer the following questions:

(1)你 喜欢　逛　街 吗?

Nǐ xǐhuan guàng jiē ma?

_____ 。

(2)现在　最　流行 的 歌 是 哪　首, 你 知道　吗?

Xiànzài zuì liúxíng de gē shì něi shǒu, nǐ zhīdao ma?

_____ 。

(3)你 最 怕 的 是　什么?

Nǐ zuì pà de shì shénme?

_____ 。

(4)你 给　朋友　送 礼物　常常　　送　什么　礼物?

Nǐ gěi péngyou sòng lǐwù chángcháng sòng shénme lǐwù?

_____ 。

(5)你 觉得 最 了不起　的 人 是 谁?

Nǐ juéde zuì liǎobuqǐ de rén shì shéi?

_____ 。

三、意念表达:(用本课学过的表达方式)

Express the following notions,　using the expressions you have learnt in this lesson:

(1)一家公司请你去工作。你拿不定主意去不去。问问你的朋友:

　　A company has invited you to join them,　but you can't decide whether to accept their invitation,　so you ask your friend for his advice.

(2)赞叹一个你很佩服的人:

　　Praise someone you esteem.

(3)告诉别人你只愿意在家看书,不愿意去任何地方:

　　Tell some body that you prefer staying at home reading to going out.

(4)发表你的看法,你觉得眼前的问题很容易解决:

　　Give an opinion saying that you think it easy to solve the problem.

192

(5) 你很肯定那条路会有很多车：

You are sure that road is jammed with cars.

四、情景会话：

Compose dialogues on the following situations:

(1) 你妈妈的生日要到了，和你的兄弟姐妹商量给妈妈送什么生日礼物。

As your mother's birthday is coming, you discuss with your brothers and sisters what gifts you should give her.

(2) 和朋友一起逛商场、买东西。

Shopping with a friend in a store.

五、请你说：（至少用上五个本课所学过的词语）

Speak on the following topics （At least 5 of the words in this lesson should be used in your talk):

(1) 介绍你们国家在送礼方面的忌讳。

Describe the taboos in giving presents in your country.

(2) 说说你知道的中国民间的禁忌。

Speak about taboos you know that Chinese people have.

语音练习 *Pronunciation drills*

一、注意句子末尾的"吧"的语调及所表示的意义：

Pay attention to the intonation and meaning of "ba" at the end of each sentence:

(1) 那 咱们 先 逛逛 吧。↘
Nà zánmen xiān guàngguàng ba. ↘

(2) 送 她一套 音乐 光盘 吧。↘
Sòng tā yí tào yīnyuè guāngpán ba. ↘

(3) 你有 空 的 时候 教我 太极拳 吧。↘
Nǐ yǒu kòng de shíhou jiāo wǒ tàijíquán ba. ↘

(4) 咱们 去别的 地方 看看 吧。↘
Zánmen qù biéde dìfang kànkan ba. ↘

(5) 你 问问 兔子 吧。↘
　　Nǐ wènwen tùzi ba. ↘

(6) 咱们 去吃饭 吧。↘
　　Zánmen qù chī fàn ba. ↘

二、朗读下边的词语扩展,注意各个词在扩展过程中读音轻重和长短的变化:
Read aloud the "Pyramid" exercise, paying attention to the change of stress and length of each word:

礼物
lǐwù

结婚 礼物
jiéhūn lǐ wù

别人 的 结婚 礼物
biéren de jiéhūn lǐwù

送给 别人的 结婚 礼物
sònggěi biéren de jiéhūn lǐwù

我 送给别人 的 结婚 礼物
wǒ sònggěi biéren de jiéhūn lǐwù

这 是我 送给 别人 的 结婚 礼物
zhè shì wǒ sònggěi biéren de jiéhūn lǐwù

请 你给我 包一下,这是我 送 给 别人 的 结婚礼物。
qǐng nǐ gěi wǒ bāo yíxià, zhè shì wǒ sòng gěi biéren de jiéhūn lǐwù

走马观花 A Glimpse of Modern Chinese Culture

喜 事
Marriage Customs

不管是谁,都希望自己的婚姻有一个好的开始,所以婚礼前及婚礼的操办都是年轻人竭尽所能并要做得尽善尽美的事。当今的中国年轻人喜欢如何操办呢?除了要到政府有关部门登记办理法律手续以外,照结婚照是必须的。穿上西式的婚纱或中式传统的结婚礼服照一系列充满甜蜜、幸福的照片,留作

永久的纪念，这是当今年轻人的一大流行趋势，难怪拍婚纱摄影的影楼到处都是。拍过婚纱照，请来亲友同贺也是不可少的。除了各种形式的集体婚礼，个人多是在格调雅致的饭馆、酒楼摆几桌喜筵。要是你在哪个饭馆门前看到这洋溢着热情的双"喜"字，就可以知道里边一定有喜筵。而且，无论到哪儿，只要看见这双"喜"字贴在门上，那就一定有喜事。不管婚礼的形式、结婚的礼服怎么变，这双"喜"字的祝福是不会变的。

Everyone wants a good start to his or her married life, so young people will do their best to prepare for their wedding. How do they prepare for weddings nowadays? After obtaining a marriage certificate from the government marriage registration office, the first thing they might do would be to go to a photo studio for wedding pictures. There the couple will have a set of pictures taken showing their happiness and pleasure as they pose in western style wedding costumes or in traditional Chinese wedding costumes; the photos will serve as a lasting memento. As this has become fashionable, it is no wonder that professional wedding photo studios can be seen everywhere. Besides taking pictures, it is necessary to invite relatives and friends to celebrate the wedding ceremony. Some will attend a collective wedding ceremony and some prefer to hold one individually. In the latter case, the wedding usually take place at a good restaurant. You can recognize a wedding by the double happiness posters at the entrance of a restaurant. What is more, whenever you find the double happiness posters at the doorway, there must be a wedding ceremony. Blessings expressed by the double happiness posters will last forever, no matter how wedding styles and customs change.

写汉字 *Writing Demonstration*

一 厂 厅 成 成 成

成 | 成 成 成 成 成

一 十 土 丰 丰 走 走 起 起 起

起 | 起 起 起 起 起

第十八课
Dì - shíbā Kè

LESSON EIGHTEEN

语 用 范 例 *Examples of Usage*

1. 比较的表达 *Expression of comparison*

（ 昆明　　　 的　　 天气）　　 比　 北京　 凉快。
(Kūnmíng　　de　　 tiānqì)　　 bǐ　 Běijīng liángkuai.
[Kunming (structural particle) weather] than Beijing　 cool
(The weather in Kunming) is cooler than Beijing.

2. 表示差不多 *Expressing a degree near the extreme*

差　 不　多　 天天　 下　雨。
Chàbuduō tiāntiān　 xià yǔ.
almost　 everyday　 to rain
Almost everyday it rains.

3. 催促某人做某事 *Urging somebody to do something*

快　　 去　　 洗　　 个　　 澡。
Kuài　 qù　　 xǐ　　 gè　　 zǎo.
quick　 to go to　 to wash (measure word) bath
Go and have a shower, be quick.

4. 表达希望 *Expressing a wish*

我　希望　　星期六　不　下　雨。
Wǒ xīwàng　xīngqīliù bú xià yǔ.
I　to hope　Saturday　not　to rain
I hope it will not rain on Saturday.

5. 询问打算 *Asking about a plan*

星期六　你　要　做　什么？
Xīngqīliù　nǐ yào zuò shénme?
Saturday　you will to do　what
What are you going to do on Saturday?

6. 突然想起忘了某事 *Suddenly realizing that something has been forgotten*

糟糕！我　忘　了！
Zāogāo!　Wǒ wàng le!
bad!　I to forget (modal particle)
It's too bad! I have forgotten it!

昆明比北京凉快
Kūnmíng Bǐ Běijīng Liángkuai

Kunming is cooler than Beijing

新 词 语　*New Words and Phrases*

1. 带	dài	to take; to bring
2. 这么	zhème	such; so
3. 热	rè	hot; warm
4. 天气	tiānqì	weather
5. 比	bǐ	to compare; than
6. 凉快	liángkuai	cool
7. 潮湿	cháoshī	humid
8. 差不多	chàbuduō	almost the same; nearly; there is not much difference
9. 下雨	xiàyǔ	to rain
下	xià	to fall
雨	yǔ	rain
10. 这样	zhèyàng, zhèiyàng	this kind, such
11. 雪	xuě	snow
12. 包子	bāozi	steamed dumplings stuffed with vegetable or containing meat

专　　名　*Proper name*

昆明	Kūnmíng	The capital city of Yunnan Province

怎样用汉语谈论天气？怎样表达比较？让我们来看看方雪芹和她的同事们的谈话。

How do you talk about the weather in Chinese? How do you make a comparison? Let us listen to Fang Xueqin and her colleagues.

（田洪刚从昆明出差回来，他走进办公室）

(Tian Honggang has just come back from a business trip to Kunming. He enters the office.)

田洪刚：	你们 好！ 我 回来 了。
	Nǐmen hǎo! Wǒ huílai le.
Tian:	Hello, everyone! I am back.
杨 丽：	（开玩笑地）带 好吃 的 了 没有？
	Dài hǎochī de le méiyǒu?
Yang:	(Jokingly) Have you brought anything nice for us to eat?
田洪刚：	当然 带 了。（拿出东西）今年 北京 怎么 这么 热？
	Dāngrán dài le. Jīnnián Běijīng zěnme zhème rè?
Tian:	Of course I have. (Taking out the food) Why is it so hot in Beijing?
杨 丽：	昆明 的 天气 怎么 样？
	Kūnmíng de tiānqì zěnmeyàng?
Yang:	What is the weather like in Kunming?
田洪刚：	比 北京 凉快。
	Bǐ Běijīng liángkuai.
Tian:	It's cooler than Beijing.
方雪芹：	那 多 好 啊。
	Nà duō hǎo a.
Fang:	How nice!
田洪刚：	可是 也 比 北京 潮湿，差不多 天天 下 雨。
	Kěshì yě bǐ Běijīng cháoshī, chàbuduō tiāntiān xià yǔ.
Tian:	But it's more humid than Beijing. It rained nearly every day.
方雪芹：	天天 下 雨？ 我 不 喜欢 这样 的 天气。
	Tiāntiān xià yǔ? Wǒ bù xǐhuan zhèyàng de tiānqì.
Fang:	It is rained every day? I don't like weather like that.

田洪刚:	你 喜欢 下 雪，对 不 对？
	Nǐ xǐhuan xià xuě, duì bú duì?
Tian:	You like snow. Am I right?
方雪芹:	你 怎么 知道？
	Nǐ zěnme zhīdao?
Fang:	How do you know?
田洪刚:	因为 你的 名字 叫 方 雪芹 啊。
	Yīnwèi nǐ de míngzi jiào Fāng Xuěqín a.
Tian:	I know it from your name. Look, FāngXuě(snow)-qín.

注 释 Notes

1. **出差带回特产** Back from a business trip with some special local products

带 好吃 的 了 没有？

Dài hǎochī de le méiyǒu?

Have you brought anything nice for us to eat?

在中国，不管是在机关还是在公司工作的人，到外地出差，方便的话，回来的时候一般总要带一些当地的小特产或纪念品什么的——常常会是吃的东西——与同事们分享。这样可以增进彼此的感情。

In China when they come back from business trips, people from government offices or companies bring back with them some special local products, small souvenirs or, in most cases, food, to give or share with their colleagues. This will enhance friendship among colleagues.

2. **"这么/那么＋形容词"表示程度** "Zhème/Nàme ＋ adjective" indicating degree

今年 北京 怎么 这么 热。

Jīnnián Běijīng zěnme zhème rè?

Why is it so hot in Beijing this year?

在这儿，"这么"相当于"so, such"。"那么"与之意思和作用相同，但表示远指。例如：

Here both "zhème" and "nàme" mean "so, such", only "zhème" refers to somebody or something nearer in time, place, thought, etc. whereas "nàme" refers further away. e. g.

(1) 他 这么 好，你 怎么 不 喜欢 他？

　　Tā zhème hǎo, nǐ zěnme bù xǐhuan tā?

　　Since he is so good, why don't you like him? ("He" is here.)

(2) 他 那么 好，你 怎么 不 喜欢 他？

　　Tā nàme hǎo, nǐ zěnme bù xǐhuan tā?

　　Since he is that good, why don't you like him? ("He" is not here.)

(3) 你 这么 忙，我 不 麻烦 你 了。

　　Nǐ zhème máng, wǒ bù máfan nǐ le.

　　As you are so busy, I won't bother you.

(4) 甲：Ellyn 的 汉语 怎么 那么 好？

　　　Ellyn de Hànyǔ zěnme nàme hǎo?

　　　Why is Ellyn's Chinese so good?

　　乙：因为 她 在 中国 住了 很 多 年 了。

　　　Yīnwèi tā zài Zhōngguó zhùle hěn duō nián le.

　　　Because she has lived in China for many years.

3. 比较的表达（一）　Expression of comparison（1）

> 比 北京 凉快。
>
> Bǐ Běijīng liángkuai.
>
> It is cooler than Beijing.

A + 比 + B + 形容词 = A is adjective (comparative degree) than B。例如：

A + bǐ + B + adjective = A is adjective (comparative degree) than B.　For example:

> A + 比 + B + 形容词
>
> A + bǐ + B + adjective

201

(1) 他 比 我 大。

    Tā bǐ wǒ dà.

    He is older than me.

(2) 我 的 英语 比 汉语 好。

    Wǒ de Yīngyǔ bǐ Hànyǔ hǎo.

    My English is better than my Chinese.

(3) 她 的 衣服 比 我 的 漂亮。

    Tā de yīfu bǐ wǒ de piàoliang.

    Her dress is more beautiful than mine.

(4) 她 做 饭 比 我 做 得 好。

    Tā zuò fàn bǐ wǒ zuò de hǎo.

    She cooks better than me.

这个句式否定的说法是：A + 没有 + B + 形容词。例如：

The negative form for this pattern is: A + méiyǒu + B + adjective. For example:

> A + 没有 + B + 形容词
>
> A + méi yǒu + B + adjective

(1) 我 没有 他 大.

    Wǒ méiyǒu tā dà.

    I am not so old as him.

(2) 我 的 汉语 没 有 英语 好。

    Wǒ de Hànyǔ méiyǒu Yīngyǔ hǎo.

    My Chinese is not as good as my English.

(3) 我 的 衣服 没有 她 的 漂亮。

    Wǒ de yīfu méiyǒu tā de piàoliang.

    My dress is not so beautiful as hers.

(4) 我 做 饭 没有 她 做 得 好。

    Wǒ zuò fàn méiyǒu tā zuò de hǎo.

    I don't cook as well as she does.

4. 量词的重叠 Reduplication of the measure word

> 差不多 天天 下雨。
>
> Chàbuduō tiāntiān xiàyǔ.
>
> It rains nearly every day.

"天天"意思是"every day"。单音节的量词和一些能表示单位数量或单位个体的名词也可以重叠使用，重叠后的意义相当于英语的"every"，在重叠形式后面常常要加"都"。例如：

"Tiāntiān" means "every day". One-syllable measure words and some unit nouns can be reduplicated. The reduplications of these words mean "every . . ." and they are normally followed by "dōu". e. g.

(1)人—— 人人—— 我们 人人 都 会 说 英语。

rén—— rénrén—— Wǒmen rénrén dōu huì shuō Yīngyǔ.

person—every one—Every one of us speaks English.

(2)家——家家—— 这儿 差不多 家家 都 有 汽车。

jiā —— jiājiā —— Zhèr chàbuduō jiājiā dōu yǒu qìchē.

family—every family—Nearly every family has a car here.

(3)年—— 年年 ——他 差不多 年年 都来 中国。

nián——niánnián—— Tā chàbuduō niánnián dōu lái Zhōngguó.

year—every year—Almost every year he comes to China.

(4)件—— 件件 —— 她 穿 的 衣服 件件 都 那么 漂亮。

jiàn——jiànjiàn —— Tā chuān de yīfu jiànjiàn dōu nàme piàoliang.

piece—every piece—Every piece of clothing she wears is so beautiful.

5. 这样＋的＋名词　　The phrase "zhèyàng + de + noun"

我 不 喜欢 这样 的 天气。

Wǒ bù xǐhuan zhèyàng de tiānqì.

I don't like weather like that.

"这样"加"的"放在名词前面指示名词的性状。"这样"表示近指,表示远指的是"那样"。
"Zhèyàng + de" modifying a noun means "this kind". "Zhèyàng" refers to something nearer whereas "nàyàng" (that kind) refers to something further away.

这样 / 那样 ＋ 的 ＋ 名词
Zhèyàng/ nàyàng + de + noun

(1)甲:这儿 有 这样 的 香水 吗?

Zhèr yǒu zhèyàng de xiāngshuǐr ma?

Is this kind of perfume available here?

乙:没有。 这儿 没 卖过 这样 的 香水。

Méiyǒu. Zhèr méi màiguo zhèyàng de xiāngshuǐr.

No, we have never sold this kind of perfume.

(2)这样 的 东西不叫 饺子，叫 包子。

Zhèyàng de dōngxi bú jiào jiǎozi, jiào bāozi.

Things like this are not called jiaozi, but they are baozi.

(3)我 想 要 那样 的 汽车。

Wǒ xiǎng yào nàyàng de qìchē.

I want a car of that kind.

疑问的形式用"什么样"。例如：

In the question form, "shénmeyàng" is used. e. g.

(1)甲:以后,你 想 做 什么样 的 人?

Yǐhòu, nǐ xiǎng zuò shénmeyàng de rén?

What kind of a person do you want to be in the future?

乙:我 想 做我爸爸 那样 的 人。

Wǒ xiǎng zuò wǒ bàba nàyàng de rén.

I want to be a man like my father.

(2)甲:你 想 找 一个 什么样 的 女朋友?

Nǐ xiǎng zhǎo yí gè shénmeyàng de nǚpéngyou?

What kind of a girlfriend do you want?

乙:聪明、 漂亮 的。

Cōngming, piàoliang de.

She must be clever and beautiful.

(3)甲:你 想 要件 什么样 的 衣服?

Nǐ xiǎng yào jiàn shénmeyàng de yīfu?

What kind of jacket do you want?

乙:白色 的、样子 好看 的。

Báisè de、yàngzi hǎokàn de.

I want a white one beautifully cut.

6. 起名　Giving a name

因为 你 的 名字 叫 方 雪芹 啊。

Yīnwèi nǐ de míngzi jiào Fāng Xuěqín a.

Because your name is Fāng Xuě(snow)-qín.

方雪芹的名字中有"雪"字,所以田洪刚开玩笑说"你喜欢下雪,对不对?"没想到他猜对了,方雪芹不仅名字中有"雪"字,她也真的喜欢雪,所以方雪芹问田洪刚,"你怎么知道?"

When he says , "You like snow, don't you", Tian Honggang is only joking, because there is the character "xuě" (snow) in Fang Xueqin's name. He is right, Fang Xueqin does like snow. So Fang asks Tian, "How do you know?"

中国人在给孩子取名字的时候,是很精心的,名字里常常包含了家长对孩子的期望、祝福,或者记录了孩子出生的时间、地方等,所以差不多名字里的每个字都有一定的意义。

Chinese are particular about naming their children. Normally parents put their expectations and good wishes into the name. Sometimes the given name implies the time or place of birth of the child. All in all, every character in a Chinese name has its significance.

和西方不同,中国人的姓名中,名字不是一定的,而是任意选取的。所以中国人的名字原则上没有男用名、女用名之分,只是通常有些字习惯为男孩所用,有些字习惯为女孩所用;但也常常会见到女孩取了一个看似男孩的名,或男孩看似女孩的名。

Unlike given names in the West, a Chinese name reflects the parents' wishes. Generally speaking, there are no male or female names, however, there are names that are customary for boys and names for girls. Exceptions exist, i. e., a boy may have a name which sounds like a girl's and a girl's name may sound like a boy's.

练 习 *Exercises*

一、用"差不多 chàbuduō"和所给的词语回答问题:
Answer the following questions, using* "chàbuduō" *and other given words or phrases.

(1)甲:你 在 西安 住了 多 长 时间?

　　　Nǐ zài Xī'ān zhùle duō cháng shíjiān?

　　乙:＿＿＿＿＿＿＿＿＿＿＿＿＿＿＿(半 年 bàn nián)

(2)甲:你 学 开车 学 得 怎么样 了?

　　　Nǐ xué kāichē xué de zěnmeyàng le?

　　乙:＿＿＿＿＿＿＿＿＿＿＿＿＿＿＿(学会 xuéhuì)

(3)甲:天津 的 天气 怎么样?

　　　Tiānjīn de tiānqì zěnmeyàng?

　　乙:＿＿＿＿＿＿＿＿＿＿＿＿＿(北京 Běijīng)

二、将句型转换成"动词（＋宾语）＋了＋吗？"的形式：

Turn the following into questions in the pattern "verb (+ obj.) + le + ma?".

> 动词（＋宾语）＋了＋没有？ → 动词（＋宾语）＋了＋吗？
>
> verb（＋object）＋ le ＋ méi yǒu? → verb（＋object）＋ le ＋ ma?

(1) 带 好吃 的 了 没有？ →

　　 Dài hǎochī de le méiyǒu? →

(2) 你 吃 饭 了 没有？ →

　　 Nǐ chī fàn le méiyǒu? →

(3) 他 去 南京 了 没有？ →

　　 Tā qù Nánjīng le méiyǒu? →

(4) 今天 你 说 汉语 了 没有？ →

　　 Jīntiān nǐ shuō Hànyǔ le méiyǒu? →

三、用正确的语调说下边的句子：

Read the following sentences with the appropriate intonation:

(1) 带 好吃 的 了 没有？

　　 Dài hǎochī de le méiyǒu?

(2) 今年 北京 怎么 这么 热？

　　 Jīnnián Běijīng zěnme zhème rè?

(3) 昆明 的 天气 比 北京 凉快。

　　 Kūnmíng de tiānqì bǐ Běijīng liángkuai.

(4) 昆明 的 天气 比 北京 潮湿。

　　 Kūnmíng de tiānqì bǐ Běijīng cháoshī.

(5) 差不多 天天 下 雨。

　　 Chàbuduō tiāntiān xià yǔ.

(6) 我 不 喜欢 这样 的 天气。

　　 Wǒ bù xǐhuan zhèyàng de tiānqì.

(7) 你 怎么 知道 我 喜欢 下 雪？

　　 Nǐ zěnme zhīdao wǒ xǐhuan xià xuě?

(8) 因为 你 的 名字 叫 方 雪芹 啊。

　　 Yīnwèi nǐ de míngzi jiào Fāng Xuěqín a.

206

一 厂 厅 币 雨 雨 雨

雨	雨	雨	雨	雨	雨					

一 厂 广 币 币 雪 雪 雪 雪 雪 雪

雪	雪	雪	雪	雪	雪					

ER

二

PART TWO

我希望星期六不下雨

Wǒ Xīwàng Xīngqīliù Bú Xià Yǔ

I hope it is not going to rain this Saturday

新 词 语 *New Words and Phrases*

1.	外边	wàibian	outside
2.	度	dù	degree
3.	那么	nàme	then; so; such
4.	希望	xīwàng	to hope; to wish; hope; wish
5.	眼镜	yǎnjìng	eyeglasses
6.	修(理)	xiū(lǐ)	to repair
7.	糟糕	zāogāo	it's too bad
8.	忘	wàng	to forget
9.	主人	zhǔrén	host
10.	客人	kèrén	guest

怎样表达自己的希望? 怎样询问别人的打算? 让我们看看方雪芹和她爸爸、妈妈的对话。

How do you express a wish? How do you ask about somebody's plan? Let's listen to the conversation between Fang Xueqin and her parents.

（方雪芹下班回到家里）

(Fang Xueqin is back home from her office.)

方雪芹:	爸、妈,我 回来了。
	Bà、mā,wǒ huílai le.
Fang:	Dad and Mum, I am back.
方 母:	外边 怎么样, 热不热?
	Wàibian zěnmeyàng,rè bu rè?
Mother:	How is it outside? Is it hot?
方雪芹:	特别 热。
	Tèbié rè.
Fang:	It's very hot.
方 母:	快 去洗个澡。
	Kuài qù xǐ gè zǎo.
Mother:	Go and have a shower. Quick.
方 父:	明天 凉快, 29 度。
	Míngtiān liángkuai,èrshíjiǔ dù.
Father:	It will be cool tomorrow. It's 29 degrees.
方 母:	明天 怎么 那么 凉快?
	Míngtiān zěnme nàme liángkuai?
Mother:	Why will it be so cool tomorrow?
方 父:	明天 有雨。
	Míngtiān yǒu yǔ.
Father:	It's going to rain tomorrow.
方雪芹:	星期六 下不下雨?
	Xīngqīliù xià bú xià yǔ?
Fang:	Is it going to rain this Saturday?

方　父：	还　不　知道。今天　是　星期三。
	Hái bù zhīdao. Jīntiān shì xīngqīsān.
Father:	It's not forecast yet. Today is Wednesday.
方雪芹：	我　希望　星期六 不 下 雨。
	Wǒ xīwàng xīngqīliù bú xià yǔ.
Fang:	I hope there is no rain this Saturday.
方　母：	星期六 你 要 做　什么？
	Xīngqīliù nǐ yào zuò shénme?
Mother:	What are you going to do this Saturday?
方雪芹：	我　和 几个　朋友　想 去　长城　玩儿……
	Wǒ hé jǐ gè péngyou xiǎng qù Chángchéng wánr……
Fang:	Some friends and I are going to the Great Wall.
方　父：	雪芹，我 的　眼镜　修 好 了 吗？
	Xuěqín, wǒ de yǎnjìng xiū hǎo le ma?
Father:	Have you had my glasses repaired, Xueqin?
方雪芹：	糟糕！　我　忘 了！
	Zāogāo! Wǒ wàng le!
Fang:	It's too bad! I forgot it.

注　释 *Notes*

1. 表示催促　Urging someone to do something

快　去 洗 个 澡。

Kuài qù xǐ gè zǎo.

Go and have a shower. Quick.

"快"的本来意思是"quick(ly)"，在这儿，"快 + 做某事"表示催促别人赶快做某事。例如：
Normally "kuài" means "quick(ly)", but here in the pattern "kuài + do something", it means
"to urge somebody to do something".　For example:

快 + 做某事

Kuài + do something

209

(1) 快　走!　咱们　要　晚　了。

Kuài zǒu!　Zánmen　yào　wǎn　le.

Hurry up!　We'll be late.

(2) 前边　　有　个　小孩儿。快　停　车!

Qiánbian　yǒu gè　xiǎoháir.　Kuài tíng chē!

A child is ahead of us.　Stop!　Be quick!

(3) 快　别　喝　了!　你　已经　喝　了　六　瓶　啤酒　了。

Kuài bié hē le!　Nǐ yǐjīng　hēle　liù píng píjiǔ le.

Stop drinking right away!　You have drunk six bottles of beer.

2. 表示轻快的语气　Expressing a tone of lightness and informality

洗　个　澡

Xǐ gè zǎo

Take a bath

在"洗澡"中间加"个",这个"个"用在动词和宾语之间,表达的语气轻快、随便,动作时间短。例如:

In "xǐ gè zǎo", the measure word "gè" gives the sentence a tone of lightness and informality or the short duration of an action.　For example:

(1) 你　等　我　一下,我　去　洗　个　手。

Nǐ děng wǒ yíxià, wǒ qù　xǐ　gè shǒu.

Wait for me for a while.　I am going to wash my hands.

(2) 我　累　了,我　要　去　睡　个　觉。

Wǒ lèi le. wǒ yào qù shuì gè jiào.

I am tired.　I am going to sleep for a while.

(3) 甲:你　去　哪儿?

Nǐ　qù　nǎr?

Where are you going?

乙:我　去　剪　个　头发。

Wǒ qù jiǎn gè tóufa.

I am going to have a haircut.

3. "动词＋好"表示完善的结果　The phrase "verb + hǎo" expresses that an action has yielded a result of perfection or readiness

我 的 眼镜 修好 了 吗?

Wǒ de yǎnjìng xiūhǎo le ma?

Have you had my glasses repaired?

"好"和动词构成"动词＋好"(如"修好"),表示动作完成并取得了满意的结果。例如:

"Hǎo" in phrases such as "xiūhǎo" indicates that the action "xiū" (to repair) has been completed with a satisfactory result. For example:

(1)甲:饭 做 好 了 没有? 我 饿 了。

　　　Fàn zuòhǎo le méiyǒu? Wǒ è le.

　　　Is dinner ready? I am hungry.

乙:做 好 了,来 吃 吧。

　　Zuòhǎo le, lái chī ba.

　　It's ready. Come and have it.

(2)甲:头发 剪好 了 没有?

　　　Tóufa jiǎnhǎo le méiyǒu?

　　　Have you finish the trimming?

乙:就 要 剪好 了。

　　Jiù yào jiǎnhǎo le.

　　I have nearly finished it.

(3)甲:票 买 好 了 没有?

　　　Piào mǎihǎo le méiyǒu?

　　　Have you bought the ticket?

乙:我 还 没 买。

　　Wǒ hái méi mǎi.

　　I haven't bought it yet.

请人吃饭时,饭后,主人常常会这样问客人:

After a dinner with guests, the host may ask the guests questions like these:

(4)主人:你 们 吃好 了 没有?

　　　　Nǐmen chīhǎo le méiyǒu?

　　　　Do you need anything else?

客人:吃好 了。谢谢 你!

　　　Chīhǎo le. Xièxie nǐ!

　　　No, thank you.

糟糕！ 我 忘 了！
Zāogāo! Wǒ wàng le!
It's too bad! I forgot it!

"糟糕"的意思是"It's too bad.",指事情、情况坏得很。可以放在句子中,也可以单独说。

"Zāogāo!" meaning "It's too bad!", refers to things or situations which are really bad. It can be used in a sentence or independently.

(1) 今天 的 天气 真 糟糕！
Jīntiān de tiānqì zhēn zāogāo!
The weather is too bad today.

(2) 我 的 法语 很 糟糕。
Wǒ de Fǎyǔ hěn zāogāo.
I speak very bad French.

(3) 糟糕！ 我 的 票 没有 了。
Zāogāo! Wǒ de piào méiyǒu le.
It's too bad! My ticket is missing.

(4) 糟糕！ 我 忘 了 带 钱。
Zāogāo! Wǒ wàngle dài qián.
It's too bad! I forgot to bring any money.

练 习 Exercises

一、翻译下边的对话,并模仿造句:

Translate the following dialogues and make sentences of your own after them:

(1) 女：我 爸爸、妈妈 请 你 今天 晚上 来我家。
Wǒ bàba、māma qǐng nǐ jīntiān wǎnshang lái wǒ jiā.

男：希望 他们 能 喜欢 我。
Xīwàng tāmen néng xǐhuan wǒ.

(2) 甲：你 会 修 自行车 吗?
Nǐ huì xiū zìxíngchē ma?

乙：我 会。
Wǒ huì.

甲：帮 我 修修 自行车, 好 吗?
Bāng wǒ xiūxiu zìxíngchē, hǎo ma?

乙: 好。

Hǎo.

(3) 甲: 以前 你们 是 朋友, 对 吗?

Yǐqián nǐmen shì péngyou, duì ma?

乙: 对。不过 我 已经 忘了他的 样子了。

Duì. Búguò wǒ yǐjīng wàngle tā de yàngzi le.

(4) 甲: 你怎么 看 别人 的 书?

Nǐ zěnme kàn biéren de shū?

乙: 我 忘了 带 书。

Wǒ wàngle dài shū.

二、用正确的语调说下边的句子:

Read the following sentences with the appropriate intonation:

(1) 外边 特别 热。

Wàibian tèbié rè.

(2) 快 去洗 个 澡。

Kuài qù xǐ gè zǎo.

(3) 明天 29 度。

Míngtiān èrshíjiǔ dù.

(4) 明天 怎么 那么 凉快?

Míngtiān zěnme nàme liángkuai?

(5) 星期六 下 不 下 雨?

Xīngqīliù xià bú xià yǔ?

(6) 我 希望 星期六 不 下 雨。

Wǒ xīwàng xīngqīliù bú xià yǔ.

(7) 我 的 眼镜 修好 了 吗?

Wǒ de yǎnjìng xiū hǎo le ma?

(8) 还 没 修 好。

Hái méi xiū hǎo.

(9) 糟糕! 我 忘 了!

Zāogāo! Wǒ wàng le!

(10) 我 忘了去 修理 眼镜。

Wǒ wàngle qù xiūlǐ yǎnjìng.

写 汉 字 Writing Demonstration

丶 丶 氵 氵 浐 泮 泮 洗 洗

洗	洗	洗	洗	洗	洗				

丶 丶 氵 氵 汨 汨 汨 澡 澡 澡 澡 澡 澡 澡 澡 澡

澡	澡	澡	澡	澡	澡				

秋天是北京最漂亮的季节
Qiūtiān Shì Běijīng Zuì Piàoliang De Jìjié

Autumn is the most beautiful season in Beijing

新 词 语	*New Words and Phrases*

1.	季节	jìjié	season
2.	春天	chūntiān	spring
3.	夏天	xiàtiān	summer
4.	秋天	qiūtiān	autumn
5.	北方	běifāng	northern part; the north
6.	南方	nánfāng	southern part; the south
7.	东方	dōngfāng	the east; orient
8.	西方	xīfāng	the west
9.	暖和	nuǎnhuo	warm
10.	干燥	gānzào	dry
11.	温度	wēndù	temperature
12.	低	dī	low
13.	让	ràng	let; to ask (somebody to do something)
14.	水龙头	shuǐlóngtóu	tap; faucet
15.	坏	huài	bad; gone wrong
16.	拿	ná	to take with the hands
17.	锁(门)	suǒ	to lock
18.	钥匙	yàoshi	key

1. 北京的四季　Four seasons of Beijing

在北京，一年有四个季节。北京的春天很短。北京的夏天很热。秋天是北京最漂亮的季节。冬天，下雪的时候，北京也特别漂亮。

Zài Běijīng, yì nián yǒu sì gè jìjié. Běijīng de chūntiān hěn duǎn. Běijīng de xiàtiān hěn rè. Qiūtiān shì Běijīng zuì piàoliang de jìjié. Dōngtiān, xià xuě de shíhou, Běijīng yě tèbié piàoliang.

There are four seasons in Beijing. Spring is short, summer is very hot, autumn is the most beautiful and in winter Beijing looks even more beautiful when it snows.

2. "北方、南方"和"东方、西方"　Běifāng(the North), Nánfāng(the South)and Dōngfāng(the East), Xīfāng(the West)

中国的地域很大。南北方在气候、语言、生活习惯等方面都有较大的差异。通常人们习惯以黄河和长江为界，黄河流域及其以北地区为"北方"，长江流域及其以南地区为"南方"。而与"南方、北方"相应的词"东方、西方"所指的概念则大不相同。"东方"是指亚洲（习惯上也包括埃及），"西方"是指欧美。

China is a large country. The Huáng Hé (Yellow River) and the Cháng Jiāng (Yangtze River) are considered the boundary between the south and north, i. e. the area to the north of the Yellow River is Běifāng (the North) and that to the south of Cháng Jiāng is Nánfāng (the South). The North and the South vary considerably in climate, dialect and customs. Note the words Dōngfāng (the East) and Xīfāng (the West) means Asian countries and European and American countries respectively, though they are in the same structure as Běifāng and Nánfāng.

3. 让＋某人＋做某事　The pattern "ràng + somebody + do something"

(1) 让　老年人　先　上　车。

Ràng lǎoniánrén xiān shàng chē.

Let the old people get on first.

(2) 我 太 累 了，让 我 睡 一会儿。

Wǒ tài lèi le, ràng wǒ shuì yíhuìr.

I am very tired. Let me have a short sleep.

(3) 妈妈　让我洗衣服，我 不 想 洗。

Māma ràng wǒ xǐ yīfu, wǒ bù xiǎng xǐ.

Mum asked me to do the laundry, but I don't want to do it.

句 型 练 习　*Sentence pattern drills*

一、用"比"回答问题：

Answer the following questions, using "bǐ":

A ＋ 比 ＋ B ＋ 形容词／动词

A ＋ bǐ ＋ B ＋ adjective/verb

（昆明 的 天气）比 北京 凉 快

(Kūnmíng de tiānqì) bǐ Běijīng liángkuai

(1) 女：冬天　南方　比 北方　暖和。

Dōngtiān Nánfāng bǐ Běifāng nuǎnhuo.

男：对，冬天　北方　没有　南方　暖和。

Duì, dōngtiān Běifāng méiyǒu Nánfāng nuǎnhuo.

问：冬天　哪儿　暖和？

Dōngtiān nǎr nuǎnhuo?

学生：＿＿＿＿＿＿＿＿＿＿＿＿＿＿＿。

(2) 男: 春天　北方　比　南方　干燥。

　　　 Chūntiān Běifāng bǐ Nánfāng gānzào.

　　女: 对，春天　南方　没有　北方　干燥。

　　　 Duì, chūntiān Nánfāng méiyǒu Běifāng gānzào.

　　问: 春天　哪儿　干燥？

　　　 Chūntiān nǎr gānzào?

学生: _____。

(3) 女: 里边　比　外边　温度　低。

　　　 Lǐbian bǐ wàibian wēndù dī.

　　男: 对，外边　没有　里边　温度　低。

　　　 Duì, wàibian méiyǒu lǐbian wēndù dī.

　　问: 哪儿　的　温度　高？

　　　 Nǎr de wēndù gāo?

学生: _____。

(4) 男: 小　张　说　英语　比　我　说　得　好。

　　　 Xiǎo Zhāng shuō Yīngyǔ bǐ wǒ shuō de hǎo.

　　女: 对，你　说　英语　没有　小　张　说　得　好。

　　　 Duì, nǐ shuō Yīngyǔ méiyǒu Xiǎo Zhāng shuō de hǎo.

　　问: 谁　说　英语　比　他　说　得　好？

　　　 Shéi shuō Yīngyǔ bǐ tā shuō de hǎo?

学生: _____。

(5) 女: 我　写　汉字　比　大卫　写　得　好。

　　　 Wǒ xiě Hànzì bǐ Dàwèi xiě de hǎo.

　　男: 对，大卫　写　汉字　没有　你　写　得　好。

　　　 Duì, Dàwèi xiě Hànzì méiyǒu nǐ xiě de hǎo.

　　问: 她　写　汉字　比　谁　写　得　好？

　　　 Tā xiě Hànzì bǐ shéi xiě de hǎo?

学生: _____。

二、用"差不多"回答问题：

Answer the following questions, using "chàbuduō":

> 差不多 天天 下 雨。
> Chàbuduō tiāntiān xià yǔ.

(1)甲：你们 两 个人 谁 高?
　　　Nǐmen liǎng gè rén shéi gāo?

　　乙：我们 两 个人 差不多 高。
　　　Wǒmen liǎng gè rén chàbuduō gāo.

　　问：他们 两 个人 谁 高?
　　　Tāmen liǎng gè rén shéi gāo?

学生：_____。

(2)甲：北京 的 名胜古迹 你 都 参观过 吗?
　　　Běijīng de míngshèng-gǔjì nǐ dōu cānguānguo ma?

　　乙：我 差不多 都 参观 过。
　　　Wǒ chàbuduō dōu cānguānguo.

　　问：北京 的 名胜古迹 她 都 参观过 吗?
　　　Běijīng de míngshèng-gǔjì tā dōu cānguānguo ma?

学生：_____。

(3)甲：今天 的 课 你 都 明白 了 吗?
　　　Jīntiān de kè nǐ dōu míngbai le ma?

　　乙：差不多。
　　　Chàbuduō.

　　问：今天 的 课 他 都 明白 了 吗?
　　　Jīntiān de kè tā dōu míngbai le ma?

学生：_____。

(4)甲：你 认识 这些 人 吗?
　　　Nǐ rènshi zhèxiē rén ma?

　　乙：这些 人 我 差不多 都 认识。
　　　Zhèxiē rén wǒ chàbuduō dōu rènshi.

问：她 认识 这些 人 吗？

Tā rènshi zhèxiē rén ma?

学生：_____。

三、用"快+动词"回答问题：

Answer the following questions, using the phrase "kuài + verb":

快 去 洗 个 澡。

Kuài qù xǐ gè zǎo.

(1)女：快 走！ 咱们 要 晚 了。

    Kuài zǒu! Zánmen yào wǎn le.

问：你 让 他们 做 什么？

    Nǐ ràng tāmen zuò shénme?

学生：_____。

(2)男：快 给 你 爸爸 妈妈 写 信 吧。

    Kuài gěi nǐ bàba māma xiě xìn ba.

问：你 让 她 做 什么？

    Nǐ ràng tā zuò shénme?

学生：_____。

(3)女：快 给 你 女朋友 回 个 电话。

    Kuài gěi nǐ nǚpéngyou huí gè diànhuà.

问：你 让 他 做 什么？

    Nǐ ràng tā zuò shénme?

学生：_____。

(4)女：水龙头 坏 了，快 修修。

    Shuǐlóngtóu huài le, kuài xiūxiu.

问：你 让 他们 做 什么？

    Nǐ ràng tāmen zuò shénme?

学生：_____。

(5)女：快 来！ 电影 就 要 开始 了。

    Kuài lái! Diànyǐng jiù yào kāishǐ le.

问：你 让 他们 做 什么？

    Nǐ ràng tāmen zuò shénme?

学生：_____。

四、用"动词+好"回答问题：

Answer the following questions, using the phrase "verb + hǎo":

动词 + 好

verb + hǎo

眼镜 修 好 了 吗？

Yǎnjìng xiūhǎo le ma?

(1) 男：吃 的 东西 买 好 了 没有？
　　　 Chī de dōngxi mǎihǎo le méiyǒu?

　　 女：已经 买 好 了。
　　　 Yǐjīng mǎihǎo le.

　　 问：他们 吃 的 东西 买 好 了 没有？
　　　 Tāmen chī de dōngxi mǎihǎo le méiyǒu?

　　 学生：＿＿＿＿＿＿＿＿＿＿＿＿＿＿。

(2) 女：饭 做 好 了，快 来 吃饭。
　　　 Fàn zuòhǎo le, kuài lái chī fàn.

　　 男：好 的，来 了。
　　　 Hǎo de, lái le.

　　 问：她 的 饭 做 好 了 吗？
　　　 Tā de fàn zuòhǎo le ma?

　　 学生：＿＿＿＿＿＿＿＿＿＿＿＿＿＿。

(3) 男：你 的 作业 做 好 了 没有？
　　　 Nǐ de zuòyè zuòhǎo le méiyǒu?

　　 孩：还 没 做 好。
　　　 Hái méi zuòhǎo.

　　 男：快 做 作业。
　　　 Kuài zuò zuòyè.

　　 问：他 的 作业 做 好 了 没有？
　　　 Tā de zuòyè zuòhǎo le méiyǒu?

　　 学生：＿＿＿＿＿＿＿＿＿＿＿＿＿＿。

(4) 女：你 的 照相机 修 好 了 吗？
　　　 Nǐ de zhàoxiàngjī xiūhǎo le ma?

　　 男：没 修 好。我 不 会 修。
　　　 Méi xiūhǎo. Wǒ bú huì xiū.

　　 问：他 的 照相机 修 好 了 吗？
　　　 Tā de zhàoxiàngjī xiūhǎo le ma?

　　 学生：＿＿＿＿＿＿＿＿＿＿＿＿＿＿。

五、用"忘"回答问题：
Answer the following questions, using the verb "wàng".

我 忘 了。
Wǒ wàng le!

(1) 女：你 的 书 呢？
　　　 Nǐ de shū ne?

　　 孩：我 忘了拿我的书。
　　　 Wǒ wàngle ná wǒ de shū.

　　 问：他 忘 了 什么？
　　　 Tā wàngle shénme?

　　 学生：＿＿＿＿＿＿＿＿＿＿＿＿。

(2) 男：我 忘了 拿我 的 眼镜。
　　　 Wǒ wàngle ná wǒ de yǎnjìng.

　　 问：他 忘了 什么？
　　　 Tā wàngle shénme?

　　 学生：＿＿＿＿＿＿＿＿＿＿＿＿。

(3) 女：我 忘了 锁 门。　　　　　　(4) 男：我 忘了 带 钥匙。

Wǒ wàngle suǒ mén.　　　　　　Wǒ wàngle dài yàoshi.

问：她 忘了 什么？　　　　　　问：他 忘了 什么？

Tā wàngle shénme?　　　　　　Tā wàngle shénme?

学生：＿＿＿＿＿＿＿＿＿＿＿。　　学生：＿＿＿＿＿＿＿＿＿＿＿。

综合练习 *Comprehensive exercises*

一、根据课文中的情景完成下边的话：

Complete the following passages according to the situation provided by the text:

(1) 田洪刚从昆明回来，他 ＿＿＿＿＿＿＿。田洪刚觉得 ＿＿＿＿＿＿。他告诉同事们，＿＿＿＿＿＿ 凉快，＿＿＿＿ 潮湿，＿＿＿＿＿ 下雨。方雪芹说 ＿＿＿＿＿＿，＿＿＿ 下雪。

Tián Hónggāng cóng Kūnmíng huílai, tā＿＿＿＿＿＿＿ .Tián Hónggāng juéde＿＿＿＿＿＿ .Tā gàosu tóngshìmen,＿＿＿＿＿ liángkuai,＿＿＿＿ cháoshī,＿＿＿＿＿ xià yǔ. Fāng Xuěqín shuō＿＿＿＿＿＿ ,＿＿＿＿ xià xuě.

(2) 方雪芹下班回家，她告诉妈妈外边 ＿＿＿＿。爸爸告诉她们，＿＿＿＿＿＿＿。她问爸爸 ＿＿＿＿＿＿。她希望 ＿＿＿＿＿，因为 ＿＿＿＿＿＿＿。可是爸爸也不知道。

Fāng Xuěqín xiàbān huíjiā, tā gàosu māma wàibian＿＿＿＿ .Bàba gàosu tāmen, ＿＿＿＿＿＿＿ .Tā wèn bàba＿＿＿＿＿＿ .Tā xīwàng＿＿＿＿＿ ,yīnwèi＿＿＿＿＿＿ .Kěshì bàba yě bù zhīdao.

二、回答问题：

Answer the following questions:

(1) 你 喜欢 什么样 的 天气？

Nǐ xǐhuan shénmeyàng de tiānqì?

(2) 你 最 喜欢 哪 个 季节？

Nǐ zuì xǐhuan něi gè jìjié?

(3) 周末 你 想 做 什么？

Zhōumò nǐ xiǎng zuò shénme?

221

(4) 你 会 修 汽车 吗?
　　Nǐ huì xiū qìchē ma?

(5) 对 你 的 孩子, 你 有 什么 希望?
　　Duì nǐ de háizi, nǐ yǒu shénme xīwàng?

三、意念表达:(用本课学过的表达方式)

Express the following notions, using the expressions you have learnt in this lesson:

(1) 你请朋友吃饭。饭后,你说:

　　You have invited some friends to dinner. After dinner, you say...

(2) 你的工作快做完了的时候,老板问你的工作做得怎么样。你回答:

　　When you nearly finish your work, your boss asks you how well you did it.
　　You answer...

(3) 你和朋友一起去看电影,就要晚了,你催促你的朋友:

　　You and some friends are going to the movie. As it is too late, you urge
　　your friends by saying...

(4) 你突然发现没带钥匙:

　　You suddenly find that you haven't brought your key with you.

(5) 比比你的两个朋友的个子的高矮:

　　Compare the statures of two friends.

四、情景会话:

Compose a dialogue on the following situation:

　　在修理部修理手表。

　　At a watchmaker's.

五、请你说:(至少用上五个本课所学过的词语)

Speak on the following topics (At least 5 of the words in this lesson should be used in your talk):

(1) 你们国家的气候情况怎样。

　　What is the weather like in your country?

(2) 在你们国家是怎么给孩子起名字的。

　　How do parents give their child a name in your country?

222

一、注意句子的升降调及所表示的意义：

Pay attention to the meanings expressed by the rising and falling tones:

(1) 你带 好吃 的了 没有？↗

　Nǐ dài hǎochī de le méiyǒu? ↗

　我带 好吃 的了。↘

　Wǒ dài hǎochī de le. ↘

(2) 你哥 来信了 没有？↗

　Nǐ gē lái xìn le méiyǒu? ↗

　我哥 来信了。↘

　Wǒ gē lái xìn le. ↘

(3) 他习惯了 那儿的　生活 了 没有？↗

　Tā xíguànle nàr de shēnghuó le méiyǒu? ↗

　他已经 习惯了那儿的　生活 了。↘

　Tā yǐjīng xíguànle nàr de shēnghuó le. ↘

(4) 我的 眼镜 修 好了 没有？↗

　Wǒ de yǎnjìng xiū hǎo le méiyǒu? ↗

　你的 眼镜 还 没 修 好。↘

　Nǐ de yǎnjìng hái méi xiū hǎo. ↘

(5) 你给她买 礼物了 没有？↗

　Nǐ gěi tā mǎi lǐwù le méiyǒu? ↗

　我还没 给她买礼物。↘

　Wǒ hái méi gěi tā mǎi lǐwù. ↘

二、朗读下边的词语扩展，注意各个词在扩展过程中读音轻重和长短的变化：

Read aloud the" Pyramid" exercise, paying attention to the change of stress and length of each word:

热

rè

这么热

zhème rè

怎么 这么 热

zěnme zhème rè

天气 怎么 这么 热

tiānqì zěnme zhème rè

北京 的 天气 怎么 这么 热

Běijīng de tiānqì zěnme zhème rè

今年 北京 的 天气 怎么 这么 热

jīnnián Běijīng de tiānqì zěnme zhème rè

走马观花 *A Glimpse of Modern Chinese Culture*

中国的气候
China's climate

中国地域辽阔，横跨地球的亚寒带、温带、暖温带、亚热带、热带五个气候带，气候差异很大。因为背靠世界上最大的大陆欧亚大陆，面向世界上最大的海洋太平洋，中国是世界上最著名的季风气候区。

China is a large country extending across five climate zones, namely, the subfrigid, the temperate, the warm-temperate, the subtropical and tropical. With Eurasia, the world's largest continent, behind her and the Pacific, the world's largest ocean, in front of her, China has the world's most famous monsoon climatic zone.

冬天的时候，冷空气从西伯利亚和蒙古进入并横扫大部分中国，直奔东南沿海。因此大部分地区寒冷而干燥，是世界上同纬度中较寒冷的国家。

In winter, the cold air flows from Siberia and Mongolia into China and sweeps across the greater part of its territory leaving on the southeastern coast. That is why the greater part of China is cold and dry and is colder than other countries on the same latitude.

夏天的时候，季风从太平洋和印度洋吹向中国大陆，使大部分地区降水集中在夏季，尤其是中国的东南部，成为世界上同纬度降水量较多的地区。但西北内陆，降水量仍很少。

In summer, the monsoon blows into China from the Pacific and Indian Oceans, bringing rain to the greater part of China, especially southeastern regions. China has a higher annual rainfall than other countries on the same latitude, however, in northwest China there is a shortage of rain.

总体上来说,中国的气候四季比较分明。以秦岭、淮河为界,北方冬季寒冷干燥,南方夏季炎热多雨。

Generally speaking there is a clear difference between seasons in China. To the north of the Qin Ling Range and the Huai River, it is cold and dry in winter and to the south, it is hot and rainy in summer.

以上只是中国气候的简要介绍。如果你想了解某地的详细天气预报,你可以通过当地的电话查询,电话号码是:121。

The above is a brief account of China's climate. If you need to know the climate of a particular place or the weather forecast, you can check it by dialing 121, the number of the weather forecast station.

写汉字 *Writing Demonstration*

一 二 三 声 夫 表 春 春 春

| 春 | 春 | 春 | 春 | 春 | 春 | | | | | |

一 一 丆 丆 百 百 百 百 戸 夏 夏

| 夏 | 夏 | 夏 | 夏 | 夏 | 夏 | | | | | |

第十九课
Dì - shíjiǔ   Kè

LESSON NINETEEN

语 用 范 例 *Examples of Usage*

1. 赞叹风景   *Admiring the landscape*

你　看，这儿　的 风 景 多 美 啊。
Nǐ　kàn， zhèr　de fēngjǐng duō měi a.
you to look, here （structural particle） landscape how beautiful （modal particle）
Look! How beautiful the landscape is here!

2. 照相时常说的话   *Making people smile when photographed.*

笑 一 笑，说 "茄子"。
Xiào　yí xiào, shuō "qiézi".
to smile a smile, say "qiézi"
Smile and say "qiézi".

准 备 好 了，　　一 — 二 — 三 —（茄子）……
Zhǔnbèi hǎo le，　　yī — èr — sān —（qiézi）……
ready, （modal particle）, one—two—three—（qiézi）…
Ready, one—two—three—（qiézi）...

3. 请某人帮忙做某事　*Asking for help*

麻烦　您，帮　我们　照　张　相，好吗？
Máfan nín, bāng wǒmen zhào zhāng xiàng, hǎo ma?
to trouble respectful you, to help us to take （measure word）picture, good （interrogative particle）
Excuse me, but could you take a picture for us?

4. 表达某种极端的程度　*Expressing an extreme degree*

饿　死　了。
È sǐ le.
hungry dead（modal particle）
I'm extremely hungry.

我　渴　死　了。
Wǒ kě sǐ le.
I thirsty dead（modal particle）
I'm extremely thirsty.

5. 列数多项事物　*Listing a series of things*

我　要　面包、火腿　和　牛奶，还有　巧克力。
Wǒ yào miànbāo、huǒtuǐ hé niúnǎi, háiyǒu qiǎokèlì.
I to want bread, ham and milk, and chocolate.
I want bread, ham and milk, and chocolate.

我给你们照张相

Wǒ Gěi Nǐmen Zhào Zhāng Xiàng

Let me take a picture of you

新 词 语 *New Words and Phrases*

1.	风景	fēngjǐng	landscape
2.	美	měi	beautiful
3.	站	zhàn	to stand
4.	照相	zhàoxiàng	to have a picture taken
	相片儿	xiàngpiānr	photograph
5.	照相机	zhàoxiàngjī	camera
6.	笑	xiào	to smile; to laugh
7.	茄子	qiézi	eggplant
8.	位	wèi	a measure word for a person with respect
9.	准备	zhǔnbèi	to prepare
10.	胶卷	jiāojuǎn(r)	film
11.	完	wán	to finish
12.	词典	cídiǎn	dictionary
13.	菜单	càidān	menu

课 文 *Text*

　　朋友们一起出去玩儿,照相少不了。给别人照相时怎样让他们留下好表情?怎样请别人帮忙? 我们来看看方雪芹和她的同事们的一次郊游。

When they go out together, people always take some pictures. How do you make your friends look relaxed when they are photographed? How do you ask someone to help you? Here is what happens when Fang Xueqin and her colleagues are on an outing.

（方雪芹、李文龙及方雪芹办公室的同事们在旅游地。）

(Fang Xueqin, Li Wenlong and Fang's colleagues have arrived at a place.)

方雪芹：你看,这儿的 风景 多美啊。
　　　　Nǐ kàn,zhèr de fēngjǐng duō měi a.

Fang: 　Look, how beautiful the landscape is here. .

杨 丽：（对方和李）你们 站 在这儿,我给 你们 照 张 相。
　　　　　　　　Nǐmen zhàn zài zhèr, wǒ gěi nǐmen zhào zhāng xiàng.

Yang Li: (To Fang and Li) Stand there. I'll take a picture of you.

方雪芹：（递过相机）用 我 的 照相机。
　　　　　　　Yòng wǒ de zhàoxiàngjī.

Fang: (Handing the camera to Yang) Use my camera.

杨 丽：好, 笑 一 笑, 说 "茄子"。
　　　　Hǎo,xiào yi xiào,shuō "qiézi".

Yang: 　Good. Now smile and say "Qiézi".

李文龙：我 给 你们 几 位 也 照 一 张。
　　　　Wǒ gěi nǐmen jǐ wèi yě zhào yì zhāng.

Li: 　Let me take a picture of you all.

赵天会：大家 一起 照 一 张 吧。（对一位过路人）麻烦 你,
　　　　Dàjiā yìqǐ zhào yì zhāng ba.　　　　　　　Máfan nǐ,

　　　　帮 我们 照 张 相, 好 吗?
　　　　bāng wǒmen zhào zhāng xiàng,hǎo ma?

Zhao: 　Let's have a picture taken together. (To a passer-by) Excuse me, but could you take a picture for us?

过路人：好。（接过相机）准备 好 了——一——二——三——,好了。
　　　　Hǎo.　　　　Zhǔnbèi hǎo le — yī — èr — sān —, hǎo le.

Passer-by: Sure. (Taking the camera) Good. Ready. One – Two – Three, OK.

赵天会：（接过相机）谢谢 你!
　　　　　　　　Xièxie nǐ!

229

Zhao: (Taking the camera) Thank you!

过路人： 不 客气。

Bú kèqi.

Passer-by: You're welcome.

赵天会： （忽然发现照相机在沙沙响）哦，胶卷 照 完了,得 去 买

Ó,jiāojuǎnr zhào wán le,děi qù mǎi

胶卷。

jiāojuǎnr.

Zhao: (Suddenly the sound of rewinding is heard) Oh, the film is

finished. I must go and buy a new one.

方雪芹： 正好 我 也 饿了,咱们 去 吃 饭吧。

Zhènghǎo wǒ yě è le,zánmen qù chī fàn ba.

Fang: And I am feeling hungry. Let's go and have something to eat.

杨 丽： 好 啊,走。

Hǎo a,zǒu.

Yang: O. K. Let's go!

注 释 *Notes*

1. 在动词和宾语之间加入量词 Inserting a measure word between the verb and object

我 给 你们 照 张 相。

Wǒ gěi nǐmen zhào zhāng xiàng.

Let me take a picture of you.

像以前学过的"洗个澡"一样,在"照相"中间插入一个量词"张",表达一种轻快、随便的语气。

Just like the phrase"xǐ gè zǎo", when it is inserted between "zhào" and "xiàng", the measure word"zhāng"shows a light and informal tone.

(1) 甲: 我 给 你 照　张　相。

Wǒ gěi nǐ zhào zhāng xiàng.

I'll take a picture of you.

乙: 谢谢。我　站　在 这儿,好　吗?

Xièxie. Wǒ zhàn zài zhèr, hǎo ma?

Thanks. I'll stand here. OK?

(2) 甲: 给 我们　在 这儿 照　张　相。

Gěi wǒmen zài zhèr zhào zhāng xiàng.

Take a picture of us here.

乙: 好 的,不过 我 不太 会　照相。

Hǎo de, búguò wǒ bú tài huì zhàoxiàng.

Sure, but I am not very good at taking pictures.

2. "用"的用法　The usage of "yòng"

用　我　的　照相机。
Yòng wǒ de zhàoxiàngjī.
Use my camera.

"用"的意思是"to use"。
"Yòng" means "to use".

(1) 甲: 我 可以 用 一下 你 的 自行车 吗?

Wǒ kěyǐ yòng yíxià nǐ de zìxíngchē ma?

May I use your bicycle?

乙: 当然　可以。给 你 车 钥匙。

Dāngrán kěyǐ. Gěi nǐ chē yàoshi.

Sure. Here is the key to my bike.

(2) 甲: 我　这本　词典 已经 用了 五　年 了。

Wǒ zhè běn cídiǎn yǐjīng yòngle wǔ nián le.

I have used this dictionary for five years.

231

乙:用 了那么 长 时间！

Yòngle nàme cháng shíjiān!

It's a long time.

还可以构成这样的结构："用＋名词＋做某事"。"用"后面的名词是完成动作所用的工具。例如：

"Yòng" can also be used in the pattern "yòng ＋ object ＋ to do something". The object is an instrument to complete the action denoted by the verb. For example:

用 ＋名词 ＋做某事

yòng ＋ noun ＋ to do something

(1) 甲:这 句 话 用 汉语 怎么 说?

Zhè jù huà yòng Hànyǔ zěnme shuō?

What is the Chinese for this sentence?

乙:我 也 不 知道。

Wǒ yě bù zhīdao.

I don't know.

(2) 他 用 手 画画儿,不 是 用 笔画。

Tā yòng shǒu huà huàr, bú shì yòng bǐ huà.

He draws with his fingers, but not with a painting brush.

另外,请别人吃、喝时,我们还常常用"用"来代替"吃、喝",表示对客人的尊敬。例如:

Also, "yòng" can be used as a polite expression to replace the verbs "chī" (to eat) or "hē" (to drink) when we invite somebody to some food or drink.

(1) 甲:请 用 茶。

Qǐng yòng chá.

Please have some tea.

乙:好, 谢谢。

Hǎo, xièxie.

Thanks.

(2) 甲：请 大家 到里边 用 饭。

Qǐng dàjiā dào lǐbian yòng fàn.

Please come in here to have dinner, everybody.

乙：请， 请 到里边 坐。

Qǐng, qǐng dào lǐbian zuò.

Please. Please come in and have a seat.

大家：谢谢。

Xièxie.

Thanks.

3. 照相的时候说"茄子" Say "qiézi" when having a picture taken

笑 一 笑，说"茄子"。

Xiào yi xiào, shuō "qiézi".

Smile and say "qiézi".

照相的时候，中国人说"茄子"就像美国人说"cheese"一样。

When Chinese people have their picture taken, they say "qiézi", just as Americans and other English speaking people say "cheese".

4. 量词"位" The measure word "wèi"

我 给 你们 几位 也 照 一 张。

Wǒ gěi nǐmen jǐ wèi yě zhào yì zhāng.

Let me take a picture of you all.

"位"是一个量词,用于人,含有敬意。例如:

The measure word "wèi" is used to show respect for a person. For example:

(1) 这 位 是 吴 先生， 那 位 是 吴 太太。

Zhèi wèi shì Wú xiānsheng, nèi wèi shì Wú tàitai.

This is Mr. Wu and that is Mrs. Wu.

233

(2)（在饭馆门前）

（In front of a restaurant）

甲：请 问 你们 有几位？

Qǐng wèn nǐmen yǒu jǐ wèi?

Excuse me, but may I ask

how many people you have?

乙：四位。

Sì wèi.

Four.

(3) 甲：你们 几位吃 什么？

Nǐmen jǐ wèi chī shénme?

What would you like to order?

乙：我们 先 看看 菜单 吧。

Wǒmen xiān kànkan càidān ba.

We shall have a look at the menu first.

5. "动词＋完"结构表示动作的完成
The compound "verb ＋ wán" indicating the completion of an action

胶卷 照 完 了。

Jiāojuǎnr zhào wán le.

The film is finished.

"动词＋完"，表示动作、事情的完成或完结。例如：

"Verb ＋ wán" compound indicates the completion of an action or the conclusion of something.

For example:

(1) 甲：吃 完 饭 你 做 什么？

Chī wán fàn nì zuò shénme?

What are you going to do after dinner?

乙：吃 完 饭 我 就 得 去 学 校。

Chī wán fàn wǒ jiù děi qù xuéxiào.

I am going to school after dinner.

(2) 甲：这 本 书 你 看 完 了 吗？

Zhè běn shū nǐ kàn wán le ma?

Have you finished reading this book?

乙：没 看 完。

Méi kàn wán.

Not yet.

(3)甲：你的 画儿 画 完了 没有？

Nǐ de huàr huà wán le méiyǒu?

Have you finished painting this picture?

乙：画 完了，但是 没 画 好。

Huà wán le, dànshì méi huà hǎo.

Yes, I have, but I didn't paint it well.

练 习 *Exercises*

一、看图说话，并用上适当的数词和量词：

Speak on the following pictures, using appropriate numerals and measure words.

图 1

_____

图 2

_____

图 3

_____

图 4

_____

图 5  图 6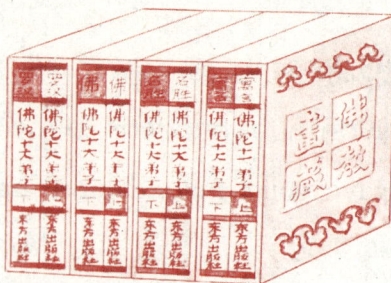

_____   _____

图 7

_____

二、说说可以用量词"张"的物品：
Give some articles which go with the measure word "zhāng".

三、用正确的语调说下边的句子：
Read the following sentences with the appropriate intonation.

(1) 这儿 的 风景 多美 啊。
　　Zhèr de fēngjǐng duō měi a.

(2) 你们 站 在 这儿, 我 给 你们 照 张 相。
　　Nǐmen zhàn zài zhèr, wǒ gěi nǐmen zhào zhāng xiàng.

(3) 我 给 你们 几 位 也 照 一 张。
　　Wǒ gěi nǐmen jǐ wèi yě zhào yì zhāng.

(4) 大家 一起 照 一 张 吧。
　　Dàjiā yì qǐ zhào yì zhāng ba.

(5) 麻烦你，帮 我们 照 张 相，好 吗？
Máfan nǐ, bāng wǒmen zhào zhāng xiàng, hǎo ma?

(6) 准备 好了，——一——二——三——，好 了。
Zhǔnbèi hǎo le— yī — èr— sān—, hǎo le.

(7) 笑 一 笑，说 "茄子"。
Xiào yí xiào, shuō "qiézi".

(8) 用 我 的 照相机 吧。
Yòng wǒ de zhàoxiàngjī ba.

(9) 你 可以 用 我 的 胶卷儿。
Nǐ kěyǐ yòng wǒ de jiāojuǎnr.

(10) 胶卷儿 照 完了，得 去 买 胶卷儿。
Jiāojuǎnr zhào wán le, děi qù mǎi jiāojuǎnr.

写 汉 字 *Writing Demonstration*

一 十 才 木 朾 机 相 相 相

相	相	相	相	相	相				

一 十 才 木 朾 机

机	机	机	机	机	机				

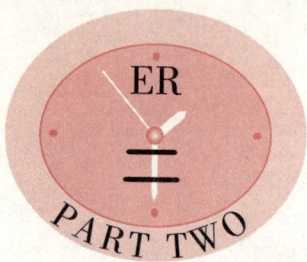

饿死了
Èsǐ Le

I feel famished

1. ……死了	sǐ le	deadly; extremely
死	sǐ	to die
2. 休息	xiūxi	to take a rest
3. 够	gòu	enough
4. 面包	miànbāo	bread
5. 火腿	huǒtuǐ	ham
6. 牛奶	niúnǎi	milk
7. 巧克力	qiǎokèlì	chocolate
8. 跟……一样	gēn…yíyàng	same as
一样	yíyàng	same
9. 爱	ài	to like; to love
10. 随便	suíbiàn	as one likes; to someone's convenience

课 文 *Text*

当你饿极了的时候,用汉语怎么说?表达喜爱的时候,除了"喜欢"还可以怎么说?两个事物或两种情况一样,用汉语怎么说? 我们看看方雪芹和她的同事们玩儿累了以后做的事。

How do you express the idea of hungry in Chinese? Beside Xǐhuan, what other words or phrases can you use when you are fond of something? How do you express the idea of likeness in Chinese? Let's watch what Fang Xueqin and her colleagues do when they are tired.

(方雪芹等一行人来到山下的休息处)

(Fang Xueqin and others have come to the hillside to rest.)

方雪芹： 饿死了。

Èsǐ le.

Fang: I am famished.

杨 丽： 我 渴死了。

Wǒ kěsǐ le.

Yang: I am very thirsty.

赵天会： 你们 在 这儿 休息，我 去 买 东西。

Nǐmen zài zhèr xiūxi, wǒ qù mǎi dōngxi.

Zhao: You take a rest here while I go and get some food and drink.

李文龙： 老 赵，我 和 你 一起 去。

Lǎo Zhào, wǒ hé nǐ yìqǐ qù.

Li: Lao Zhao, let's go together.

方雪芹： 我 也 去。

Wǒ yě qù.

Fang: And me.

赵天会： 你们 休息吧。

Nǐmen xiūxi ba.

Zhao: You take a rest.

李文龙： 对，我们 两 个人 去 就 够了。

Duì, wǒmen liǎng gè rén qù jiù gòu le.

Li: Yes, two of us are enough.

赵天会： 你们 吃 什么？

Nǐmen chī shénme?

Zhao: What do you want to eat?

方雪芹： 我 要 面包、火腿 和 牛奶，还有 巧克力。

Wǒ yào miànbāo、huǒtuǐ hé niúnǎi, háiyǒu qiǎokèlì.

Fang: Bread, ham and milk, and chocolate.

赵天会： （问杨丽）你呢？

Nǐ ne?

Zhao: (To Yang Li) What about you?

杨 丽： （因疲惫而不假思索地）我 跟 雪芹 一样 吧。

Wǒ gēn Xuěqín yíyàng ba.

239

Yang:	(Too tired to think about it) The same as Xueqin.
赵天会:	你 也 要 巧克力 吗?
	Nǐ yě yào qiǎokèlì ma?
Zhao:	You want chocolate, too?
杨 丽:	(突然醒悟)哦,我 不 要 巧克力,我 也 不 爱 喝 牛奶,
	Ò, wǒ bú yào qiǎokèlì, wǒ yě bú ài hē niúnǎi,
	我 要 矿泉水 吧。
	wǒ yào kuàngquánshuǐ ba.
Yang:	(Suddenly realizing her absent-mindedness) Oh, no, I don't want
	chocolate and milk. I want mineral water.
赵天会:	(边走边问)文龙, 你 呢?
	Wénlóng, nǐ ne?
Zhao:	(To Li while turning around) Wenlong, what about you?
李文龙:	我 随便。
	Wǒ suíbiàn.
Li:	Anything will do.

注 释 Notes

1. 表示极端的程度 Expressing an extreme degree

饿死了。

È sǐ le.

I am famished.

"形容词 + 死了"在这儿表示程度非常高,达到极点,这里的形容词一般是消极意义的单音节的形容词。例如:

"Sǐ" in "adjective + sǐ le" indicates an extreme degree. Here the adjective is usually a single syllable and carries a "bad" sense. For example:

形容词 + 死了

Adjective + sǐ le

忙死了——这个 星期 他 忙死了。

mángsǐ le——Zhèige xīngqī tā mángsǐ le.

terribly busy – He has been terribly busy this week.

热死了——今年 夏天 北京 热死了。

rèsǐ le —— Jīnnián xiàtiān Běijīng rèsǐ le.

terribly hot – It's terribly hot in Beijing this summer.

慢死了——这 车 慢死了。

mànsǐ le——Zhè chē mànsǐ le.

terribly slow – This car is terribly slow.

2. 表示比较（二）　Expression of comparison（2）

我 跟 雪芹 一样 吧。

Wǒ gēn Xuěqín yíyàng ba.

I want the same as Xueqin.

"我跟雪芹一样吧"意思是"我跟雪芹一样,我也要面包、火腿和牛奶,还有巧克力"。"A 跟 B 一样"＝"the same as",也可以说"A 和 B 一样"。在这儿,"跟"与"和"一样都是介词,相当于"as; to be like"。例如:

"Wǒ gēn Xuěqín yíyàng ba" means "Wǒ gēn Xuěqín yíyàng, wǒ yě yào miànbāo, huǒtuǐ hé niúnǎi, háiyǒu qiǎokèlì." (I want what Xueqin wants: bread, ham and milk, and chocolate.) "A gēn B yíyàng" or "A hé B yíyàng" is equal to "the same as". Here both "gēn" and "hé" are prepositions meaning "as, to be like". e. g.

> A ＋ 跟／和 ＋ B ＋ 一样
>
> A ＋ gēn/hé ＋ B ＋ yíyàng

(1) 我 跟 我 爸爸 一样, 都 喜欢 早睡 早起。

Wǒ gēn wǒ bàba yíyàng, dōu xǐhuan zǎoshuì zǎoqǐ.

Like my father, I also like to go to bed early and get up early.

(2) 这 件 衣服 跟 那 件 衣服 颜色 一样，样子 不 一样。

Zhèi jiàn yīfu gēn nèi jiàn yīfu yánsè yíyàng, yàngzi bù yíyàng.

This jacket and that jacket are the same color, but different in style.

(3) 甲：美国 的 英语 和 英国 的 英语 一样 吗？

Měiguó de Yīngyǔ hé Yīngguó de Yīngyǔ yíyàng ma?

Is American English the same as British English?

乙：差不多 一样。

Chàbuduō yíyàng.

Almost the same.

3. "随便"的用法　The use of "suíbiàn"

我 随便。

Wǒ suíbiàn.

Anything will do for me.

"随便" 表示不加限制，选择什么、怎么决定都可以。相当于 "anything will do, as one likes"。可以单独使用，也可以在后面加动词，构成"随便＋动词"。例如：

The word "suíbiàn" means "there is no restriction, anything will do, etc.". It can be used independently or followed by a verb to form the phrase "suíbiàn ＋ verb". For example:

(1) 甲：你 想 吃 什么？

Nǐ xiǎng chī shénme?

What do you want to eat?

乙：我 随便。

Wǒ suíbiàn.

Anything will do for me.

(2) 甲：你们 想 去 哪儿 玩？

Nǐmen xiǎng qù nǎr wánr?

Where do you want to go?

乙：随便 去 哪儿 都 行。

Suíbiàn qù nǎr dōu xíng.

Anywhere will do.

(3) 甲：我 不 想 去 见 他。

Wǒ bù xiǎng qù jiàn tā.

I don't want to go and see him.

乙:去 不 去 随 你 的 便。

Qù bú qù suí nǐ de biàn.

It's up to you whether you go or not.

甲:好 吧,那 我 不 去 了。

Hǎo ba,nà wǒ bú qù le.

In that case, I will not go.

主人招待客人时,常常会说:

The host often relaxes the guests at dinner by saying.

(1) 你 随便 吃,不要 客气。

Nǐ suíbiàn chī, bú yào kèqi.

Help yourself and make yourself at home.

(2) 随便 一点儿,跟 在 你 家 里 一样。

Suíbiàn yìdiǎnr,gēn zài nǐ jiā lǐ yíyàng.

Don't be formal, be just as you are at home.

练 习 *Exercises*

一、记住下边的词语并用它们分别造句:

Learn the following expressions by heart and use them in sentences .

忙死了	mángsǐ le	热死了	rèsǐ le
慢死了	mànsǐ le	渴死了	kěsǐ le
累死了	lèisǐ le	冷死了	lěngsǐ le
吵死了	chǎosǐ le		

二、用"够"或"爱"完成对话:

Complete the following dialogues, using "gòu" *or* "ài" .

(1)甲:给 你 一百 块 钱,够 不 够?   (2)甲:这些 橙子 够 三 斤 吗?

Gěi nǐ yìbǎi kuài qián,gòu bú gòu?   Zhèxiē chéngzi gòu sān jīn ma?

乙:_____。   乙:_____。

(3) 甲：这 瓶啤酒够 不够 两 个人 喝？
　　Zhè píng píjiǔ gòu bú gòu liǎng gè rén hē?

乙：_____。

(4) 甲：这些 钱 买一 个 照相机， 够 吗？
　　Zhèxiē qián mǎi yí gè zhàoxiàngjī, gòu ma?

乙：_____。

(5) 甲：我 喜欢 做饭，你呢？
　　Wǒ xǐhuan zuò fàn, nǐ ne?

乙：_____。

(6) 甲：我 妹妹 太喜欢　 漂亮 衣服了。
　　Wǒ mèimei tài xǐhuan piàoliang yī fu le.

乙：_____。

(7) 甲：你喜欢　 什么　 运动？
　　Nǐ xǐhuan shénme yùndòng?

乙：_____。

三、用正确的语调说下边的句子：

Read the following sentences with the appropriate intonation .

(1) 我 饿死 了。
　　Wǒ èsǐ　 le.

(2) 我 渴死 了。
　　Wǒ kěsǐ　 le.

(3) 你们 在 这儿 休息，我 去 买 东西。
　　Nǐmen zài zhèr　 xiūxi, wǒ qù mǎi dōngxi.

(4) 我们　 两 个人去 就 够 了。
　　Wǒmen liǎng gè rén qù jiù gòu　 le.

(5) 我 要　 面包、火腿 和 牛奶，还有 巧克力。
　　Wǒ yào miànbāo、huǒtuǐ hé niúnǎi, háiyǒu qiǎokèlì.

(6) 我 跟 雪芹 一样，也要　 面包 和火腿。
　　Wǒ gēn Xuěqín yíyàng, yě yào miànbāo hé huǒtuǐ.

(7) 我 不 要 巧克力，我 也不 爱喝 牛奶，我 要　 矿泉水。
　　Wǒ bú yào qiǎokèlì, wǒ yě bú ài　 hē niúnǎi, wǒ yào kuàngquánshuǐ.

(8) 我 随便 吃 什么　 都 行。
　　Wǒ suíbiàn chī shénme dōu xíng.

丿 亻 亻 仃 什 付 休

| 休 | 休 | 休 | 休 | 休 | 休 | | | | | |

丿 亻 亇 白 自 自 自 息 息 息

| 息 | 息 | 息 | 息 | 息 | 息 | | | | | |

SAN

三

PART THREE

我妈妈爱看小说

Wǒ Māma ài Kàn Xiǎoshuō

My mother likes to read novels

新词语 *New Words and Phrases*

1.	筷子	kuàizi	chopsticks
2.	刀子	dāozi	knife
3.	叉子	chāzi	fork
4.	铅笔	qiānbǐ	pencil
5.	钢笔	gāngbǐ	pen
6.	语法	yǔfǎ	grammar
7.	语音	yǔyīn	phonetics
8.	小说	xiǎoshuō	fiction; novel
9.	花（钱）	huā(qián)	to spend (money)
10.	牛排	niúpái	beefsteak

11. 汉堡包	hànbǎobāo	hamburger
12. 爱好	àihào	to love to do something; hobby
13. 性格	xìnggé	character

句型练习 *Sentence pattern drills*

一、用"用＋名词＋做某事"回答问题：
Answer the following questions, using the phrase *"yòng ＋ object ＋ to do something"*.

用 我的 照相机（照相）。
Yòng wǒ de zhàoxiàngjī (zhàoxiàng).

(1) 中国人：我 用 筷子 吃饭。
　　　　　Wǒ yòng kuàizi chī fàn.

　　问：中国 人 习惯 用 什么 吃饭？
　　　Zhōngguó rén xíguàn yòng shénme chī fàn?

　　学生：＿＿＿＿＿＿＿＿＿＿＿＿＿。

(2) 外国人：我 用 刀子 和 叉子 吃饭。
　　　　　Wǒ yòng dāozi hé chāzi chī fàn.

　　问：西方 人 习惯 用 什么 吃饭？
　　　Xīfāng rén xíguàn yòng shénme chī fàn?

　　学生：＿＿＿＿＿＿＿＿＿＿＿＿＿。

(3) 女：这个 不可以 用 铅笔 写。
　　　Zhège bù kěyǐ yòng qiānbǐ xiě.

　　男：好。
　　　Hǎo.

　　问：她 说 不可以 用 什么 写？
　　　Tā shuō bù kěyǐ yòng shénme xiě?

　　学生：＿＿＿＿＿＿＿＿＿＿＿。

(4) 男：我 应该 用 什么 笔 写？
　　　Wǒ yīnggāi yòng shénme bǐ xiě?

　　女：你 应该 用 钢笔 写。
　　　Nǐ yīnggāi yòng gāngbǐ xiě.

　　问：他 应该 用 什么 笔 写？
　　　Tā yīnggāi yòng shénme bǐ xiě?

　　学生：＿＿＿＿＿＿＿＿＿＿＿。

二、用"动词＋完"回答问题：

Answer the following questions, using the compound "verb + wán".

胶卷　　照完了。

Jiāojuǎnr zhàowán le.

(1) 女：汉语　语法 你们　都　学完 了 吗?

Hànyǔ yǔfǎ nǐmen dōu xuéwán le ma?

男：还 没　学完。

Hái méi xuéwán.

问：汉语　语法 他们　都　学完 了 吗?

Hànyǔ yǔfǎ tāmen dōu xuéwán le ma?

学生：＿＿＿＿＿＿＿＿＿＿＿＿＿＿＿＿＿＿＿＿。

(2) 男：汉语　语音 老师　给 你们　讲完 了 吗?

Hànyǔ yǔyīn lǎoshī gěi nǐmen jiǎngwán le ma?

女：老师　给 我们　讲完 了。

Lǎoshī gěi wǒmen jiǎngwán le.

问：汉语　语音 老师　给 他们　讲完 了 吗?

Hànyǔ yǔyīn lǎoshī gěi tāmen jiǎngwán le ma?

学生：＿＿＿＿＿＿＿＿＿＿＿＿＿＿＿＿＿＿＿＿。

女：不过　我 没　学 好。

Búguò wǒ méi xuéhǎo.

问：她　汉语　语音 学 好 了 吗?

Tā Hànyǔ yǔyīn xuéhǎo le ma?

学生：＿＿＿＿＿＿＿＿＿＿＿＿＿＿＿＿。

(3) 女：你的　小说　写完 了　没有?

Nǐ de xiǎoshuō xiěwán le méiyǒu?

男：还　没　写完。

Hái méi xiěwán.

问：他的　小说　写完 了　没有?

Tā de xiǎoshuō xiěwán le méiyǒu?

学生：＿＿＿＿＿＿＿＿＿＿＿＿＿＿＿＿。

247

(4) 男：我的 工作 做完了,该你做了。

　　　　Wǒ de gōngzuò zuòwán le, gāi nǐ zuò le.

　　女：好。

　　　　Hǎo.

　　问：他的 工作 做完了吗?

　　　　Tā de gōngzuò zuòwán le ma?

　学生：＿＿＿＿＿＿＿＿＿＿＿＿＿＿＿。

　　问：她的 工作 做完了吗?

　　　　Tā de gōngzuò zuòwán le ma?

　学生：＿＿＿＿＿＿＿＿＿＿＿＿＿＿＿。

三、用"够"回答问题：

Answer the following questions, using the verb "gòu".

我们 两 个人去就够了。
Wǒmen liǎng gè rén qù jiù gòu le.

(1) 男：我儿子不 够一米高。

　　　　Wǒ érzi bú gòu yì mǐ gāo.

　　女：那他不用 买票。

　　　　Nà tā búyòng mǎi piào.

　　问：他儿子有多高?

　　　　Tā érzi yǒu duō gāo?

　学生：＿＿＿＿＿＿＿＿＿＿＿。

(2) 女：我的 钱 不够 买衣服了。

　　　　Wǒ de qián bú gòu mǎi yī fu le.

　　男：你的 钱 总是不够 花。

　　　　Nǐ de qián zǒngshì bú gòu huā.

　　问：她的 钱 够 不够 买衣服?

　　　　Tā de qián gòu bú gòu mǎi yī fu?

　学生：＿＿＿＿＿＿＿＿＿＿＿＿＿。

(3) 男：我的 时间 总是 不够 用。

　　　　Wǒ de shíjiān zǒngshì bú gòu yòng.

　　女：你真 忙。

　　　　Nǐ zhēn máng.

　　问：他的 时间 够不够 用?

　　　　Tā de shíjiān gòu bú gòu yòng?

　学生：＿＿＿＿＿＿＿＿＿＿＿＿＿。

(4) 男：这些 东西 不 够，这么 多 人 吃。
　　Zhèixiē dōngxi bú gòu zhème duō rén chī.

女：那 咱们 再 去 买 一点儿。
　　Nà zánmen zài qù mǎi yìdiǎnr.

问：他 觉得 这些 东西 够 不 够 吃？
　　Tā juéde zhèixiē dōngxi gòu bú gòu chī?

学生：＿＿＿＿＿＿＿＿＿＿＿＿＿

四、用"爱"回答问题：

Answer the following questions, using the verb "ài":

我 也 不 爱 喝 牛奶。
Wǒ yě bú ài hē niúnǎi.

＿＿＿＿＿＿＿＿＿＿＿＿＿

(1) 女：你 爱 吃 什么？
　　　Nǐ ài chī shénme?

男：我 爱 吃 牛排。
　　Wǒ ài chī niúpái.

问：他 爱 吃 什么？
　　Tā ài chī shénme?

学生：＿＿＿＿＿＿＿。

(2) 男：你 爱 不 爱 吃 汉堡包？
　　　Nǐ ài bú ài chī hànbǎobāo?

女：我 特别 爱 吃 汉堡包。
　　Wǒ tèbié ài chī hànbǎobāo.

问：她 特别 爱 吃 什么？
　　Tā tèbié ài chī shénme?

学生：＿＿＿＿＿＿＿。

(3) 女：我 爱 看 电影。
　　　Wǒ ài kàn diànyǐng.

男：我 也 爱 看 电影。
　　Wǒ yě ài kàn diànyǐng.

问：他们 有 什么 爱好？
　　Tāmen yǒu shénme àihào?

学生：＿＿＿＿＿＿＿。

(4) 男：我 爸爸 爱 打 篮球。
　　　Wǒ bàba ài dǎ lánqiú.

女：你 妈妈 呢？
　　Nǐ māma ne?

男：我 妈妈 爱 看 小说。
　　Wǒ māma ài kàn xiǎoshuō.

问：他 爸爸 妈妈 有 什么 爱好？
　　Tā bàba māma yǒu shénme àihào?

学生：＿＿＿＿＿＿＿。

Paraphrase each of the follwoing in a sentence using "gēn…yíyàng":

我　跟　雪芹　一样　吧。
Wǒ gēn Xuěqín yíyàng ba.

例　***Example:***

男：你　跟　你　姐姐　一样，也　那么　爱　花钱。
　　Nǐ gēn nǐ jiějie yíyàng, yě nàme ài huāqián.

学生：她　跟　她　姐姐　一样　爱　花钱。
　　Tā gēn tā jiějie yíyàng ài huāqián.

(1)女：咱们　的　儿子　跟　你　一样，都　很　懒。
　　Zánmen de érzi gēn nǐ yíyàng, dōu hěn lǎn.

学生：_____。

(2)男：我　哥哥　跟　我　一样，都　喜欢　运动。
　　Wǒ gēge gēn wǒ yíyàng, dōu xǐhuan yùndòng.

学生：_____。

(3)女：北京　跟　上海　不　一样。
　　Běijīng gēn Shànghǎi bù yíyàng.

男：北京　干燥，上海　潮湿。
　　Běijīng gānzào, Shànghǎi cháoshī.

学生：_____天气_____。

(4)男：我　爸爸　跟　我　妈妈　不　一样。
　　Wǒ bàba gēn wǒ māma bù yíyàng.

女：什么　不　一样？
　　Shénme bù yíyàng?

男：我　爸爸　爱　说话，我　妈妈　不　爱　说话。
　　Wǒ bàba ài shuōhuà, wǒ māma bú ài shuōhuà.

学生：_____性格_____。

250

一、根据课文中的情景完成下边的话：

Complete the following passage according to the situation provided by the text.

李文龙、方雪芹和方雪芹的同事们一起出去玩儿。他们_____以后，_____照完了，杨丽正好_____，大家就_____。赵天会和李文龙_____。方雪芹想要_____。杨丽_____。李文龙_____。

Lǐ Wénlóng、Fāng Xuěqín hé Fāng Xuěqín de tóngshìmen yìqǐ chūqù wánr. Tāmen_____ yǐhòu, _____ zhào wán le, Yáng Lì zhènghǎo_____, dàjiā jiù_____. Zhào Tiānhuì hé Lǐ Wénlóng_____. Fāng Xuěqín xiǎng yào_____. Yáng Lì_____. Lǐ Wénlóng_____.

二、回答问题：

Answer the following questions.

(1) 周末 你爱 去哪儿 玩儿？
Zhōumò nǐ ài qù nǎr wánr?

(2) 你 知道 哪儿 的 风景 最 美？
Nǐ zhīdao nǎr de fēngjǐng zuì měi?

(3) 你 照相 照 得 怎么样？
Nǐ zhàoxiàng zhào de zěnmeyàng?

(4) 你有 什么 爱好？
Nǐ yǒu shénme àihào?

(5) 你会 用 筷子 吗？你 用 筷子 用 得 怎么样？
Nǐ huì yòng kuàizi ma? Nǐ yòng kuàizi yòng de zěnmeyàng?

三、意念表达（用本课学过的表达方式）：

Express the following notions, using the expressions you have learnt in this lesson.

(1)很客气地请你的朋友们到里边去吃饭：

In a polite way invite your friends to sit in for dinner.

(2)在你家招待客人：

Play host at home.

(3)你在别人家做客,主人问你的要求,你不愿意麻烦他/她,你说:

When you are invited to someone's home, the host/hostess asks what you want, but you don't want to bother him/her, and you say...

(4)听到非常厉害的噪音的时候:

When you have heard a very fierce noise...

(5)你的朋友英语和汉语说得一样好:

Your friend speaks English as well as he speaks Chinese.

(6)你想知道某句话在汉语里是什么:

You want to know what the Chinese is for something.

四、请你说(至少用上五个本课所学的词语):

Speak on the following topics (At least 5 of the words in this lesson should be used in your talk).

(1)用照片给大家介绍一下你去过的风景最美的地方。

Show a picture of a place which you think is the most beautiful of all places you have visited and tell the class about it.

(2)说说你喜欢什么样的女朋友/男朋友。

Say what kind of a girl or boy you prefer to make friends with.

五、游戏:

Play a game.

同学们试着用筷子,大家评比一下谁用筷子用得好。请用得最好的同学给大家说说他/她是怎么用的。

Try to use chopsticks and comment on who does it best. Ask the student who is best at using chopsticks to tell the class how he/she managed to do so well.

252

一、注意句子末尾的"啊"的读音变化：

Pay attention to the pronunciation of the modal particle "a" at the end of each sentence.

(1)这儿的 风景 多美啊。(呀)
　　Zhèr de fēngjǐng duō měi a. (ia)

(2)送 礼物 送 钟 多 不吉利 啊。(呀)
　　Sòng lǐwù sòng zhōng duō bù jílì a. (ia)

(3)因为 你的名字 叫 方 雪芹啊。(哪)
　　Yīnwèi nǐ de míngzi jiào Fāng Xuěqín a. (na)

(4)这 束 花 多 漂亮啊。(–nga)
　　Zhè shù huā duō piàoliang a. (–nga)

(5)好啊。(哇)　　　　　　　(6)是啊。(ra)
　　Hǎo a. (ua)　　　　　　　　Shì a. (ra)

(7)那个 小孩儿 多 好玩儿啊。(ra)
　　Nèi ge xiǎoháir duō hǎowánr a. (ra)

(8)又 要 去 逛 商场， 多 没 意思啊。(ra)
　　Yòu yào qù guàng shāngchǎng, duō méi yìsi a. (ra)

二、朗读下边的词语扩展，注意各个词在扩展过程中读音轻重和长短的变化：

Read aloud the "Pyramid" exercise, paying attention to the change of stress and length of each word:

面包
miànbāo

面包、 火腿
miànbāo、huǒtuǐ

面包、火腿 和 牛奶

miànbāo、huǒtuǐ hé niúnǎi

面包、火腿 和 牛奶，还有 巧克力

miànbāo、huǒtuǐ hé niúnǎi，háiyǒu qiǎokèlì

要 面包、火腿 和 牛奶，还有 巧克力

yào miànbāo、huǒtuǐ hé niúnǎi，háiyǒu qiǎokèlì

我要 面包、火腿 和 牛奶，还有 巧克力

wǒ yào miànbāo、huǒtuǐ hé niúnǎi，háiyǒu qiǎokèlì

走马观花 *A Glimpse of Modern Chinese Culture*

禁止

Prohibition

　　到一个地方，关于禁止的标志，是我们应该了解的。在这些标志中，最常用的两个词是："禁止"和"请勿"，前者的意思是"to prohibit"，口气严厉，后者意思是"please don't"，语气和缓一些，但对于我们来说结果是一样的——不能做。在公共场所，"禁止/请勿吸烟"随处可见，因为中国政府已经规定：公共场所不允许抽烟。在名胜古迹或博览会上，拍照，常常是不被允许的。在一些路段、大门前，随意地停放车辆，常常会给别人带来不便，这样的牌子是公共交通的标志牌，它的意思是"禁止停车"，下边的这个意思是"禁止机动车驶入"。而有一些地方对于某些人或车的进入有限制，这儿不许出租车进入，那儿不许摩托车和自行车进入。在一些公园、绿地，常常用的是语气柔和一些的"请勿……"，像这两个地方："请勿进入竹林"，"爱护草坪，请勿践踏"。记住这些牌子，减少了犯错误的机会，也会省去很多麻烦。

Wherever we go, we must be able to read signs of prohibition. The most commonly used words on these signs are Jìnzhǐ and Qǐng wù which mean "to prohibit" and "please don't" respectively in English. Both mean something is prohibited though they are different in tone – the former is strict and the latter moderate. Jìnzhǐ/Qǐng wù xī yān is a very common sign in public places, because the Chinese government has made a regulation that smoking is prohibited in public places. In some places of historic interest and museums photography is prohibited. Parking on certain sections of the streets or in front of the entrances of buildings will cause inconvenience to people, so you may find signs such as Jìnzhǐ tíng chē (No Parking), Jìnzhǐ jīdòngchē shǐrù (No admittance to motor vehicles), etc. In some places, certain people or certain kinds of vehicles are not allowed to enter, e. g. a taxi is not allowed to enter certain places and motorbikes and bicycles are not allowed to enter some other places. In parks, the polite phrase Qǐng wù is often used in the signs. Look here: Qǐng wù jìnrù zhúlín (Please don't enter the bamboo groves), Àihù cǎopíng, qǐng wù jiàntà (Please take good care of the lawn and keep off it). You can avoid getting into trouble if you remember these signs.

写汉字 *Writing Demonstration*

丿 𠂉 𠂉 𠂉 竹 竹 竹 筥 筥 筥 筥 筷 筷

筷	筷	筷	筷	筷	筷					

丿 𠂉 𠂉 𠂉 竹 竹 竺 竺 竺 笔

笔	笔	笔	笔	笔	笔					

第二十课
Dì - èrshí Kè

LESSON TWENTY

语用范例 *Examples of Usage*

1. 时间的表达(二) *Telling the time (2)*

差　五　分　六　点。
Chà wǔ　fēn　liù　diǎn.
to five　minute　six　o' clock
Five to six.

2. 表示请客 *Inviting somebody to dinner*

咱们　　　　去　　饭馆　　吃饭，我　请客。
Zánmen　　　qù　fànguǎnr　chī fàn, wǒ　qǐngkè.
we（inclusive）to go to restaurant　to eat meal, I to play host
Let's have supper in a restaurant. I'll play the host and treat you.

3. 请客时的互相推让 *Courtesy when invited to dinner*

那　　多 不 好 意 思，我　请　您 吧。
Nà　duō bù hǎo yìsi, wǒ　qǐng　nín ba.
that way how embarrassed, I to treat you（modal particle）
No way. Let me treat you.

这次 我 请 你, 下次 你 请 我, 好 不 好?

Zhè cì wǒ qǐng nǐ, xià cì nǐ qǐng wǒ, hǎo bù hǎo?

this time I to treat you, next time you to treat me, good not good

This time I'll treat you and next time you treat me. All right?

4. 请人点菜 *Inviting the guest to order dishes*

小 方, 你 点 菜。

Xiǎo Fāng, nǐ diǎn cài.

Little Fang, you to order dish

Will you order for both of us, Xiao Fang?

5. 点菜 *Ordering dishes in a restaurant*

来 一 个 辣子鸡丁, 一 个 麻婆豆腐, 一 个 香菇油菜。

Lái yí gè làzijīdīng, yí gè mápódòufu, yí gè xiānggūyóucài.

come one(measure word) chilli chicken cubelets, one(measure word) pockmarked grandma beancurd, one(measure word) mushroom rape

Give us a sauted chicken cubelets with chilli, a beancurd with minced pork in chilli sauce and a rape with mushroom.

我请客
Wǒ Qǐng Kè

I invite you to dinner

新 词 语	*New Words and Phrases*

1.	差	chà	less
2.	来不及	láibují	too late to do something
3.	饭馆	fànguǎn(r)	restaurant
4.	请客	qǐngkè	to invite somebody to dinner; to treat someobdy to something
	请	qǐng	to invite; to treat
	客	kè	guest
5.	不好意思	bù hǎo yìsi	shy
6.	快餐	kuàicān	fast food
7.	又……又……	yòu…yòu…	both…and…; do something while doing something else
8.	选	xuǎn	to choose; to select
9.	家	jiā	a measure word for a shop, a factory, etc.
10.	来得及	láidejí	not too late to do something
11.	醉	zuì	drunk

专 名	*Proper name*

韩国	Hánguó	Korea

258

几个朋友或同事聚在一起吃饭时,如何解决付账问题?中国人一般习惯怎样的付账方式?我们看看方雪芹和赵天会一起吃饭的情况。

When friends or colleagues have dinner together at a restaurant, how do they pay the bill and what is the usual Chinese way? Here is the way Fang Xueqin and Zhao Tianhui settle the question when they have dinner together.

(开完会,方雪芹和赵天会从会场出来)

(After a meeting Fang Xueqin and Zhao Tianhui come out of the conference room.)

赵天会：(看看表)差 五分六 点。
Chà wǔ fēn liù diǎn.

Zhao: (Looking at his watch) Five to six.

方雪芹： 晚上　还 有 会,来不及 回 公司 吃饭了。
Wǎnshang hái yǒu huì, láibují huí gōngsī chī fàn le.

Fang: There is another meeting in the evening. It's too late to go back to the company for supper.

赵天会： 咱们　去 饭馆 吃饭,我 请客。
Zánmen qù fànguǎnr chī fàn, wǒ qǐngkè.

Zhao: Let's go to a restaurant. I'll play the host and treat you.

方雪芹： 那 多 不 好 意思,我 请 您 吧。
Nà duō bù hǎo yìsi, wǒ qǐng nín ba.

Fang: No way. I'll treat you.

赵天会： 这 次 我 请 你,下 次 你 请 我,好 不 好?
Zhè cì wǒ qǐng nǐ, xià cì nǐ qǐng wǒ, hǎo bù hǎo?

Zhao: This time I'll treat you and next time you treat me. All right?

方雪芹： 好 吧。
Hǎo ba.

Fang: OK.

赵天会： 你 喜欢 吃 什么 菜, 四川菜、　广东菜　还是 日本菜、
Nǐ xǐhuan chī shénme cài, Sìchuāncài、Guǎngdōngcài háishi Rìběncài、

259

韩国菜?

Hánguócài?

Zhao: What cuisine do you prefer?Sichuan, Guangdong, Japanese or Korean?

方雪芹: 去 吃 快餐 吧,又 快 又 便宜。

Qù chī kuàicān ba,yòu kuài yòu piányi.

Fang: Let's have fast food. It's quick and cheap.

赵天会: 你 不用 客气,选 你 最喜欢 吃 的。

Nǐ búyòng kèqi,xuǎn nǐ zuì xǐhuan chī de.

Zhao: Don't mind that. Just choose your favourite.

方雪芹: 这 附近 有 一家 四川 饭馆 挺 不错 的。

Zhè fùjìn yǒu yì jiā Sìchuān fànguǎnr tǐng búcuò de.

Fang: There is a good Sichuan restaurant nearby.

赵天会: 好, 咱们 就 去 那儿。

Hǎo,zánmen jiù qù nàr.

Zhao: Good. Let's go there.

注 释 Notes

1. 来得及/来不及 The expressions "láidejí/láibují"

来不及 回 公司 吃 饭了。

Láibují huí gōngsī chī fàn le.

It's too late to go back to the company for supper.

"来不及"的意思是"It's too late (to do something)"。"来不及"的反义词是"来得及"。提问时用"来得及来不及？"或"来得及吗？"例如：

"Láibují"means "It's too late (to do something)"and"láidejí" the opposite. We may ask"láidejí láibují?"or"láidejí ma?"For example:

(1)甲: 咱们 是 几点 的 电影?

Zánmen shì jǐ diǎn de diànyǐng?

What time is the film?

乙：八 点 的。

Bā diǎn de.

Eight o'clock.

甲：已经 差 一 刻 八 点 了，咱们 来不及 了。

Yǐjīng chà yí kè bā diǎn le, zánmen láibují le.

We are too late. It's already a quarter to eight.

(2)甲：应该 九 点 到 学校，咱们 来得及 来不及？

Yīnggāi jiǔ diǎn dào xuéxiào, zánmen láidejí láibují?

We must get to the school at nine. Is it too late?

乙：现在 才 八 点，来得及。

Xiànzài cái bā diǎn, láidejí.

No, it's not late. It's just eight.

2. 请 客　Inviting somebody to . . .

咱们 去 饭馆 吃饭，我 请客。

Zánmen qù fànguǎnr chī fàn, wǒ qǐngkè.

Let's have supper in a restaurant. I will play the host.

"请客"的意思是"to treat somebody to （dinner, etc.）"，常常用在请人吃饭、看演出等情况。也可以单独用"请"。例如：

"Qǐngkè" means "to treat somebody to (dinner, a performance, etc.)". Sometimes we simply say "qǐng" to invite people. For example:

(1)甲：他 家 里 怎么 有 那么 多 人？

Tā jiā lǐ zěnme yǒu nàme duō rén?

Why are there so many guests in his home?

乙：今天 他 儿子 结婚，他 家 里 请客。

Jīntiān tā érzi jiéhūn, tā jiā lǐ qǐngkè.

He has invited them to dinner to celebrate his son's wedding today.

(2) 今天 是 我 的 生日， 晚上 我 请 大家 吃饭。

Jīntiān shì wǒ de shēngrì, wǎnshang wǒ qǐng dàjiā chī fàn.

Today is my birthday. I invite you all to dinner in the evening.

261

(3) 甲：今天　看　电影，不用　你花　钱，我　请客。

Jīntiān kàn diànyǐng, búyòng nǐ huā qián, wǒ qǐngkè.

You needn't pay for the film today. I'll treat you.

乙：好　吧。不过　下次　我　请。

Hǎo ba. Búguò xià cì wǒ qǐng.

OK. But next time I treat you.

(4) 他　经常　请我看　电影。

Tā jīngcháng qǐng wǒ kàn diànyǐng.

He often treats me to a film.

3. 不好意思　The expression "bù hǎo yìsi"

那　多　不好　意思。

Nà duō bù hǎo yìsi.

I'll feel embarrassed then.

你对别人有些歉意的时候，可以说"不好意思"。接受别人的馈赠、款待、恩惠时也可以说。例如：

This expression is used when feeling embarrassed or when receiving a gift, hospitality, a favor, etc.. For example:

(1) 真　不好意思，这么　晚　来　找你。

Zhēn bù hǎo yìsi, zhème wǎn lái zhǎo nǐ.

Sorry for coming to you so late.

(2) 对不起，我来　晚了，不好　意思。

Duìbuqǐ, wǒ lái wǎn le, bù hǎo yìsi.

Sorry for being late.

(3) 你给我　这么　贵的礼物，真　是　不好意思。

Nǐ gěi wǒ zhème guì de lǐwù, zhēn shi bù hǎo yìsi.

I am embarrassed by the precious present that you gave me.

4. 一起吃饭谁付账   Who pays the bill after a meal at a restaurant

这次我请你,下次你请我。

Zhè cì wǒ qǐng nǐ, xià cì nǐ qǐng wǒ.

This time I'll treat you and next time you treat me.

一般地,中国人在一起工作或娱乐,赶上吃饭的时候,常常也会一起吃饭。不过,在付账的时候,中国人一般不习惯各付各的,常常是大家争着付账。在人们的习惯上,常常是在人群中年龄比别人大的、男性、收入比别人好的、地位比别人高的更应该争着付账,而且也容易获得大家的认可。所以,在这儿,老赵理所当然地说:"我请客。"他并不是要专门请方雪芹吃饭,而是今天的晚饭他要付账。当雪芹说她要付时,老赵说"这次我请你,下次你请我"是为了避免争执。而如果真的下次再在一起吃饭,雪芹就有了付账的理由。一般同事之间,常在一起吃饭的话,大家会比较默契地轮流付账。现在有一些年轻人也可以接受各付各的,或均摊。

When they work or have a gathering, Chinese people often have dinner together if there is time for it. However they are not used to going Dutch. Instead, they will vie to pay the bill. Customarily it is the older men, the more well-to-do or those with a higher status who will pay and this is easily accepted. So, in the above dialogue, it is very natural for Lao Zhao to say he will treat Fang Xueqin to dinner. That merely means that he will pay the bill and it is not a special invitation. When Xueqin insists that she will pay, Zhao, to avoid argument, answers by saying, "this time I pay and you pay next time". If they have dinner together again, Xueqin will have reason to pay. If colleagues often have dinner together, they will tacitly take turns to pay the bill. At present young people also accept going Dutch, i. e. each pays for his order or they share the expenses.

5. "又+形容词/动词+又+形容词/动词"   The pattern "yòu + adjective/verb + yòu + adjective/verb"

去吃 快餐吧,又快又便宜。

Qù chī kuàicān ba, yòu kuài yòu piányi.

Let's have fast food. It is quick and cheap.

"又+形容词/动词+又+形容词/动词"表示同时具备所列出的几种情况或状态。例如:

This pattern is used when doing one thing while doing another thing or both qualities exist simultaneously. For example:

(1) 她 小 妹妹 又 聪明 又 漂亮。

Tā xiǎo mèimei yòu cōngming yòu piàoliang.

Her youngest sister is both clever and beautiful.

(2) 他 又 喝 啤酒 又 喝 白酒，喝 醉 了。

Tā yòu hē píjiǔ yòu hē báijiǔ, hē zuì le.

He got drunk as he had both beer and spirits.

(3) 又 抽烟 又 喝酒，这样 对 身体 不 好。

Yòu Chōuyān yòu hējiǔ, zhèiyàng duì shēntǐ bù hǎo.

Smoking and drinking will harm health.

6. "动词＋的"构成"的"字结构　The "de-construction" formed with "verb + de"

> 选 你 最 喜欢 吃 的。
>
> Xuǎn nǐ zuì xǐhuan chī de.
>
> Choose whatever you like to eat.

"动词＋的"和前面的"名词/代词＋的"、"形容词＋的"构成的"的"字结构一样，其功能相当于一个名词。例如：

The "verb + de" is a nominal construction and functions the same as other such constructions as in "noun/pronoun + de", "adjective + de", etc. For example:

动词 ＋ 的

verb ＋ de
---

(1) 你 说 的 我 都 没 忘。

Nǐ shuō de wǒ dōu méi wàng.

I have never forgotten what you said.

(2) 穿 的、 用 的、 玩儿 的，他 都 买 有名 的 牌子。

Chuānde、yòngde、wánrde, tā dōu mǎi yǒumíng de páizi.

He chooses to buy the best brands of anything he wears, uses and plays.

一、用"差"说说下边的时间：

Tell the following times, using "chà":

8: 45——八 点 四 十 五——八 点 三 刻—— 差 一 刻 九 点

8: 45—— bā diǎn sìshíwǔ —— bā diǎn sān kè—— chà yí kè jiǔ diǎn

3: 50——

10: 59——

7: 55——

12: 45——

二、说说可以用量词"家"的事物：

State things that must go with the measure word "jiā":

三、用正确的语调说下边的句子：

Read the following sentences with the appropriate intonation:

(1) 差 五 分 六 点。
　　 Chà wǔ fēn liù diǎn.

(2) 晚上 还 有 会, 来不及 回 公司 吃 饭 了。
　　 Wǎnshang hái yǒu huì, láibují huí gōngsī chī fàn le.

(3) 咱们 去 饭馆 吃 饭, 我 请客。
　　 Zánmen qù fànguǎnr chī fàn, wǒ qǐngkè.

(4) 这 次 我 请 你, 下次 你 请 我, 好 不 好?　(5)那 多 不 好意思。
　　 Zhè cì wǒ qǐng nǐ, xià cì nǐ qǐng wǒ, hǎo bù hǎo?　　 Nà duō bù hǎo yìsi.

(6) 去 吃 快餐 吧, 又 快 又 便宜。
　　 Qù chī kuàicān ba, yòu kuài yòu piányi.

(7) 你 不用 客气，选 你 最 喜欢 吃 的。
Nǐ búyòng kèqi, xuǎn nǐ zuì xǐhuan chī de.

(8) 这 附近 有 一 家 四川 饭馆 挺 不错 的。
Zhè fùjìn yǒu yì jiā Sìchuān fànguǎnr tǐng búcuò de.

丶 亠 亠 立 产 产 音 音 音 音 意 意 意

| 意 | 意 | 意 | 意 | 意 | 意 | | | | | |

丿 冂 冂 田 田 甲 思 思 思

| 思 | 思 | 思 | 思 | 思 | 思 | | | | | |

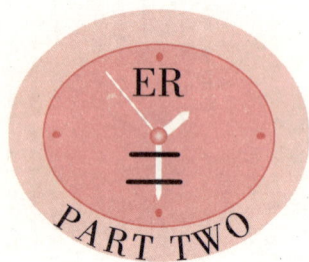

ER
二
PART TWO

你点菜
Nǐ Diǎn Cài

Please order the dishes

1. 点菜 diǎncài to order dishes
2. 辣 là peppery; hot
3. 辣子鸡丁 làzijīdīng sautéd chicken cubelets with chilli
4. 麻婆豆腐 mápódòufu beancurd with minced pork in chilli sauce
   豆腐 dòufu beancurd
5. 香菇油菜 xiānggūyóucài rape with mushroom
   香菇 xiānggū mushroom

	油菜	yóucài	rape
6.	酸辣汤	suānlàtāng	sour-pepper soup
	酸	suān	sour
7.	主食	zhǔshí	staple food
8.	碗	wǎn	bowl
9.	饮料	yǐnliào	beverage
10.	椰汁	yēzhī(r)	coconut milk
11.	扎啤	zhāpí	draught beer served in a mug
12.	副食	fùshí	non-staple food
13.	节目	jiémù	program or an item in a program; performance

课　文　*Text*

　　饮食也是一种文化。中国地域广大,民族众多,饮食习惯也各个不同。一般人在饭馆吃饭怎么点菜? 让我们来看看赵天会和方雪芹他们点菜的情景,简单了解几个家常菜。

　　In China eating and drinking are a culture. As China is a large country with many nationalities, there are different customs when eating at different restaurants. For example, how do you order at a restaurant? Here is a situation showing how Zhao Tianhui and Fang Xueqin order their food and at the same time you may learn a number of common dishes.

（在饭馆,服务员给赵天会和方雪芹拿来菜单）

(The waitress gives the menu to Zhao Tianhui and Fang Xueqin)

赵天会:	小　方，你　点　菜。
	Xiǎo Fāng, nǐ diǎn cài.
Zhao:	Xiao Fang, will you order dishes for us?
方雪芹:	您　点　吧，我　吃　什么　都　可以。
	Nín diǎn ba, wǒ chī shénme dōu kěyǐ.
Fang:	You do it, please. I'll follow you.

赵天会： 那好，我来点。你喜欢吃辣的吗？

Nà hǎo, wǒ lái diǎn. Nǐ xǐhuan chī là de ma?

Zhao: All right, I'll do it. Do you like hot things?

方雪芹： 我特别喜欢吃辣的。

Wǒ tèbié xǐhuan chī là de.

Fang: Yes, they are my favorite.

赵天会： 那来一个辣子鸡丁，一个麻婆豆腐，一个香菇油菜，

Nà lái yí gè làzijīdīng, yí gè mápódòufu, yí gè xiānggūyóucài,

怎么样？

zěnmeyàng?

Zhao: Then we will have a sauted chicken cubelets with chilli, a beancurd with minced pork in chilli sauce, and rape with mushroom, O. K. ?

方雪芹： 挺好的。

Tǐng hǎo de.

Fang: Good choice.

服务员： 还要别的吗？

Hái yào biéde ma?

Waitress: Anything else?

方雪芹： 有酸辣汤吗？

Yǒu suānlàtāng ma?

Fang: Do you have sour-peppery soup?

服务员： 有。主食吃什么？

Yǒu. Zhǔshí chī shénme?

Waitress: Yes. What will you have as a staple ?

赵天会： 两碗米饭。

Liǎng wǎn mǐfàn.

Zhao: Two bowls of rice.

服务员： 要什么饮料？

Yào shénme yǐnliào?

Waitress: What do you want to drink?

方雪芹： 我要一个椰汁。

Wǒ yào yí gè yēzhīr.

Fang:	I'll have a coconut milk.
赵天会:	我 要 一 个 扎啤。
	Wǒ yào yí gè zhāpí.
Zhao:	A mug of beer for me.

注 释 *Notes*

1. 某人 + 来（+ 做某事） The pattern "somebody + lái（+ to do something）"

我 来 点。
Wǒ lái diǎn.
Let me order.

"某人 + 来（+ 做某事）"表示某人要做什么事,有强调动作要由这个人来完成的用意。例如:

This pattern means that somebody will do something, and emphasises the doer of the action. For example:

(1) 我 打 得 不 好, 你 来 打 吧。
Wǒ dǎ de bù hǎo, nǐ lái dǎ ba.
I don't play it well. You come and play it.

(2) 甲: 给 我 姐姐 买 什么 礼物 呢?
Gěi wǒ jiějie mǎi shénme lǐwù ne?
What gift will we buy for my sister?

乙: 我 来 帮 你 选 礼物 吧。
Wǒ lái bāng nǐ xuǎn lǐwù ba.
Let me help you choose the gift.

(3) 你 来 介绍 一下 吧。
Nǐ lái jièshào yíxià ba.
Will you make the introduction?

2. 菜名　Names of dishes

那 来 一个 辣子鸡丁, 一个 麻婆豆腐, 一个 香菇油菜。

Nà lái yí gè làzijīdīng, yí gè mápódòufu, yí gè xiānggūyóucài.

Then we will have a sautéd chicken cubelets with chilli, a beancurd with minced pork in chilli sauce, and rape with mushroom.

"辣子鸡丁 làzijīdīng"是把鸡肉切成小块,用辣椒等调料炒成的菜。

"sautéd chicken cubes with chilli": Chicken cubelets and green pepper or other vegetables are stir-fried with hot pepper.

"麻婆豆腐 mápódòufu"是用豆腐、辣椒、花椒等炒成的菜,味道又麻又辣。

"Beancurd with minced pork in chilli sauce": Beancurd stir-fried in hot sauce with Chinese prickly ash. It tastes both hot and spicy with the prickly ash.

"香菇油菜 xiānggūyóucài"是用油菜和香菇做成的菜,口味清淡。

"Rape with mushroom": Rape stir-fried with mushrooms. It tastes light, not greasy.

"酸辣汤 suānlàtāng"顾名思义是一种口味上又有点儿酸又有点儿辣的汤。里面放什么菜和作料,不同的地方有所不同。

"Sour-peppery soup": By the name we know that it is a soup tasting sour and peppery. In different areas, different ingredients are used.

3. 代替具体意义的"来"　"Lái" as a substitute for other verbs

那 来 一个 辣子鸡丁……

Nà lái yí gè làzijīdīng…

Then we have a sautéd chicken cubelets with chilli. . .

这里的"来"表示做某个动作,代替了意义更具体的动词("要")。例如:

Here the verb"lái" is used as a substitute for other verbs (in this particular case, it is a substitute for the verb"yào"). For example:

（1）甲: 你 想 喝 什么?

　　　　Nǐ xiǎng hē shénme?

　　　What do you drink?

乙：我 来 一 杯 茶 吧。（我 要 一 杯 茶 吧。）

Wǒ lái yì bēi chá ba. (Wǒ yào yì bēi chá ba.)

Give me a cup of tea, please. (I want a cup of tea.)

(2) 甲：你 唱 得 真 好，再 来 一 个 吧。（你 唱 得 真 好，再 唱

Nǐ chàng de zhēn hǎo, zài lái yí gè ba. (Nǐ chàng de zhēn hǎo, zài chàng

一 个 吧。）

yí gè ba.)

You sing really well. Please sing us another song.

乙：不 行，我 唱 得 不 好，你 来 一 个 吧。（不 行，我 唱 得 不

Bù xíng, wǒ chàng de bù hǎo, nǐ lái yí gè ba. (Bù xíng, wǒ chàng de bù

好，你 唱 一 个 吧。）

hǎo, nǐ chàng yí gè ba.)

Not really. Will you sing for us?

🍎4. 主食　Staple food

主食 吃 什么？

Zhǔshí chī shénme?

What will you have as a staple?

中国人的膳食结构以粮食为主，所以米饭、面条、饺子、馒头等粮食制品，都称作"主食"，而肉类、蛋类、蔬菜等称作"副食"。所以，在街上你常会看到"副食商店"的牌子。

Rice, noodles, jiaozi, steamed buns are staple foods, because grains constitute the major food in Chinese meals. Meat, eggs and vegetables are not staple foods(fùshí), so you can find fùshí shāngdiàn (groceries) everywhere.

🍎5. 扎啤　Zhāpí – draught beer

我 要 一 个 扎啤。

Wǒ yào yí gè zhāpí.

I want a mug of draught beer.

"扎啤"一般指生啤酒。"扎啤"是用大杯喝的，目前对扎啤是以"升"为规范的计量单位。"我要一个扎啤。"是口语中的说法。

Zhāpí, which is served in a mug, means draught beer. "Liter" is the standard measure of draught beer. It is very colloquial to say Wǒ yào yí gè zhāpí.

练 习 *Exercises*

一、记住下边的词语，并用它们分别造句：
Learn the following phrases by heart and make sentences with them:

点 菜
diǎn cài _____。

点 歌
diǎn gē _____。

点 节 目
diǎn jiémù _____。

二、分别用"碗 wǎn""杯 bēi""瓶 píng"做量词说说我们可以吃的、喝的东西：
Give food and drinks that go with the measure words "wǎn" "bēi" and "píng".

三、用正确的语调说下边的句子：
Read the following sentences in appropriate intonation:

(1) 你 来 点 菜。
　　Nǐ lái diǎn cài.

(2) 您 点 吧，我 吃 什么 都 可以。
　　Nín diǎn ba, wǒ chī shénme dōu kěyǐ.

(3) 我 来 点 菜。你 喜欢 吃 辣的 吗?
　　Wǒ lái diǎn cài.　Nǐ xǐhuan chī làde ma?

(4) 我 特别 喜欢 吃 辣的。
　　Wǒ tèbié xǐhuan chī làde.

(5) 来一个辣子鸡丁，一个 麻婆豆腐，一个 香菇油菜。
　　Lái yí gè làzijīdīng, yí gè mápódòufu, yí gè xiānggūyóucài.

(6) 主食吃 什么？
　　Zhǔshí chī shénme?

(7) 要 什么 饮料？
　　Yào shénme yǐnliào?

(8) 还 要 别的 吗？
　　Hái yào biéde ma?

(9) 有 酸辣汤 吗？
　　Yǒu suānlàtāng ma?

写 汉 字 *Writing Demonstration*

丶 亠 亠 主 主

主	主	主	主	主	主				

丿 人 𠆢 今 今 今 食 食 食

食	食	食	食	食	食				

SAN
三
PART THREE

酸辣汤又酸又辣
Suānlàtāng Yòu Suān Yòu Là

The sour-peppery soup is both sour and hot

新 词 语 *New Words and Phrases*

1. 千　　　　qiān　　　　thousand
2. 房子　　　fángzi　　　house
3. 万　　　　wàn　　　　ten thousand

4. 离开	líkāi	to leave
5. 告别	gàobié	to say good-bye
6. 行李	xíngli	luggage
7. 机场	jīchǎng	airport
8. 完成	wánchéng	to finish; to complete
9. 味道	wèidao	taste
10. 糖醋鱼	tángcùyú	sweet and sour fish
糖	táng	sugar
醋	cù	vinegar
鱼	yú	fish
11. 甜	tián	sweet
12. 善良	shànliáng	kind-hearted

句 型 练 习 *Sentence pattern drills*

一、用"差"和所给词语完成对话：
Complete the following dialogues, using "chà" and other given words:

差 五 分 六 点。
Chà wǔ fēn liù diǎn.

（1）甲：现在 几点 了？
Xiànzài jǐ diǎn le?
学生：_____。(6: 57)

（2）甲：你是 几点 到 展览 中心 的？
Nǐ shì jǐ diǎn dào Zhǎnlǎn Zhōngxīn de?
学生：_____。(7: 50)

（3）甲：同学们 都 到 了 吗？
Tóngxuémen dōu dàole ma?
学生：_____。(一个没来 yí gè méi lái)

（4）男：你买 汽车还 差 多少 钱？
Nǐ mǎi qìchē hái chà duōshao qián?
学生：_____。(8000 块 bā qiān kuài)

274

(5) 学生：＿＿＿＿＿＿＿＿＿＿＿＿＿＿＿? (买房子 mǎi fángzi)

女：还 差 一 万 块。
　　Hái chà yí wàn kuài.

二、根据对话用"来得及／来不及"回答问题：

Provide answers that are appropriate to the dialogues to the following questions, using "láidejí/láibují":

来不及 回 公司 吃饭 了。
Láibují　huí gōngsī chī fàn le.

(1) 男：快 点儿！要 来不及 了。
　　　Kuài diǎnr! Yào láibují le.

女：还有 十 分钟，来得及。
　　Háiyǒu shí fēnzhōng, láidejí.

问：她 来得及 来不及？
　　Tā láidejí láibují?

学生：＿＿＿＿＿＿＿＿＿＿。

(2) 女：时间 快 到 了。
　　　Shíjiān kuài dào le.

男：咱们 来不及 参观 别的 地方 了。
　　Zánmen láibují cānguān biéde dìfang le.

问：他们 来得及 参观 别的 地方 吗？
　　Tāmen láidejí cānguān biéde dìfang ma?

学生：＿＿＿＿＿＿＿＿＿＿＿＿。

(3) 男：你 什么 时候 离开 北京？
　　　Nǐ shénme shíhou líkāi Běijīng?

女：明天 早上，我 来不及 和 朋友们 告别 了。
　　Míngtiān zǎoshang, wǒ láibují hé péngyoumen gàobié le.

问：她 来得及 和 朋友们 告别 吗？
　　Tā láidejí hé péngyoumen gàobié ma?

学生：＿＿＿＿＿＿＿＿＿＿＿＿＿＿＿＿＿。

三、用"不好意思"完成下边的对话：

Complete the following dialogues, using "bù hǎo yìsi":

那 多 不 好意思。
Nà duō bù hǎo yìsi.

（1）男：我 帮 你 拿 行李。
　　　　　Wǒ bāng nǐ ná xíngli.

　　学生：_____。

　　　男：没 什么。
　　　　　Méi shénme.

（2）女：你 是 第一 次 来 北京，我 去 机场 接 你 吧。
　　　　　Nǐ shì dì-yī cì lái Běijīng, wǒ qù jīchǎng jiē nǐ ba.

　　学生：_____。

（3）学生：你 经常 帮 我，我 _____。
　　　　　Nǐ jīngcháng bāng wǒ, wǒ_____.

　　　女：没 什么， 咱们 是 好 朋友。
　　　　　Méi shénme, zánmen shì hǎo péngyou.

（4）男：小 王 总是 不 完成 他的 工作。
　　　　　Xiǎo Wáng zǒngshì bù wánchéng tā de gōngzuò.

　　学生：_____。

四、用"又……又……"句型和所给词语完成对话：

Complete the following dialogues, using the pattern "yòu…, yòu…" and the given words:

又 快 又 便宜。
Yòu kuài yòu piányi.

（1）男：酸辣汤 是 什么 味道？
　　　　Suānlàtāng shì shénme wèidao?
　　学生：_____ 。（酸 suān、辣 là）

（2）女：糖醋鱼 是 什么 味道？
　　　　Tángcùyú shì shénme wèidao?
　　学生：_____ 。（甜 tián、酸 suān）

（3）女：你 住 的 地方 怎么样？
　　　　Nǐ zhù de dìfang zěnmeyàng?
　　学生：_____ 。（脏 zāng、吵 chǎo）

276

(4) 男：小　王　的　女朋友　　怎么样？

　　　Xiǎo Wáng de nǚpéngyou zěnmeyàng?

　学生：他 的　女朋友　特别　好，＿＿＿＿＿＿＿。（聪明、　善良）

　　　Tā de nǚpéngyou tèbié hǎo,＿＿＿＿＿＿＿.（cōngming、shànliáng）

综合练习 *Comprehensive exercises*

一、根据课文中的情景完成下边的话：

Complete the following passage according to the situation provided by the text:

　　方雪芹和赵天会开完会出来的时候，已经 ＿＿＿＿＿＿。他们晚上还有会，＿＿＿＿＿＿＿。他们就 ＿＿＿＿＿＿＿＿。赵天会说 ＿＿＿＿。他们点了一个 ＿＿＿＿、一个 ＿＿＿＿、一个 ＿＿＿＿＿和一个 ＿＿＿＿。主食 ＿＿＿＿＿，饮料 ＿＿＿＿＿＿。

　　Fāng Xuěqín hé Zhào Tiānhuì kāiwán huì chūlai de shíhou, yǐjīng ＿＿＿＿＿＿. Tāmen wǎnshang hái yǒu huì,＿＿＿＿＿＿. Tāmen jiù＿＿＿＿＿＿. Zhào Tiānhuì shuō＿＿. Tāmen diǎnle yí gè＿＿＿、yí gè＿＿＿、yì gè＿＿＿hé yí gè＿＿＿. Zhǔshí＿＿＿, yǐnliào＿＿＿.

二、回答问题：

Answer the following questions.

(1) 你吃过　中国菜　吗？　请你　说说　那些菜 的　名字。

　　Nǐ chīguo Zhōngguócài ma? Qǐng nǐ shuōshuo naxiē cài de míngzi.

　　＿＿＿＿＿＿＿＿＿＿＿＿＿＿＿＿＿＿＿＿＿＿＿＿＿＿.

(2) 你喜欢　什么　味道 的　菜？

　　Nǐ xǐhuan shénme wèidao de cài?

　　＿＿＿＿＿＿＿＿＿＿＿＿＿＿＿＿＿＿＿＿＿＿＿＿＿＿.

(3) 你和　朋友　在一起吃饭的　时候，谁来　付账？

　　Nǐ hé péngyou zài yìqǐ chīfàn de shíhou, shéi lái fùzhàng?

　　＿＿＿＿＿＿＿＿＿＿＿＿＿＿＿＿＿＿＿＿＿＿＿＿＿＿.

(4) 你住 的　地方　附近有几家　中国　饭馆？　　它们　的　饭菜 的　味道

　　Nǐ zhù de dìfang fùjìn yǒu jǐ jiā Zhōngguó fànguǎnr?Tāmen de fàncài de wèidao

怎么样?
zěnmeyàng?

_____.

(5)你 经常 吃 快餐 吗? 你喜欢 吃 快餐 吗? 你觉得 快餐
Nǐ jīngcháng chī kuàicān ma? Nǐ xǐhuan chī kuàicān ma?Nǐ juéde kuàicān
怎么样?
zěnmeyàng?

_____.

三、意念表达(用本课学过的表达方式):
Express the following notions, using the expressions you have learnt in this lesson:

(1)告诉你的朋友,你们还有足够的时间可以赶到电影院。

Tell your friend that you have enough time to get to the cinema.

(2)你请朋友和你一起喝咖啡,告诉他/她你来付钱。

Suppose you and a friend are drinding coffee together in a coffee bar. Tell him/her that you will pay the bill.

(3)你和朋友约会,你迟到了。你对他/她说:

You have an appointment with a friend but you are late. You say to him/her. . .

(4)称赞你去的饭馆干净而且漂亮。

Say the restaurant where you have just eaten was clean and beautiful.

(5)告诉老师,今天你要给同学们讲一个故事。

Tell the teacher that you are going to tell the class a story.

(6)请你点几道中国菜。

Will you order some Chinese dishes?

四、情景会话:
Compose dialogues on the following situations.

(1)和朋友一起在饭馆点菜。

You are at a restaurant with a friend and you order from the menu in the picture.

278

（2）打电话给饭馆订餐。

　　Call a restaurant to order a meal.

五、请你说（至少用上五个本课所学过的词语）：

Speak on the following topics（At least 5 of the words in this lesson should be used in your talk）.

（1）介绍一家你喜欢的饭馆。

　　Introduce a favourite restaurant of yours.

（2）介绍一道你吃过的中国或你们国家的菜。

　　Describe a Chinese dish or one of your own country that you have had.

（3）介绍你们上菜的习惯。

　　Describe how dishes are served in your country.

语 音 练 习　*Pronunciation drills*

一、注意句子的升调及所表示的意义：

Pay attention to the meanings expressed by the rising tones:

（1）这 次 我 请 你，下 次 你 请 我，好 不 好？↗

　　Zhèi cì wǒ qǐng nǐ, xià cì nǐ qǐng wǒ, hǎo bù hǎo？↗

（2）你 喜欢 下 雪，对 不 对？↗

　　Nǐ xǐhuan xià xuě, duì bú duì？↗

（3）抽烟　对 老年人 的 身体 有 好处，是 不 是？↗

　　Chōuyān duì lǎoniánrén de shēntǐ yǒu hǎochu, shì bú shì？↗

（4）最近 你 忙 不 忙？↗

　　Zuìjìn nǐ máng bù máng？↗

（5）我　穿　这件 衣服 合适 不 合适？↗

　　Wǒ chuān zhè jiàn yīfu héshì bù héshì？↗

（6）这个 小 兔子 你 喜欢 不 喜欢？↗

　　Zhège xiǎo tùzi nǐ xǐhuan bù xǐhuan？↗

不 错
búcuò

挺 不 错 的
tǐng búcuò de

饭馆 挺 不 错 的
fànguǎnr tǐng búcuò de

四川 饭馆 挺 不错 的
Sìchuān fànguǎnr tǐng búcuò de

有 一 家 四川 饭馆 挺 不 错 的
yǒu yì jiā Sìchuān fànguǎnr tǐng búcuò de

附近 有 一 家 四川 饭馆 挺 不 错 的
fùjìn yǒu yì jiā Sìchuān fànguǎnr tǐng búcuò de

这 附近 有 一 家 四川 饭馆 挺 不 错 的
zhè fùjìn yǒu yì jiā Sìchuān fànguǎnr tǐng búcuò de

走 马 观 花 *A Glimpse of Modern Chinese Culture*

中餐菜单

The menu in a Chinese restaurant

今天我们来看看菜单。

Today we have come to read the restaurant menu.

翻开菜单,一般首先是"凉菜"。凉菜可以用蔬菜做成,也有用肉类做成的。它们通常是最先上桌,起到餐前开胃的作用。

The first section of a menu is "liángcài" (cold dishes) which are vegetables or meat. Usually they are served as appetizers before the meal.

凉菜过后上桌的是"热菜"。热菜是主要的菜。宴席上的热菜大概有六七道。一般性的点菜则随自己的意愿和食量了。

After "liángcài", "rècài"(hot dishes), the main dishes, are served. There are about six or seven "rècài" at a banquet, but when you eat at a restaurant, you can order whatever you like as long as you can manage.

热菜的种类很多,有的分为"荤菜""素菜"两大类。"素菜"是指仅用蔬菜瓜果做的菜;"荤

280

菜"是指用鸡鸭鱼肉等做的菜。

There are numerous "rècài", but in a menu, they fall into two categories: "hūncài" (meat dishes) such as chicken, duck, fish and meat, and "sùcài" (vegetable dishes) of vegetables, gourds and fruit.

有的按菜主要原料的来源分为以下几种："肉类"——以猪牛羊等家畜的肉为原料，"禽蛋类"——以鸡鸭等家禽的肉及其蛋类为原料，"鱼类"——以各种鱼类为原料，"蔬菜类"——以蔬菜、瓜果为原料。

In some restaurants, "rècài" (hot dishes) are listed according to the materials with which they are cooked, such as "ròu lèi" (meat, dishes with pork, beef, mutton, etc.), "qín/dàn lèi" (poultry/eggs, dishes with chicken, duck, etc. and eggs), "yú lèi" (fish), "shūcài lèi" (vegetables, dishes with vegetables, gourds, fruits), etc.

在热菜尽兴之后，一般是汤。汤起着调和味道，开胃、和胃的作用。

After "rècài", "tāng" (soup) is served as a bridge between the dishes and the "staple food".

在汤之后，上主食。主食的种类，我们在前边已经知道了。主食之后，如果是宴席的话，一般还要有水果，以解腻消食。如果是自己点菜，则有无随意。

"Zhǔshí" (staple food) is served after "tāng". You all know what "zhǔshí" means, so we don't need to repeat it here. At a banquet, after "zhǔshí", fruit is served, but at a dinner for yourselves, you can decide whether or not to order fruit.

饮料包括酒类和各种软饮料，它们起着开胃、佐餐的作用。饮料除了某道菜特殊要求配某种饮料以外，一般都是随意的，不拘先后。

"Yǐnliào" (drinks) include alcoholic and soft drinks. They are served either before the meal as an appetizer or during the meal to go with food. Some drinks must go with certain dishes, but most not.

大致了解了菜单，再点菜的时候就会更得心应手了。

Now we have learnt about the menu. That will make it easy to order your dishes at the restaurant.

写汉字 Writing Demonstration

参

ㄥ ㅿ 4 宀 矢 矣 参 参

参 参 参 参 参

观

ㄱ 又 ㄨ 双 观 观

观 观 观 观 观

词 语 表 Vocabulary

A

矮	ǎi	short(stature); low	11.3
爱	ài	to like; to love	19.2
爱好	àihào	to love to do something; hobby	19.3
安静	ānjìng	quiet; silent	14.3

B

白色	báisè	white(color)	12.1
搬	bān	to take away; to move	16.1
搬家	bānjiā	to move(house)	16.1
办法	bànfǎ	way	16.1
帮	bāng	to help	16.2
包	bāo	to wrap	17.2
包子	bāozi	steamed dumplings stuffed with vegetable or containing meat	18.1
北方	běifāng	northern part	18.3
比	bǐ	to compare; than	18.1
必须	bìxū	must; should	13.2
遍	biàn	time, a verbal measure word	16.3
别	bié	don't	14.2
别的	biéde	other	12.1
别人	biéren	other people	17.2
丙	bǐng	the third of the ten Heavenly Stems used for serial numbers	11.1
不过	bùguò	however	13.1
不好意思	bù hǎo yìsi	shy; embarrassed	20.1

| 不少 | bùshǎo | quite a lot | 16. 2 |

C

才	cái	an adverb expressing that something happens late, slowly or not smoothly	16. 1
菜单	càidān	menu	19. 1
参观	cānguān	to visit(a place or something on display)	16. 2
叉子	chāzi	fork	19. 3
差	chà	less	20. 1
差不多	chàbuduō	almost the same; nearly; there is not much difference	18. 1
长	cháng	long	11. 1
常常	chángcháng	often	16. 2
唱	chàng	to sing	13. 3
唱歌	chànggē	to sing	13. 3
潮湿	cháoshī	humid	18. 1
吵	chǎo	noisy; to quarrel; to make a noise	14. 3
称呼	chēnghu	form of address	15. 1
成绩	chéngjì	result; achievement	17. 3
臭	chòu	smelly	11. 3
除了……以外	chúle…yǐwài	beside…; except	16. 2
穿	chuān	to wear; to put on	12. 1
吹(风)	chuī(fēng)	to blow	11. 3
吹牛	chuīniú	to boost	17. 3
春天	chūtiān	spring	18. 3
磁带	cídài	magnetic tape	14. 3
词典	cídiǎn	dictionary	19. 1
从	cóng	from	13. 2
醋	cù	vinegar	20. 3
错	cuò	wrong	15. 2

D

打(电话)	dǎ(diànhuà)	to call; to telephone	14.2
打(球)	dǎ(qiú)	to play(ball)	13.1
大概	dàgài	probably	15.2
戴	dài	to wear; to put on(hat, ring, badge, etc.)	12.3
带	dài	to take; to bring	18.1
但是	dànshì	but	13.2
刀子	dāozi	knife	19.3
到	dào	to arrive; to reach; to get to	15.2
倒	dào	to pour	16.3
得	de	a structural particle preceding a complement	13.1
低	dī	low	18.3
第	dì	a prefix for an ordinal number	15.2
地方	dìfang	place	12.2
点菜	diǎncài	to order dishes	20.2
店	diàn	shop	14.3
电话卡	diànhuàkǎ	phone card; call card	14.1
掉头	diàotóu	to turn around	15.3
顶	dǐng	a measure word for cap, hat, etc.	12.3
东方	dōngfāng	the east; orient	18.3
冬天	dōngtiān	winter	12.1
动物园	dòngwùyuán	zoo	15.3
豆腐	dòufu	beancurd	20.2
度	dù	degree	18.2
短	duǎn	short	11.3
对	duì	to; toward	16.1
对……有好处	duì…yǒuhǎochu	good to…	16.1
对……有坏处	duì…yǒuhuàichu	harmful to…	16.1
多	duō	how	17.1

F

发票	fāpiào	receipt	15. 2
发现	fāxiàn	to discover	16. 3
发型	fàxíng	hair style	11. 1
翻译	fānyì	to translate; to interpret; interpreter; translation	15. 3
饭馆	fànguǎn(r)	restaurant	20. 1
房东	fángdōng	landlord; landlady	16. 1
房子	fángzi	house	20. 3
肥	féi	(of clothes)loose; (of meat, animal)fat	12. 3
费	fèi	fee; cost	14. 1
粉红色	fěnhóngsè	pink(color)	12. 3
风景	fēngjǐng	landscape	19. 1
服务	fúwù	to serve	14. 1
服务员	fúwùyuán	attendant; restaurant waiter or waitress	14. 1
副食	fùshí	non-staple food	20. 2

G

干洗	gānxǐ	dry cleaning	14. 3
干燥	gānzào	dry	18. 3
钢笔	gāngbǐ	pen	19. 3
高	gāo	tall; high	11. 3
告别	gàobié	to say good-bye	20. 3
告诉	gàosu	to tell	14. 3
歌	gē	song	13. 3
个子	gèzi	stature	11. 3
跟……一样	gēn…yíyàng	same as	19. 2
更	gèng	even more	17. 2
公园	gōngyuán	park	11. 3
公用(电话)	gōngyòng (diànhuà)	public(phone)	14. 1
工作	gōngzuò	work; to work	16. 3

够	gòu	enough	19.2
古典	gǔdiǎn	classical	17.2
刮	guā	to shave	11.3
挂	guà	to hang up	14.2
拐	guǎi	to turn (to a certain direction)	15.2
光盘	guāngpán	VCD	17.2
逛	guàng	to walk around (in a park, on the street or from shop to shop)	17.1
国家	guójiā	country	16.2
过	guo	a verbal suffix expressing past experience	14.2

H

还	hái	still	11.1
海	hǎi	sea; vast expanse of water	11.3
汉堡包	hànbǎobāo	hamburger	19.3
好处	hǎochu	good; advantage	16.1
好看	hǎokàn	good-looking	11.2
好玩儿	hǎowánr	of great fun	17.1
好像	hǎoxiàng	as if	15.2
号码	hàomǎ	number	14.3
合适	héshì	fit; suitable	12.2
黑色	hēisè	black (color)	12.2
红绿灯	hónglǜdēng	traffic lights	15.3
红色	hóngsè	red (color)	12.1
胡子	húzi	beard	11.3
花店	huādiàn	flower shop	14.3
花(钱)	huā(qián)	to spend (money)	19.3
话	huà	words; what is spoken	14.3
坏	huài	bad; gone wrong	18.3
坏处	huàichu	harm; disadvantage	16.1
黄色	huángsè	yellow (color)	12.3

286

灰色	huīsè	grey(color)	12.1
回	huí	to return	14.2
回答	huídá	to answer; answer	15.3
回来	huílai	to come back	14.2
会	huì	meeting	17.3
会议	huìyì	meeting; conference	15.1
会议中心	huìyì zhōngxīn	conference center	15.1
火腿	huǒtuǐ	ham	19.2

J

机场	jīchǎng	airport	20.3
吉利	jílì	lucky; good luck	17.1
季节	jìjié	season	18.3
家	jiā	a measure word for a shop, a factory, etc.	20.1
家具	jiājù	furniture	17.2
家里人	jiālǐrén	family member(s)	16.3
剪	jiǎn	to cut with scissors	11.1
讲价	jiǎngjià	to bargain	13.3
教	jiāo	to teach	13.2
胶卷	jiāojuǎn(r)	film	19.1
结婚	jiéhūn	to marry; to get married	17.1
节目	jiémù	program or an item in a program; performance	20.2
解决	jiějué	to solve; to settle	16.3
解释	jiěshì	to explain	
戒	jiè	to give up(a bad habit)	16.1
戒烟	jièyān	to give up smoking	16.1
经常	jīngcháng	often	13.1
就	jiù	then; an adverb indicating that something takes place early, soon, smoothly	13.2
句	jù	a measure word for what is spoken	14.3

| 句子 | jùzi | sentence | 14. 3 |

K

卡	kǎ	card	14. 1
开	kāi	to drive	13. 3
		to write out;	15. 2
		to have/to start（a meeting）	17. 3
开车	kāi chē	to drive（a car）	13. 3
开发票	kāi fāpiào	to write a receipt	15. 2
开会	kāihuì	to have a meeting	17. 3
开始	kāishǐ	to begin	13. 2
可是	kěshì	but	16. 1
可以	kěyǐ	may; can	11. 2
客	kè	guest	20. 1
客人	kèrén	guest	18. 2
空儿	kòngr	free time	13. 2
快	kuài	quickly; soon	13. 3
快餐	kuàicān	fast food	20. 1
筷子	kuàizi	chopsticks	19. 3

L

垃圾	lājī	garbage	16. 3
辣	là	peppery; hot	20. 2
辣子鸡丁	làzijīdīng	sauted chicken cubelets with chilli	20. 2
来不及	láibují	too late to do something	20. 1
来得及	láidejí	not too late to do something	20. 1
蓝球	lánqiú	basket ball	13. 3
蓝色	lánsè	blue（color）	12. 3
懒	lǎn	lazy	17. 3
老板	lǎobǎn	boss	16. 3
老年人	lǎoniánrén	aged people	16. 1

离开	líkái	to leave	20. 3
里(边)	lǐ(bian)	in; inside	14. 1
理发师	lǐfàshī	barber; hairdresser	11. 1
礼物	lǐwù	gift	17. 1
立交桥	lìjiāoqiáo	overpass	15. 3
凉快	liángkuai	cool	18. 1
了不起	liǎobuqǐ	terrific; amazing	17. 3
邻居	línjū	neighbor	16. 3
留	liú	to keep	11. 1
留头发	liú tóufa	to have long (short, etc.)hair	11. 1
留胡子	liú húzi	to grow a beard	11. 1
流行	liúxíng	popular	17. 2
留学生	liúxuéshēng	student studying abroad	16. 3
路口	lùkǒu	crossing	15. 1
录音机	lùyīnjī	recorder; recording machine	15. 3
绿色	lùsè	green(color)	12. 3

M

麻婆豆腐	mápódòufu	beancurd with minced pork in chilli sauce	20. 2
麻烦	máfan	trouble; to trouble	14. 2
马路	mǎlù	pavement	14. 3
满意	mǎnyì	satisfied	17. 2
帽子	màozi	cap; hat	12. 3
没事儿	méishìr	it's nothing	15. 2
美	měi	beautiful	19. 1
门	mén	door; gate	15. 3
门口	ménkǒu	doorway; entrance	15. 3
米	mǐ	meter	15. 3
面包	miànbāo	bread	19. 2
明白	míngbai	to understand; to be clear	16. 3
名胜古迹	míngshèng-gǔjì	places of historic interest and scenic beauty	16. 2

289

N

拿	ná	to take with the hands	18. 3
那	nà	in that case; then	14. 2
那么	nàme	then; so; such	18. 2
奶酪	nǎilào	cheese	16. 2
难	nán	difficult	13. 2
南部	nánbù	the southern part	16. 2
南方	nánfāng	southern part	18. 3
男孩	nánhái(r)	boy	11. 1
年纪	niánjì	age	13. 1
年轻人	niánqīngrén	young person	16. 1
牛奶	niúnǎi	milk	19. 2
牛排	niúpái	beefsteak	19. 3
暖和	nuǎnhuo	warm	18. 3
女孩	nǚhái(r)	girl	11. 2

P

怕	pà	to fear; to be afraid of...	17. 3
牌子	páizi	brand	11. 3
胖	pàng	(of a person)fat	12. 3
跑步	pǎobù	to run	13. 3
漂亮	piàoliang	beautiful; nice	12. 2
乒乓球	pīngpāngqiú	table tennis	13. 1

Q

(汽)车	(qì)chē	car	13. 3
骑	qí	to ride	13. 3
旗袍	qípáo	a Chinese style gown for women	17. 3
千	qiān	thousand	20. 3
铅笔	qiānbǐ	pencil	19. 3
浅	qiǎn	light; shallow	12. 3

巧克力	qiǎokèlì	chocolate	19. 2
茄子	qiézi	eggplant	19. 1
请	qǐng	to invite; to treat	20. 1
请客	qǐngkè	to invite somebody to dinner; to treat somebody to something	20. 1
秋天	qiūtiān	autumn	18. 3

R

染	rǎn	to dye	11. 3
让	ràng	let; to ask (somebody to do somethin)	18. 3
热	rè	hot; warm	18. 1
认识	rènshi	to know; to recognize	14. 3
容易	róngyì	easy	15. 3

S

善良	shànliáng	kind-hearted	20. 3
商场	shāngchǎng	market	14. 1
深	shēn	deep; dark	12. 3
身体	shēntǐ	health	16. 1
什么都……	shénmedōu…	anything	17. 1
生(孩子)	shēng(háizi)	to give birth (to a baby)	17. 3
生活	shēnghuó	life	16. 2
师傅	shīfu	master; a form of address for a worker, etc.	15. 1
时候	shíhou	time	13. 2
……的时候	…deshíhou	when; at the time of. . .	13. 2
事	shì(r)	thing; matter; business	
试	shì	to try; to have a fitting	12. 1
试衣间	shìyījiān	fitting room	12. 1
收	shōu	to receive; to collect	14. 1
首	shǒu	the first	17. 3
手套	shǒutào	gloves	12. 3

手续	shǒuxù	administrative formalities	14.1
手续费	shǒuxùfèi	service charge; commission	14.1
瘦	shòu	(of clothes) tight; (of a person, meat, animal, etc.) lean	12.3
售货员	shòuhuòyuán	shop assistant	12.1
书店	shūdiàn	bookshop	14.3
束	shù	a bundle	17.3
双	shuāng	pair	12.2
水龙头	shuǐlóngtóu	tap; faucet	18.3
说话	shuōhuà	to speak	14.3
司机	sījī	driver	15.1
死	sǐ	to die	19.2
……死了	…sǐle	deadly; extremely	19.2
送	sòng	to give (a present)	17.1
酸	suān	sour	20.2
酸辣汤	suānlàtāng	sour-pepper soup	20.2
随便	suíbiàn	as one likes; to someone's convenience	19.2
岁	suì	year (of age)	13.1
锁	suǒ	to lock; lock	18.3

T

太极拳	tàijíquán	taijiquan, a form of traditional Chinese shadow boxing	13.2
太太	tàitai	Mrs.	17.3
太阳	tàiyáng	sun	15.1
糖	táng	sugar	20.3
糖醋鱼	tángcùyú	sweet and sour fish	20.3
烫	tàng	to have one's hair permed	11.2
讨厌	tǎoyàn	to hate; to dislike	13.3
套	tào	a set of...	17.2
特别	tèbié	special; especially	13.3

踢	tī	to kick	13.3
踢足球	tīzúqiú	to play soccer	13.3
体育馆	tǐyùguǎn	indoor stadium; gymnasium	11.3
天气	tiānqì	weather	18.1
天桥	tiānqiáo	overhead walkway	15.1
甜	tián	sweet	20.3
跳	tiào	to jump	13.3
跳舞	tiàowǔ	to dance	13.3
听力	tīnglì	listening proficiency	17.3
听说	tīngshuō	to have heard that…	16.3
停(车)	tíng(chē)	to park(a car); to stop(a car)	15.1
头发	tóufa	hair	11.2

W

袜子	wàzi	stockings; socks	12.3
外边	wàibian	outside	18.2
完	wán	to finish	19.1
完成	wáichéng	to finish; to complete	20.3
玩儿	wánr	to play; to enjoy oneself	14.2
碗	wǎn	bowl	20.2
万	wàn	ten thousand	20.3
往	wǎng	to(a certain direction)	15.2
网球	wǎngqiú	tennis	13.3
忘	wàng	to forget	18.2
位	wèi	a measure word for a person with respect	19.1
味道	wèidao	taste	20.3
温度	wēndù	temperature	18.3
文化	wénhuà	culture	16.3
问题	wèntí	question; problem	15.3
舞	wǔ	dance	13.3

西方	xīfāng	the west	18.3
希望	xīwàng	to hope; to wish; hope; wish	18.2
洗发水	xǐfàshuǐ(r)	shampoo	11.3
洗衣店	xǐyīdiàn	laundry shop	14.3
下边	xiàbian	under	15.1
下(车)	xià(chē)	to get off(a vehicle)	15.2
下去	xiàqu	to go down; to get off	15.2
夏天	xiàtiān	summer	18.3
下(雨)	xià(yǔ)	to fall	18.1
下雨	xià yǔ	to rain	18.1
先	xiān	first; do something before doing something else	17.1
香	xiāng	fragrant	11.3
香菇	xiānggū	mushroom	20.2
香菇油菜	xiānggūyóucài	rape with mushroom	20.2
香水	xiāngshuǐ(r)	perfume	11.3
相信	xiāngxìn	to believe	17.3
香皂	xiāngzào	toilet soap	11.3
想	xiǎng	to miss	16.2
相片儿	xiàngpiānr	photograph	19.1
小说	xiǎoshuō	fiction; novel	19.3
笑	xiào	to smile; to laugh	19.1
鞋	xié	shoe	12.2
信	xìn	letter	16.1
行	xíng	all right; that'll do	11.2
行李	xíngli	luggage	20.3
性格	xìnggé	character	19.3
兴趣	xìngqù	interest	16.3
修(理)	xiū(lǐ)	to repair	18.2
休息	xiūxi	to take a rest	19.2

选	xuǎn	to choose; to select	20.1
学	xué	to study; to learn	13.2
学会	xuéhuì	to learn; to have learnt	13.2
雪	xuě	snow	18.1

Y

颜色	yánsè	color	12.1
眼镜	yǎnjìng	eyeglasses	18.2
养成	yǎngchéng	to form; to cultivate	16.2
养成……的	yǎngchéng…de	to form the habit of…	
习惯	xíguàn		16.2
样子	yàngzi	style	12.1
要	yào	to want	11.1
要……了	yào…le	to be about(to do something)	17.1
钥匙	yàoshi	key	18.3
椰汁	yēzhī(r)	coconut milk	20.2
一定	yídìng	certainly; must	17.2
一样	yíyàng	same	19.2
以后	yǐhòu	after; later	14.2
已经	yǐjīng	already	12.2
以前	yǐqián	before	14.3
一点儿	yìdiǎnr	a little; a bit	12.2
毅力	yìlì	will power	13.2
一言为定	yìyán – wéidìng	that's settled then	14.2
一直	yìzhí	straight	15.3
饮料	yǐnliào	beverage	20.2
应该	yīnggāi	must; should; ought to	11.2
用	yòng	to use	14.1
油菜	yóucài	rape	20.2
游泳	yóuyǒng	to swim	13.3
有的	yǒude	some	16.1
有点儿	yǒudiǎnr	a little; a bit(used as an adverb)	11.2

友好	yǒuhǎo	friendly	16. 2
有名	yǒumíng	famous	13. 1
有事	yǒushì(r)	there is something(to do)	14. 2
右	yòu	right	15. 2
又	yòu	(to have done something)again; in addition to	17. 3
又……又……	yòu…yòu…	both…and…; do something while doing	
		something else	20. 1
鱼	yú	fish	20. 3
雨	yǔ	rain	18. 1
语法	yǔfǎ	grammar	19. 3
语音	yǔyīn	phonetics	19. 3
愿意	yuànyì	would like; to be willing to	11. 2
运动	yùndòng	sports	13. 1
运动员	yùndòngyuán	sportsman; player	13. 1

Z

再	zài	again; more	11. 2
咱们	zánmen	we(inclusive)	12. 2
糟糕	zāogāo	it's too bad	18. 2
早睡早起	zǎoshuì zǎoqǐ	go to bed early and get up early	16. 2
怎么(走)	zěnme(zǒu)	how(to get to a place)	15. 1
扎啤	zhāpí	draught beer served in a mug	20. 2
展览	zhǎnlǎn	exhibition	15. 3
站	zhàn	to stand	19. 1
张	zhāng	a measure word for things with a surface	
		such as card, paper, bill, voucher, photo, etc.	14. 1
照相	zhàoxiàng	to have a picture taken	19. 1
照相机	zhàoxiàngjī	camera	19. 1
这么	zhème	such; so	18. 1
这样	zhèyàng	this kind, such	18. 1
	zhèiyàng		

正好	zhènghǎo	exactly right	14. 1
纸	zhǐ	paper	17. 3
钟	zhōng	bell; clock	17. 1
中号	zhōnghào	medium size	12. 1
中心	zhōngxīn	center	15. 1
中学	zhōngxué	middle school; high school	17. 3
种	zhǒng	kind	12. 1
主人	zhǔrén	host	18. 2
主食	zhǔshí	staple food	20. 2
主意	zhǔyi	idea	17. 2
住	zhù	to live	13. 3
准备	zhǔnbèi	to prepare	19. 1
紫色	zǐsè	purple(color)	12. 3
自行车	zìxíngchē	bicycle	13. 3
棕色	zōngsè	brown(color)	12. 2
足球	zúqiú	soccer; football	13. 3
醉	zuì	drunk	20. 1
左	zuǒ	left	15. 2

专　名　*Proper names*

| 北海公园 | Běihǎi Gōngyuán | The Beihai Park, the largest part in the inner city of Beijing, one of the oldest and most completely preserved imperial gardens. | 11. 3 |
| 长城 | Chángchéng | The Great Wall | 11. 1 |

桂林	Guìlín	A city in Guangxi Zhuang Autonomous Region famous for its beautiful landscapes and caves	14. 3
韩国	Hánguó	Korea	20. 1
昆明	Kūnmíng	The capital city of Yunnan Province	18. 1
欧洲	Ōuzhōu	Europe	16. 2
三环路	Sānhuánlù	Sanhuan Road; the Third Ring Road	15. 1
太阳公司	Tàiyáng Gōngsī	The Taiyang(Sun)Corporation	15. 1
天安门	Tiān'ānmén	Tian'anmen, the front gate of the Imperial Palace(the Forbidden City) of the Ming and Qing Dynasties in Beijing	15. 3
香港	Xiānggǎng	Hong Kong	17. 3
香山	Xiāngshān	Fragrant Hill, a summer resort in the western suburb of Beijing	14. 2
杨	Yáng	a surname	15. 3
于	Yú	a surname	15. 1
中国银行	Zhōngguó yínháng	Bank of China	15. 3
中文	Zhōngwén	the Chinese language	16. 3